徽州宗族祠堂调查与研究

徽学文库　主编◎卞利　副主编◎胡中生

方利山◎等　著

北京师范大学出版集团
BEIJING NORMAL UNIVERSITY PUBLISHING GROUP
安徽大学出版社

图书在版编目(CIP)数据

徽州宗族祠堂调查与研究/方利山等著．—合肥：安徽大学出版社，2016.10
（徽学文库/卞利主编）
ISBN 978-7-5664-1239-3

Ⅰ．①徽… Ⅱ．①方… Ⅲ．①祠堂－研究－徽州地区 Ⅳ．①K928.75

中国版本图书馆 CIP 数据核字(2016)第 263953 号

徽州宗族祠堂调查与研究
Huizhou Zongzu Citang Diaocha Yu Yanjiu

方利山◎等 著

出版发行：	北京师范大学出版集团 安 徽 大 学 出 版 社 （安徽省合肥市肥西路3号 邮编230039） www.bnupg.com.cn www.ahupress.com.cn
印　　刷：	合肥远东印务有限责任公司
经　　销：	全国新华书店
开　　本：	170mm×240mm
印　　张：	17.5
字　　数：	289千字
版　　次：	2016年10月第1版
印　　次：	2016年10月第1次印刷
印　　数：	2000册
定　　价：	39.00元

ISBN 978-7-5664-1239-3

策划编辑：饶　涛　鲍家全　张　锐　　　装帧设计：李　军　方　琳
责任编辑：李加凯　苏　昕　　　　　　　美术编辑：李　军
责任印制：陈　如

版权所有　侵权必究
反盗版、侵权举报电话：0551－65106311
外埠邮购电话：0551－65107716
本书如有印装质量问题，请与印制管理部联系调换。
印制管理部电话：0551－65106311

总　序

尽管"徽学"一词出现的时间较早,但是,作为一门新兴的学术和学科研究领域,"徽学"则仅有不到百年的历史。1932 年,徽州乡贤、近代山水画的一代宗师黄宾虹在致徽州乡土历史文化研究学者许承尧的一封信函中第一次提出了具有学术意义上的"徽学"概念。[①]

客观地说,黄宾虹所说的"徽学"及其研究对象,实际上还仅仅指的是徽州的地方史研究,与我们今天所称的"徽学",在学术内涵上还有一定的差别。此后,随着富有典型特征的徽州庄仆制、徽商和徽州宗族与族谱研究的不断深入,真正具有现代学术和学科意义上的"徽学"才逐渐进入人们的视野。

正如徽学的开创者和奠基人、中国社会经济史学派创始者傅衣凌先生在总结自己 20 世纪三四十年代对徽州庄仆制和徽商的研究时所指出的那样,他对徽州的研究并不是立足于对徽州地方史的探讨,而是通过对徽州伴当和世仆的研究,探索中国的奴隶制度史;对徽商的研究,则是基于为中国经济史研究开辟一个新天地。也就是说,徽学的研究对中国历史的意义体现为,其在充实和完善中国奴隶制度史、中国经济史以及中国社会史等领域,已经远远突破了徽州地方史的界限,而成为整体中国史研究的一部分。傅衣凌先生

[①] 卢辅圣、曹锦炎主编:《黄宾虹文集·书信编·与许承尧》,上海:上海书画出版社,1999 年。

敏锐地预见到,"徽州研究正形成为一种专门的学问,活跃在我国的史学论坛之上"①。

然而,作为一个严格意义上的学术和学科专门研究领域,徽学的形成、发展与繁荣,主要还是借助于近百万件自宋至民国时期徽州原始契约文书的发现和研究。徽州的契约文书自1946年4月在南京首次被学者发现以来,至今已逾半个世纪。随着徽州20世纪50年代土地改革运动的展开以及1978年以来改革开放政策的实行,深藏于歙县、休宁、婺源、祁门、黟县和绩溪等原徽州(府)六县民间的各类原始契约文书开始被大规模地发现。据不完全统计,迄今为止,徽州原始契约文书包括卖身契、土地买卖与租佃契约、分家阄书、鱼鳞图册、赋役黄册、诉讼案卷、科举教育文书、置产簿、誊契簿、徽商账簿和日记杂钞等类型,且上起南宋,下迄民国,时间跨度近千年之久,总量约有100万件(册)之巨。

同祖国其他地域相继发现的原始契约文书相比,徽州契约文书具有真实性、连续性、具体性、典型性、启发性和民间性等诸多特征,而且内容丰富,类型广泛,蕴含着大量的历史信息,为我们进行宋元明清时期各种制度运行特别是明清时期历史社会实态的研究提供了丰富的资料。我们知道,敦煌文书的时间下限在北宋,徽州契约文书的上限则在南宋,正好与敦煌文书相连。如果我们把敦煌文书和徽州文书中的动产与不动产买卖和租佃文书联系起来进行考察,一部中国古代动产和不动产买卖与租佃制度及其运行史便可以完整地复原和再现出来。

正是由于徽州契约文书蕴含着如此珍贵的历史信息和丰厚的学术内涵,它的发现引起了国内外学术界的高度重视。1978年以后,海内外学者纷纷到北京和安徽,查阅徽州契约文书,深入契约文书的发现地——徽州,进行田野调查。美国著名学者约瑟夫·麦克德谟特在对徽州原始契约文书进行全面调查后,撰文指出,徽州契约文书等原始资料是"研究中华帝国后期社会与

---

① 刘淼辑译:《徽州社会经济史研究译文集·傅衣凌序》,合肥:黄山书社,1988年。

经济史的关键","对中华帝国后期特别是明代社会经济史的远景描述,将在很大程度上依赖于徽州的原始资料"①。日本著名学者鹤见尚弘则认为,徽州契约文书的发现,"其意义可与曾给中国古代史带来飞速发展的殷墟出土文物和发现敦煌文书新资料相媲美,它一定会给今后中国的中世和近代史研究带来一大转折"②。臼井佐知子也强调,"包括徽州文书在内的庞大的资料的存在,使得对以往分别研究的各种课题做综合性研究成为可能……延至民国时期的连续性的资料,给我们考察前近代社会和近代社会连续不断的中国社会的特性及其变化的重要线索"③。

有学者认为,徽州文书是继甲骨文、简帛、敦煌文书和明清故宫档案之后20世纪中国历史文化的第五大发现。④ 正如甲骨文、简帛、敦煌文书和明清故宫档案的发现与研究催生了甲骨学、简帛学、敦煌学和明清档案学等学科一样,徽州文书的发现和研究,也直接促成了徽学的诞生。徽学是利用徽州契约文书,并结合其他相关文献资料进行研究的专门的学术研究领域。它以徽州社会经济史、特别是明清徽州社会经济史为研究主体,综合研究整体徽州历史文化以及徽州人的活动(含徽州本土和域外)。在历经半个多世纪的发展之后,徽学终于在20世纪80年代中期最终形成,正逐步走向成熟与繁荣。傅衣凌关于徽商、徽州庄仆制和土地买卖契约的研究,叶显恩的《明清徽州农村社会与佃仆制》,章有义的《明清徽州土地关系研究》和《近代徽州租佃关系案例研究》,张海鹏等主编的《徽商研究》等著作,都是利用契约文书进行研究所取得的成果中的佼佼者。

国学大师王国维曾经说过,"古来新学问起,大都由于新发见。有孔子壁中书出,而后有汉以来古文家之学;有赵宋古器出,而后有宋以来古器物、古文

---

① [美]约瑟夫·麦克德谟特:《徽州原始资料——研究中华帝国后期社会与经济的关键》,载《徽学通讯》,1990年第1期。
② [日]鹤见尚弘:《中国社会科学院历史研究所收藏整理徽州千年契约文书》,载《中国史研究动态》,1995年第4期。
③ [日]森正夫等编:《明清时代史的基本问题》,北京:商务印书馆,2013年。
④ 周绍泉:《从甲骨文说到雍正朱批》,载《北京日报》,1999年3月24日。

字之学"。他紧接着论及了殷墟甲骨文、敦煌及西域各地之简牍、敦煌千佛洞之六朝及唐人写本卷轴、内阁大库之书籍档案和中国境内之古外族遗文等五项发现,认为:"此等发现物,合世界学者之全力研究之",当会产生新的学科。①如今,甲骨学、敦煌学、简牍学和明清档案学早已创立了各自的学科研究体系,并为学术界所广泛接受和认可。而徽学作为一门新兴学科则形成较晚,它的创立,首先得力于20世纪40年代后期以来徽州近100万件(册)原始契约文书的大规模发现;包括徽州族谱在内的9 000余种徽州典籍文献与文书契约互相参证;现存1万余处徽州地面文化遗存,更是明清以来至民国时期徽州人生产与生活的真实见证。所有这些,都构成了徽学这座大厦坚实的学术支撑。因此,以徽州社会经济史特别是明清徽州社会经济史研究为中心,整体研究徽州历史文化和徽州人在外地活动的徽学,正是建立在包括徽州契约文书在内的大量新资料发现这一基础之上的。通过对徽州文书、其他相关文献和地面文化遗存等资料的整理和分析,研究者得以综合研究明清社会实态,重新检视中国封建社会后期社会经济与文化的演变历程和发展轨迹,进而从整体上把握中国封建社会发展特征和规律。这正是徽学的学术价值之所在。

  进入21世纪以来,随着教育部人文社会科学重点研究基地——安徽大学徽学研究中心的批准设立,徽学研究开始进入一个崭新的发展阶段。作为徽学基础研究、资料整理、人才培养、咨询服务的唯一一所教育部人文社会科学重点研究基地,安徽大学徽学研究中心一向重视徽学前沿领域的探讨和研究,致力于徽州文书和文献的整理与出版,致力于徽学学科的建设和人才队伍培养,致力于海内外徽学研究的交流与合作。徽州契约文书和文献的系统整理、研究与出版的全面展开,徽学理论与学科建设的有序进行,徽学专题研究成果的次第推出,特别是具有宝贵文献价值的20卷本《徽州文化全书》的整体出版,以及徽学研究国际交流与合作的繁荣,都为徽学研究向纵深领域

---

① 王国维:《王国维遗书》第五册《静庵文集续编·最近二三十年中国新发现之学问》,上海:上海古籍出版社,1983年。

拓展奠定了坚实的基础。在《徽学研究资料辑刊》《徽州文书》和《海外徽学研究丛书》等系列成果的基础上，此次隆重推出《徽学文库》，显示出了该研究机构开阔的学术视野和深远的学术见识。

本次推出的《徽学文库》，精选近年来徽学研究的最新成果。本丛书既有国家社会科学基金等国家级项目结项成果，也有教育部人文社会科学重点研究基地重大项目的最终鉴定结项成果，还有中国台湾学者的研究——它为祖国大陆的徽学研究提供了不同的视角和必要的补充。这些成果内容涵盖了徽学理论探讨和学科体系建设的成果、徽学专题研究，以及徽州文化遗存调查、保护与研究。因此，无论是就选题内容的广度和深度、作者队伍的结构与层次，还是就成果的质量及水平而言，本丛书都堪称目前徽学研究前沿领域的精品，集中代表和反映了徽学研究的现状与未来发展趋势。

徽学是20世纪一门新兴的学科和一块专门的研究领域，徽学所研究的徽州整体历史文化既是区域历史文化，又是中国传统文化的杰出代表，是"小徽州"和"大徽州"的有机结合。徽学的学科建设，不仅关系徽学的可持续发展问题，也直接涉及中国地域文化研究理论和范式的创新问题，是徽学融入全球化视野，与国际接轨、开展国际交流合作和构建徽学学科平台的重要基石。

因此，我们有理由相信，随着《徽学文库》的出版，徽学一定会在整体史和区域史研究中发挥积极作用，徽学的学科建设也势必在更加广阔的天地中得到进一步发展和提升。

是为序。

卞　利
2016年3月10日于
安徽大学徽学研究中心

目 录

前　言 …………………………………………………………………… 1

第一章　徽州社会与宗族祠堂 ………………………………………… 1
　　第一节　徽州之域的宗族社会 …………………………………… 1
　　第二节　徽州宗族与徽州宗族祠堂 ……………………………… 6

第二章　徽州宗族祠堂前世今生 ……………………………………… 9
　　第一节　历史上的徽州宗族祠堂 ………………………………… 9
　　第二节　徽州宗族祠堂现存状况 ………………………………… 33

第三章　徽州宗族祠堂千姿百态 ……………………………………… 45
　　第一节　徽州宗族祠堂的种类 …………………………………… 45
　　第二节　徽州宗族专祠中的女祠 ………………………………… 56
　　第三节　徽州宗族祠堂中的特例 ………………………………… 72

第四章　徽州宗族祠堂管理和祠产 …………………………………… 77
　　第一节　徽州宗族祠堂的管理运作 ……………………………… 77
　　第二节　徽州宗族祠堂的祠产祠田 ……………………………… 79

第五章　徽州宗族祠堂主要功用 …………………………………… 83

第一节　徽州宗族祠堂的祖祭 ……………………………………… 83
第二节　徽州宗族祠堂的教化、执法和助商 ……………………… 90
第三节　徽州宗族祠堂的励学 ……………………………………… 98

第六章　徽州宗族祠堂建筑艺术 ……………………………………… 109

第一节　徽州宗族祠堂的建筑风格 ………………………………… 109
第二节　徽州宗族祠堂的建筑规制 ………………………………… 135
第三节　徽州宗祠的建筑装饰艺术 ………………………………… 161

第七章　徽州宗族祠堂祠规祠训 ……………………………………… 179

第一节　徽州宗族祠堂祠规祠训的制定 …………………………… 179
第二节　徽州宗族祠堂祠规祠训的推行 …………………………… 189

第八章　徽州宗族祠堂牌匾楹联 ……………………………………… 192

第一节　徽州宗祠牌匾楹联的伦理教化 …………………………… 192
第二节　徽州宗祠牌匾楹联的艺术特色 …………………………… 206

第九章　徽州宗族祠堂文献文书 ……………………………………… 217

第一节　徽州宗族祠堂文献文书现存状况 ………………………… 217
第二节　徽州宗族祠堂文献文书的价值 …………………………… 228

第十章　徽州宗族祠堂保护利用 ·················· 238
　第一节　徽州宗族祠堂保护意义重大 ·············· 238
　第二节　徽州宗族祠堂保护情势紧迫 ·············· 242
　第三节　徽州宗族祠堂保护方法探索 ·············· 247

参考文献 ·· 259
后　记 ·· 261

前　言

徽州是个群山阻隔、交通乏便的农村社区。多山的生态环境,为宗族群体的"千年不散"提供了牢固的自然屏障;同时生存空间的狭隘、生存竞争的激烈,使宗族组织成为生存竞争的工具,也强化了"千年之族不散"之势。徽州宗族的竞争是一场文化的竞争。文化可以赢得科举,赢得权力,使宗族进阶为望族,从而在争夺生存空间的竞争中立于不败之地,然而文化的兴盛却需要物质基础,只有在肥沃的土壤中,儒学根底才能生生不息地萌发出科举之花蕾。多山少田、资源贫乏的徽州,最为便捷的致富手段无过于经商。由此,宗族、科举仕宦与经商便形成了一条生物链。其中,宗族居于核心地位,它既是人们从文、经商的出发点,也是其归结点。宗族还是族人从文、经商的组织者。仕宦与富商源源不断地向宗族注入活力,并从宗族势力中吸取活力。三者缺一不可,同生共荣。徽州宗族、徽州科举与徽州商人形成了一个良性循环系统,从而构成徽州独特的人文景观——浓郁的徽州宗族文化。所谓"徽州宗族文化",指的是徽州农村社区以自然村为基本范围的宗族关系,以及由此产生的诸种体制、行为规范、思想观念和社会心态等,并包括由这种体制、规范、观念和心态所凝结、物化的宗谱、宗祠、祖墓等。与一般的以传统农业为主的区域社会不同,徽州是一个经济、社会、文化发展相对完整的、具有典型意义的区域社会,是我们认识传统社会的一个极好范本。正因为如此，徽学引起海内外学者的高度重视，成为一门国际性的显学。

在诸多研究者中，徽州本土学者是一支重要的队伍。本土学者自有其优势，如熟悉社情，便于就近搜集资料、考察调查。方利山先生和他的学术团队，立足于徽州本土又统揽徽学全局，在徽学领域辛勤耕耘数十年，屡有新见，成果丰富。值得一提的是，2007年8月，方利山所写《设立徽州文化生态保护区刻不容缓》反映的情况，得到国家领导人两次重要批示，促成了国家级徽州文化生态保护区的设立。此后，他也成为国家社科基金项目"徽州文化生态保护研究"课题首席专家、主持人。本书《徽州宗族祠堂调查与研究》作为国家教育部重大项目，也是徽州文化生态保护课题的顺延，既有一定的学术价值，又有重要的现实意义。

不难看出，在徽州社会的三大要素中，宗族是最为核心的要素。我曾把徽州社会称为宗族社会。这一宗族社会又是由四个要件构成的：族田、族谱、祠堂和祖墓。本课题虽侧重于研究其中的祠堂，但作者的视野是开阔的，把祠堂放在徽州宗族文化的总体框架中加以研究。全书的布局说明了这一点。全书十章：徽州社会与宗族祠堂；徽州宗族祠堂前世今生；徽州宗族祠堂千姿百态；徽州宗族祠堂管理和祠产；徽州宗族祠堂主要功用；徽州宗族祠堂建筑艺术；徽州宗族祠堂祠规祠训；徽州宗族祠堂牌匾楹联；徽州宗族祠堂文书文献；徽州宗族祠堂保护利用。这十个专题，分开来看，大家都很熟悉，但合在一起，从徽州文化生态保护的视角去研究，就有整体效应，有整体的新意：宗族祠堂的文化意蕴、文化价值得到更为全面的揭示；宗族祠堂保护的紧迫性、重要性也就更为凸显出来。本土学者的优势在这里也有充分的展现，如对于徽州祠堂数量的统计，过去我们的统计是六千座左右，经过方利山先生和他的团队的最新调查：历史上所建徽州宗祠为6000～8000座。在数量上有所增加，而且更加细化了。建于明代及以前的宗族祠堂，至少有219座。聚族而居的徽州古村落中，一村有30座以上祠堂的达5处，一村有20座以上祠堂的达8处，有10座以上祠堂的至少为31处。徽州宗族祠堂占地面积在1000平方米以上的至少有48个。历史上最大的徽州宗族祠堂是歙县潭渡的黄氏宗祠,占地16亩。约10000平方米;徽州历史上宗族祠堂最多的是黟县碧山村,其汪氏宗族建有十三门大本堂宗祠等36座祠堂。徽州祠堂可谓蔚为大观,世间无双!无锡惠山古镇历史上建有100多座祠堂,现在修复保护50多座,正努力将古祠堂群申报世界文化遗产。而徽州的古祠堂群,无论其数量之多、特色之显、瑰宝之珍,列"世遗"都当之无愧。我们确应对历史文物有一分虔诚敬畏之心。

更为重要的是,该课题组成员认真调查了今天徽州祠堂的生存情况,徽州宗族祠堂正以惊人的速度大量、快速消失。据最新统计,徽州宗族祠堂破烂将倒的达377座,一府六县(歙县、黟县、婺源、绩溪、休宁、祁门)之中,现存祠堂仅731座,十不存一。历史上的战乱、浩劫,日常的偷盗、破坏以及各种保护名目下的人为损毁,使徽州宗族祠堂日渐消亡。触目惊心的现状令人痛心!相信读过此书的地方领导和百姓都会惊出一身冷汗来,倘不努力保护这珍贵的物质文化遗产,将来有何面目面对列祖列宗!说到底,我们还是要对老祖宗留下的文化遗产,爱惜尊重,心存敬畏,树立保护文物也是政绩的科学理念,对徽州古祠堂保护有一个新的视野。

感谢方利山先生和他的团队对保护徽州文化生态、保护徽州古祠堂所作出的努力。

唐力行
2016年4月15日
于上海师范大学

第一章 徽州社会与宗族祠堂

第一节 徽州之域的宗族社会

徽州之域宗族社会的形成和历史演进与徽州之域特殊的地理历史情况紧密相关。

徽州之域有比较特殊的地理自然环境。古徽州地域,大致在黄山南麓,天目山以北,地处原始江南地区,位于江南吴越文化的闽浙山地和楚文化的江湖山地之结合部,世称"吴头楚尾",是"吴楚分源"之地。徽州之域境内,新安江、龙田河水系,下汇钱塘;阊江、婺江水系,西入鄱阳湖;绩溪有数水北注长江。总面积10000平方公里左右。

徽州之域地处丛奥,崇山峻岭环峙,"居万山环绕中,川谷崎岖,峰峦掩映"。① 其境内之高山,60%以上平均海拔在1300米以上;30%以上平均海拔在1100米以上。徽州境内陵谷穿割围合,又形成大小不一、数量不少、山环水绕的小山谷盆地,整合成若干片山岭环峙的群落,构成一个大月牙形盆地和各县的县境。徽之四境:东有大鄣之固,西有浙岭之塞,南有江滩之险,北

---

① (清)吴日法:《徽商便览·缘起》,民国八年(1919)铅印本。

有黄山之陁。加上"天目之巅"及"黄山之趾",境内江河从徽之四境奔泻外注如悬布之势,"水之东入浙江者三百六十滩,水之西入鄱阳者亦三百六十滩",徽州境缘高矗,谚云"三百六十滩,新安在天上"。这是一种高台城垒式的地形。古徽州陆路交通不便,形成相对闭塞的自然屏障,总体上看"八山半水半分田,一分道路和庄园",在生产能力较原始的农耕社会,这种高台城垒式的封闭环境给人一种可以安其生、乐其土的稳定感。而四射的江河水系又把徽州和外界连通,成为徽州人走出崇山峻岭的重要通道。徽州之地,位于地球北纬30度,处于亚热带北缘,亚热带季风气候使得徽州气候温润,气温适宜(常年为5℃~35℃),一年之中,春、夏、秋、冬四季分明并比较均匀。因此,徽州境内动植物资源丰富,有各类植物3000多种,茶、木资源分别占安徽全省的1/2和1/3,仅中药材就有1400多种,珍稀动物也有不少在徽州境内分布。大自然的惠赐和天工造化,孕育了气象万千、秀美奇绝、冠盖群山的人间仙境——黄山风光,生成了江南第一名山齐云山的丹霞地貌,形成了绝不亚于漓江风光的新安江山水画廊。山青、水碧、空气清新,自然生态环境绝佳,成为世人仰慕的宜居之地。

同时,徽境"保界山谷,土田依原麓,田瘠确,所产至薄,独宜菽麦红虾籼,不宜稻粱"。① 土壤以红壤为多,沃土很少,"地隘斗绝,厥土骍刚而不化。高山湍旱少潴蓄,地寡泽而易枯,十日不雨,则仰天而呼;一骤雨过,山涨暴出,其粪壤之苗又荡然空矣。大山之所落,多垦为田,层累而上,指至十余级,不盈一亩"②,农耕条件较差,"一岁所入收,十不赡一"。徽州经济历来是耕作一年,只能收三个月粮的"待补经济"。徽州各县情况皆然。

据有关历史文献记载,最早生活在徽州之域的是江南山越人。《越绝书》等极少量的历史文献对包括徽州地域在内的江南山越人的零星描述是:这些先民"断发纹身,凿齿锥髻,距箕而坐,喜生食,善野音,重巫鬼",习水便舟,巢居,善铸铜,并有以印纹陶为代表的越族文化。他们"饭稻羹鱼,火耕水耨",

---

① (清)顾炎武:《天下郡国利病书·江南二十》,《四部丛刊》本。
② 《歙县志·舆地·风俗》卷一,清顺治刊本。

连语言也是"鸠舌鸟语",与中原先民有很多不同。

正是由于古徽州之域独特的地理自然环境,高台城垒,相对封闭,历代较少战乱,号称"世外桃源"。因此,数千年来,这一地域就成为许多北方、中原氏族、阀阅之家"寻得桃源好避秦"、躲避战乱和各种灾难的理想之地。据史志及一些徽州家谱、家乘记载,自两汉以来,历朝历代都有不少北方、中原世家士族和平民百姓陆续入徙古徽州。在两汉、西晋动乱引起的大移民潮中,方、汪、舒、程、邵、余、金、黄、叶、戴、吴等族姓先后入迁古徽州。歙县人方回就记载其先祖:"储,字圣公,祖纮,本河南人,汉大司马长史,以王莽乱避地江左,遂为丹阳郡人,家歙县之东乡。"而唐末黄巢兵乱、宋代靖康之难后,南宋建都临安(杭州),在这样的社会大动荡中,就更有70多个北方族姓大举入徙古徽州。所以,民国《歙县志》说:"邑中各姓以程、汪为最古,族亦最繁。……其余各大族,半皆由北迁南,略举其时,则晋、宋两南渡及唐末避黄巢之乱,此三朝为最盛。"[1]历代古徽州之域的外来居民,或因躲避战乱,或因宦游封赐,或因慕恋山水,或因隐姓埋名,或因征战滞留,陆续入徙徽州,逐渐成为徽州之域的主要居民。

这些以北方中原氏族为主的外来居民,陆续入徙徽州之域,和当地的山越土族原始居民有一个长时期的碰撞、交往、共处、融合、同化的过程。北方中原氏族入徙徽州之域以后,为了宗族的生存和繁衍发展,在黄山、白岳之间,新安江两岸川谷择地建村,聚族而居,坚守着北方中原血缘宗族文化的根魂。清人赵吉士《寄园寄所寄》指出:徽州早期"新安各姓聚族而居,绝无一姓搀入者,其风最为近古"。陈去病在《五石脂》一书中也说:"徽州多大姓,莫不聚族而居。"经过三五百年的封建生产方式和自然经济的蕴聚,徽州之域各族姓,以父系血缘为关系纽带形成社会人群共同体的姓氏宗族。这些徽州宗族,大多在继承周代和中原地区宗法制的基础上,又在徽州建立起新的宗族宗法制度。徽州宗族特重宗法,"一姓也而千丁聚居,一抔也而千年永守,一

---

[1] (民国)许承尧:《歙县志·舆地志·风土》,民国铅印本。

世系也而千年莫紊",他们多以始迁祖为始祖,亦有以有功德的先人为始祖,典世系,序昭穆,建构起完备的徽州宗族宗法体系。

图1-1 婺源上晓起,北宋中叶济阳江氏郑八公徙此定居,是洪、江、叶、孙宗族聚居的古村落。

图1-2 歙县许村是有一千五百年历史的古村,许氏是村里最大的宗族。

在千百年的生息繁衍中,许多徽州宗族在宦游、避地、指众、择胜、隐居等情况下由"母族"裂变出许多分支"子族"。由宗族血缘维系的庞大的徽州各强宗大族、错综复杂的宗族世系，形成了徽州宗族社会。徽州宗族社会形成的历史过程，在资深徽学专家唐力行所著《徽州宗族社会》、赵华富所著《徽州宗族研究》中，都有精到详备的论述。

徽州宗族在徽州之域特别繁盛，还和宋以后徽州作为"程朱阙里"、受程朱理学的深刻影响有关。北宋哲学家、教育家、理学奠基人程颢（1032－1085）、程颐（1033－1107）两兄弟，其祖籍地在徽州歙县篁墩。南宋哲学家、教育家朱熹（1130－1200）是徽州婺源人。朱熹发展"二程"学说，集儒学之大成，进一步将孔孟原始儒学理论化、精致化、世俗化，在对儒学典籍的艰苦训诂、探究中，构筑了广泛吸纳佛、道精粹的庞大理学思想体系。二程、朱熹继承和发展了儒家的宗族宗法伦理思想。朱熹以三纲五常为指导思想和基本原则，撰写了《家礼》一书，对唐、宋宗族的礼仪实践，像通礼、冠礼、婚礼、丧礼、祭礼等，都作了详尽细致的说明和规定。这些对徽州的宗族制度和宗法伦理关系都产生了重大影响。徽州宗族视朱熹《家礼》为"炳如日星"，是宗族活动的指南。程朱思想对徽州宗族的繁盛所起的作用，唐力行、赵华富等在其徽州宗族研究中亦作了专门的论述。

徽州宗族在徽州之域特别繁盛，还与宗族内高官显宦和巨贾富商的捐输资助有关。

崛起于宋、兴盛于明清的徽商，他们身上大多流淌着中原士族阀阅之家的血液，承袭着"中华道统"的因子。徽商在"十三四岁，往外一丢"闯荡天下、开拓事业时，徽州宗族一直是其强有力的后盾。徽商"贾而好儒"，在对"文"的崇仰敬畏中，尤其膺服儒学的思想教化，虽身在商海赚钱发财，想的却是"一以郡先师朱子为归"。他们念念不忘朱熹夫子关于崇祖敬宗、感恩报本的教诲，经商成功之后，都竞相给家乡宗族资助，如助学恤贫、修建祠堂、编修族谱、参与强化宗族管理活动等。

正是由于徽州之域比较特殊的地理自然环境，徽州历史上中原大移民这样特别的社会变迁背景和徽商经济基础的支撑，以及程朱理学对徽州的深刻影响，徽州宗族社会才千百年来特重血缘宗法，一直顽强地承传着中华宗法之正脉。历史上的徽州宗族社会,比较完备和生动地反映了中华封建宗族宗法的民间实态。

第二节 徽州宗族与徽州宗族祠堂

历史上的徽州宗族社会,村则有祠,祠则有谱,民间重宗谊,修世好,出入齿让,诸姓各有宗祠统之,岁时伏腊,一村族中千丁皆集,祭用朱子《家礼》,彬彬合度。文献多有记载:"新安(即古徽州)有数种风俗,胜于他邑:千年之冢,不动一抔;千丁之族,未尝散处;千载谱系,丝毫不紊。主仆之严,数十世不改。"①民国《歙县志·风俗》也特别指出:"邑俗重宗法,聚族而居,每村一姓或数族,姓各有祠,分派别复祠。"②

徽州人聚族而居,形成一个个以族姓命名的村落,包括宗族乡党、佃客、部曲等庞大的家族体系。他们一方面有保持原有名门望族的社会心理,另一方面又不得不慢慢适应土风民俗。为了有别于他族,加强聚族而居的内部管理体系和抵御外部冲击的防备机制,强化宗族的认同感和凝聚力,徽州形成了一套以等级森严、排列有序、行之有效的族规家法为主要内容的宗法制度。修建宗族祠堂以崇祖敬宗,制定族规家法、修订族谱以收宗睦族,壮大族产以强化宗族的经济势力和统治地位,成为徽州宗族制度建设的当务之急。宋明以来,遍布徽州之域、气势恢宏的宗族祠堂作为同族凝心聚力的神圣"殿堂"便应运而生。

徽州各宗族遍建祠堂,无一不是徽州宗族社会理念的物化,都是要努力在徽州聚落中"著敦本明伦之义,彰敬宗收族之仁"。徽州各宗族都有一个共识:"治人心先重祭亲,唯一本,而祭必有祠。""敦孝必始于推恩,如万物向荣于春,即根生而枝播;等百川朝宗于海,复汇流而导源。"因此,他们都把祖庙、

---

① (民国)许承尧:《歙县志·风俗》,民国铅印本。
② (清)方有闻:《歙淳方氏会宗统谱·乾隆柳山真应庙会宗统谱后序》,清乾隆十八年木刻本。

祀产、宗谱视为宗族"敦睦"之要。"宗谱全则敦睦有其据,祖庙整则敦睦有其地,祀产备则敦睦有其资,三者相须不可缺一"。

下面,仅以徽州方氏宗族兴建宗祠的历史演进为例。

徽州方氏宗族是汉代由中原徙迁歙县东乡(今浙江淳安)的古老氏族,方氏宗族为祭其迁徽始祖方储修建真应庙的历史,是徽州宗族建祠崇祖的一个缩影。

东汉永元年间(89—104),因为"歙南柳亭山为黟侯(方储)潜修地,并立庙于柳亭西小山上祀之,历晋、宋、齐、陈、隋、唐五季",所以人称真应庙可能是徽州最早的"祠堂"。当然,这种"祠堂"和此后南北朝时敕建的程灵洗"世忠庙"、隋唐后敕封的汪华"忠烈庙"等专祠一样,可能都是祭地方神性质的泛姓寺庙,还不是后来一宗族内祭祀始祖及高、曾、祖、父真正传统意义的宗族祠堂。据《歙淳方氏会宗统谱·真应庙》记载:该祠庙北宋端拱元年(988),由其族裔方忠正移建到歙县南乡霞坑柳亭山麓,并开始置祀田,招僧人守视;宋政和三年(1114),朝廷特赐庙额"真应";元代初年族裔方兴重新修整,清复祀产;明代洪武四年(1372),李善长复查天下姓氏,方氏列居首姓,徽州方氏宗族在真应庙祖祠立宗支板图悬挂,开始有了后来宗族祭祀始祖及高、曾、祖、父的真正传统意义的宗族祠堂性质,"真应庙"开始由只祭方储向同时祭祀方氏祖先发展,并逐渐演进成了徽州方氏十八派的统宗祠。明永乐间(1403—1424),方氏族众增置真应庙祀产、庙基地、祀田,还铸庙钟以载;明万历间(1573—1620),"真应庙"已有祀田80多亩;明弘治十五年(1503),守祠的僧人福清易庙为寺,霸吞祀产,方氏族裔方德师告到府衙,终由知府何歆判归;至弘治十八年(1506),福清又典卖"真应庙"祀产,方德师复控于县衙,反被系禁,久羁囹圄,官司一直打到京城,"赴阙呈奏",结果方德师胜诉,断田归庙,福清等坐罪驱逐,这次官司历时两年,花费千余缗;明万历十三年(1586),守祠庙僧真珙和地方恶棍潘礼等又借故侵吞庙产,方氏族裔方孟林等再上书官方,追回庙产;万历二十四年(1597),又追回强吞祀谷;万历二十六年(1599),又有人和寺僧勾结,谋吞"真应庙",占造屋产,经族裔方鳌等控告,追回田产。

为了保住方氏宗族祖祠,明万历间徽州方氏宗族改变招僧守祠的方式,万历三十六年(1608)复庙业，宗内各支派合同轮司祭事，万历三十七年(1609)，方弘静等将徽州方氏十派会同议合同并呈县衙钤印，以保祖永祀。此后，"真应庙"方氏祖祠经明末、清代漫长岁月的历史风霜，或兴或残，时有复兴、重修、扩充，到20世纪50年代，遭拆毁、清基，成为历史。

"真应庙"徽州方氏祖祠修建的兴废历史，只是徽州各宗族兴建众多祠堂的一个典例。正是在这些宗族家庙、统宗祠、宗祠、支祠、家祠的大量兴建中，徽州宗族的先祖祭祀有了一个个实在的空间，其宗法制度有了一个个实施的实体，在徽州宗族各类祠堂中，都无一例外地在寝殿中设四龛供奉着按朱熹《家礼》中所规定的先祖的神位，许多祠堂高悬着宗族祠规、族训的粉牌，在各种节日，这些祠堂中都按时进行着庄严、隆重、宏大、肃穆的祭祖典仪。祠堂，成了徽州宗族祭祀、议事、励学、惩戒、执法的重要场所。徽州祠堂大多有祀田、祠产，方氏"真应庙"就是有丰隆的祀产才得以维持十几个世纪长盛不衰的。徽州宗族为了自身的繁盛发展，将封建宗法在徽州地域社会作了淋漓尽致的发挥，还分别建起了各类专门祠堂，像歙县棠樾鲍氏宗族专祀孝子的"世孝祠"，专为祀女性先祖而建的"清懿堂"女祠、黟县西递的"七哲祠"、祁门沥口"贞一堂"边的"庶母祠"，呈坎村中的"则内祠""一善堂"，绩溪龙川胡氏宗祠边的"特祭祠"。这些特色祠堂的修建，使得徽州宗族文化生态更为丰富多彩。各种类型的"专祠"构筑，从建造规模、装饰基调到供奉对象，都进一步生动地诠释着徽州宗族文化生态的丰厚蕴涵。至今仍保存在徽州城乡的大量徽州宗祠，透过其五凤门楼高耸、马头墙矗矗的风姿，人们仍可以直接感受到历史上徽州宗族社会的强烈宗法气息。

第二章 徽州宗族祠堂前世今生

第一节 历史上的徽州宗族祠堂

中国历史上,封建朝廷对祖先的祭祀,有明确和严格的规定。儒家代表性典籍《礼记·王制》规定"天子七庙""诸侯五庙""大夫三庙""士一庙""庶人祭于寝",①民间百姓不能建祠庙祭祖,只能在自家居室设位以祀。古徽州自汉以来大量徙入的中原氏族各姓:方氏迁歙始祖方储,东汉时即被神化,建墓祠以祭;②程氏显祖程灵洗在南北朝时被民众结社设坛祭祀,后建"世忠祠庙""行祠"供奉;③汪氏显祖汪华作为"徽州太阳",在隋唐之际即设墓祠祭祀,④这些都是皇家所定的专门祠庙祭祀,由民间各族姓同祭,和后来的宗族祠堂先祖祭祀有所不同。宋元以前,徽州民间虽也有少量祭祀宗族先祖的祠庙出现,但宗族祠堂之设并不普遍,其中多由专门祠庙逐步演进,像方储墓祠

---

① (清)阮元:《十三经注疏》,北京:中华书局,1980年10月,第1335页。
② [韩]朴元熵:《明清徽州宗族史研究》,北京:中国社会科学出版社,2009年10月,第26页。
③ 程景梁等:《程灵洗与徽州社会》,合肥:黄山书社,2014年4月,第3页。
④ 常建华:《宋元时期徽州祠庙祭祖的形式及其变化》,见《徽学》,合肥:安徽大学出版社,2000年,第39页。

后来成为方储庙,至宋政和间被敕封为"真应庙",到明以后逐渐成为徽州方氏宗族统宗祠。程灵洗的"世忠庙"后成为遍布江南的"程灵洗行祠",进而成为程姓宗祠。汪华"忠烈庙"也逐渐演化成汪氏宗祠。明嘉靖十五年(1536),明世宗朱厚熜批准礼部尚书夏言所奏,允许民间自建宗祠祖庙以祭先祖,加上宋代徽州老乡朱熹制定《家礼》,对宗族祠堂规制有明确描述,至此,一直对缅怀先祖耿耿于怀的徽州各氏族即和全国各地一样,趁机大建宗族祠堂,产生了建祠热潮。据汪尚宁编的明嘉靖《徽州府志》记载:至嘉靖四十五年(1566),徽州各族姓所建的代表性祠堂,即有 212 个。① 自明而后,徽州宗祠遍布城乡,不到万把平方公里的徽州之域,历史上所建徽州宗祠竟有 6000~8000 个。② 据我们课题组调查,徽州建于明代以前的宗族祠堂,至少有 219 个(见列表)。

序号	年代	名称	宗族	地址	资料来源	备注
1	唐 (618—907)	老屋祠	溪南吴氏	西溪南		
2	宋以前 (960 年前)	文肃公祠 (九房祠)	商山吴氏	休宁商山		
3	宋政和七年 (1117)	真应庙 (方氏统宗祠)	歙县方氏	歙县霞坑村	《歙淳方氏会宗统谱》	
4	宋隆兴二年 (1164)始建	潜口汪氏 金紫祠	歙县汪氏	歙县(含徽州区潜口村)	见门坊	
5	宋绍兴七年 (1138)始建	松柏堂 (后方祠堂)	白杨方氏	歙县白杨		
6	宋绍兴七年 (1138)始建	世忠堂	白杨凌氏	歙县白杨		
7	宋初 (1094 年前)	隐川胡氏宗祠	绩溪胡氏	绩溪临溪镇隐川村		

---

① (明)汪尚宁:《徽州府志·封建·宫室》,明嘉靖刊本,第 5~12 页,载徽州宗祠歙县 69 个,休宁 36 个,婺源 49 个,祁门 29 个,黟县 11 个,绩溪 18 个。
② 潘小平:《徽州八千祠堂、五千村落·中国乡村发现》http://www.zgxcfx.com,2014 年 5 月 14 日。

续表

序号	年代	名称	宗族	地址	资料来源	备注
8	宋初（1094年前）	隐川邵氏宗祠	绩溪邵氏	绩溪临溪镇隐川村		
9	宋中期（1110年前后）	隐川胡氏宗祠	绩溪胡氏	绩溪临溪镇隐川村		
10	宋末（1275年前）	后坑程氏宗祠	绩溪程氏	绩溪临溪镇汪坑村		
11	宋中叶（1110前后）	汪氏宗祠	绩溪汪氏	绩溪临溪镇		
12	宋始建，明嘉靖二十六年（1547）重修	龙川胡氏宗祠	绩溪尚书胡氏	绩溪龙川村		
13	宋（960—1127）	瑞川柯氏宗祠	绩溪柯氏	绩溪上庄瑞川村		
14	宋（960—1127）	荆州何氏宗祠	绩溪何氏	绩溪荆州乡巷路口头		
15	宋（960—1127）	查孝子祠	凤山查氏	婺源凤山报德桥左	《婺源县志》："宋·查永建"	
16	宋绍兴年间	施氏宗祠	婺源施氏	罗源施春村		
17	宋（960—1127）	项氏宗祠	婺源项氏	婺源龙源村	《婺源县志》："宋·项以礼建"	
18	宋（960—1127）	叙五堂	中村□氏	祁门闪里镇中村		
19	宋（960—1127）	古林黄氏宗祠	古林黄氏	休宁古林村	《新安黄氏大宗谱》，古林黄氏宗祠碑记	△
20	元至大间（1308—1311）	明经祠	考川明经胡氏	婺源考川		
21	元中叶（1620年前后）	三门厅	潭渡黄氏	歙县潭渡		
22	元中叶（1620年前后）	光庆堂	彭龙汪氏	祁门彭龙		
23	元末（1368年前）	汉口世忠行祠	篁墩程氏	休宁汉口		

续表

序号	年代	名称	宗族	地址	资料来源	备注
24	元泰定元年（1324）	清华胡氏家庙	清华胡氏	婺源清华	婺源《清华胡氏族谱·家庙记》	△
25	元（1260—1368）	詹氏宗祠	婺源詹氏	婺源桂岩		
26	元末（1368年前）	陈氏祠堂	蜀马陈氏	绩溪板桥蜀马村		
27	明前（1368年前）	荆墩祠	隆阜戴氏	屯溪区隆阜		
28	明初（1368年后）	朱氏宗祠	石门朱氏	歙县石门		
29	明洪武年间（1368—1398）	旺川曹氏宗祠	旺川曹氏	绩溪上庄旺川下曹村		
30	明永乐六年（1408）	六房厅	芭塘胡氏	徽州区芭塘		
31	明永乐年间（1403—1424）	宏村汪氏乐叙堂宗祠	宏村汪氏	黟县宏村		
32	明正统年间（1436—1449）	率口世忠行祠	篁墩程氏	屯溪区率口		
33	明景泰中（1454）	世忠行祠	篁墩程氏	休宁山斗村		
34	明成化年间（1465—1487）	叶氏叙秩堂	南屏叶氏	黟县南屏村	《黟县南屏叶氏族谱·祠堂》	△
35	明弘治二年（1489）前	黄氏思诚堂	潭渡黄氏	歙县潭渡	歙县《潭渡黄氏族谱·思诚堂》	△
36	明弘治十一年（1498）	罗氏家庙	呈坎前罗	徽州区呈坎村	歙县罗氏《宗系支谱·罗氏祠堂记》抄本	△
37	明弘治十一年（1498）	罗氏文献家庙	呈坎后罗	徽州区呈坎村	歙县罗氏《传家命脉图》字画	△
38	明弘治年间（1488—1505）	黄氏宗祠	五城黄氏	休宁五城		
39	明弘治年间（1488—1505）	浩寨八分厅	浩寨□氏	绩溪浩寨		
40	明弘治年间（1488—1505）	冯氏东厅承志堂	冯村冯氏	绩溪长安镇冯村		

续表

序号	年代	名称	宗族	地址	资料来源	备注
41	明弘治年间（1488—1505）	冯氏新尚厅崇本堂	冯村冯氏	绩溪长安镇冯村		
42	明弘治年间（1488—1505）	冯氏前厅清德堂	冯村冯氏	绩溪长安镇冯村		
43	明弘治年间（1488—1505）	冯氏后厅敬德堂	冯村冯氏	绩溪长安镇冯村		
44	明弘治年间（1488—1505）	冯氏老上厅齿德堂	冯村冯氏	绩溪长安镇冯村		
45	明弘治年间（1488—1505）	荪田世忠行祠	荪田程氏	休宁荪田		
46	明弘治年间（1488—1505）	叶氏奎光堂	南屏叶氏	黟县南屏	黟县《南屏叶氏族谱·祠堂》	△
47	明正德年间（1506—1521）	考川云峰先生祠	考川明经胡氏	婺源考川	《婺源县志》："明正德知县胡俊建"	△
48	明正德十年（1516）	余庆堂	白杨吴氏	歙县白杨		
49	明正德十四年（1519）	吴氏惇叙祠	西溪南吴氏	徽州区西溪南村		
50	明正德十六年（1522）	黄惠宗祠	潭渡黄氏	歙县潭渡		
51	明正德间（1506—1521）	许氏宗祠	东门许氏	歙城东门	《重修古歙东门许氏宗谱·宗祠条规议》	△
52	明嘉靖二十一年（1542）	张氏宗祠	绍村张氏	歙县绍村	《歙县文物志·古建筑·祠宇》	△
53	明嘉靖年间（1522—1566）	方氏宗祠	罗田方氏	歙县罗田村		
54	明嘉靖年间（1522—1566）	尚古堂	古筑孙氏	黟县古筑村		
55	明嘉靖年间（1522—1566）	孔氏家庙	城西孔氏	绩溪华阳镇城西		
56	明嘉靖年间（1542）	罗东舒祠	呈坎罗氏	徽州区呈坎		
57	明中期（1555）	曹门厅	潜口曹氏	徽州区潜口民宅		

续表

序号	年　代	名　称	宗　族	地　址	资料来源	备注
58	明弘治年间（1488—1505）	司谏第	潜口□氏	徽州区潜口民宅		
59	明中期（1555）	乐善堂	潜口□氏	徽州区潜口民宅		
60	明中期（1555）	忠孝堂	芭塘胡氏	徽州区芭塘		
61	明中期（1555）	里祠	西溪南吴氏	徽州区西溪南		
62	明中期（1555）	各世祠	灵山方氏	徽州区灵山村		
63	明初（1368年后）	胡氏精舍	临溪胡氏	绩溪临溪胡里村		
64	明初（1368年后）	精忠堂	临溪胡氏	绩溪临溪胡里村		
65	明初（1368年后）	姜氏宗祠	高车姜氏	绩溪周坑高车村		
66	明中期（1555）	曹永祚支厅	旺川曹氏	绩溪旺川村		
67	明中期（1555）	曹永辅支厅	旺川曹氏	绩溪旺川村		
68	明中期（1555）	敦伦堂	余川汪氏	绩溪余川村		
69	明嘉靖七（1529）	进士第	黄村黄氏	休宁黄村		
70	明嘉靖十（1535）	曹氏统宗祠	晓鳙曹氏	婺源晓鳙		
71	明嘉靖二十一年（1542）	横槎黄氏祠堂	横槎黄氏	婺源横槎村	《新安黄氏大宗谱·祠堂记》	△
72	明嘉靖二十四年（1545）	程氏宗祠	善和程氏	祁门善和里	周晓泉、赵亚光《窦山公家议校注·祠祀仪》	△
73	明嘉靖二十四年（1545）	仁山程氏支词	善和程氏	祁门善和里	周晓泉、赵亚光《窦山公家议校注·祠祀仪》	△
74	明嘉靖年间（1522—1566）	五叙堂	梓溪汪氏	婺源梓溪村		

续表

序号	年代	名称	宗族	地址	资料来源	备注
75	明嘉靖年间（1522—1566）	万四公支祠	棠樾鲍氏	歙县棠樾村	歙县《棠樾鲍氏宣忠堂支谱·重建万四公支祠记》	△
76	明嘉靖年间（1522—1566）	吴氏宗祠	吴田吴氏	休宁吴田村	汪道昆《太函集·吴田义庄吴公墓志铭》	△
77	明嘉靖年间（1522—1566）	汪氏宗祠	稠墅汪氏	歙县稠墅村	《汪氏祠规序》	△
78	明嘉靖年间（1522—1566）	著存堂	新馆鲍氏	歙县新馆	《歙县新馆鲍氏著存堂宗谱·祠规序》	△
79	明嘉靖年间（1522—1566）	敦义祠	象山叶氏	婺源象山村		
80	明嘉靖年间（1522—1566）	周氏宗祠	城西周氏	绩溪华阳镇城西	《绩溪城西周氏宗谱·重建祠堂论》	△
81	明嘉靖年间（1522—1566）	蒋氏宗祠	白塔蒋氏	祁门白塔	程尚宽《新安名族志》后卷	△
82	明中期（1463—1566）	詹氏宗祠	庆源詹氏	婺源庆源	程尚宽《新安名族志》前卷	△
83	明中期（1463—1566）	叶氏宗祠	南街叶氏	休宁县城南街	程尚宽《新安名族志》后卷	△
84	明中期（1463—1566）	许氏宗祠	涧州许氏	绩溪涧州	程尚宽《新安名族志》后卷	△
85	明中期（1463—1566）	孙氏宗祠	古筑孙氏	黟县古筑	程尚宽《新安名族志》后卷	△
86	明隆庆四年（1570）	郑氏叙伦堂	环砂郑氏	祁门环砂村		
87	明隆庆年间（1567—1572）	程氏世忠祠	长径程氏	婺源长径村		
88	明万历十三年（1585）	潘氏宗祠	大阜潘氏	歙县大阜	《歙县文物志·古建筑·祠宇》	△
89	明万历三十三年（1605）	项氏宗祠	桂溪项氏	歙县小溪	歙县《桂溪项氏宗谱·祠祀原始》	△
90	明万历三十五年（1607）	肇禋堂	西门查氏	休宁城西门	《休宁查氏肇禋堂祠事便览》	△

续表

序号	年代	名称	宗族	地址	资料来源	备注
91	明万历四十三年(1615)	郑氏宗祠	郑村郑氏	歙县郑村	《歙县文物志·古建筑·祠宇》	△
92	明万历年间(1573—1619)	吕宗伯祠	沣溪吕氏	婺源沣溪		
93	明万历十九年(1591)	张氏宗祠	黄备张氏	歙县黄备村	明万历十九年张二桂倡建	
94	明万历年间(1573—1619)	泓公祠	白杨□氏	歙县白杨		
95	明万历年间(1573—1619)	怀德堂（橡公祠）	白杨□氏	歙县白杨		
96	明万历年间(1573—1619)	胡氏众厅支祠	长林胡氏	徽州区上长林		
97	明万历年间(1573—1619)	树德堂	阳春方氏	婺源镇头镇阳春村		
98	明万历年间(1573—1619)	程氏家祠	城西程氏	婺源城西	《婺源县志》载	
99	明万历年间(1573—1619)	王氏宗祠	双杉王氏	婺源城北双杉乡		
100	明万历年间(1573—1619)	启贤祠	双桂坊滕氏	婺源双桂坊		
101	明万历年间(1573—1619)	陈氏宗祠	城东陈氏	婺源城东隅正街	《婺源县志》载	
102	明万历年间(1573—1619)	至德祠	水路吴氏	婺源大鄣山水路村		
103	明万历年间(1573—1619)	叙伦堂宗祠	冯村冯氏	绩溪长安镇冯村		
104	明万历年间(1573—1619)	韩氏宗祠	万村韩氏	黟县宏村镇万村		
105	明万历年间(1573—1619)	敦叙堂宗祠	旺川曹氏	绩溪上庄镇旺川		
106	明万历年间(1573—1619)	时恩堂	旺川曹氏	绩溪上庄镇旺川		
107	明万历二十二年(1594)	程氏宗祠	榆村程氏	休宁榆村		
108	明万历二十四年(1596)	三槐堂	溪头王氏	休宁溪头村		

第二章 徽州宗族祠堂前世今生　17

续表

序号	年代	名称	宗族	地址	资料来源	备注
109	明万历年间（1573—1619）	舒余庆堂	屏山舒氏	黟县屏山村	新篇《黟县志·文物志·古建筑》	△
110	明万历年间（1573—1619）	叙伦堂	石潭吴氏	歙县石潭村	《歙县文物志·古建筑·祠宇》	△
111	明万历年间（1573—1619）	程氏宗祠	临溪程氏	歙县临溪村	李维祯《大泌山房集·临溪程氏宗祠祀》	△
112	明万历年间（1573—1619）	吴氏大宗祠	西溪南吴氏	徽州区西溪南村	《歙西溪南吴氏世谱·续刻溪南吴氏世谱序》	△
113	明万历年间（1573—1619）	明经胡氏宗祠	上川胡氏	绩溪县上庄	绩溪上川明经胡氏宗谱·拾遗	△
114	明嘉靖万历年间（1522—1619）	敦本祠	西溪南吴氏	徽州区西溪南	吴吉祐《丰南志·舆地志·祠宇》	△
115	明嘉靖万历年间（1522—1619）	四门祠	西溪南吴氏	徽州区西溪南	吴吉祐《丰南志·舆地志·祠宇》	△
116	明天启六年（1626）	朱氏宗祠	月潭朱氏	休宁县月潭	《新安月潭朱氏族谱·重修宗祠记》	△
117	明崇祯元年（1628）	思睦祠	西溪南吴氏	徽州区西溪南	吴吉祐《丰南志·舆地志·祠宇》	△
118	明崇祯年间（1628—1644）	敬爱堂	西递明经胡氏	黟县西递村	黟县《明经胡氏存仁堂支谱》	△
119	明（1638—1644）	盘川王氏宗祠	盘川王氏	绩溪县盘川	绩溪《盘川王氏宗谱·祠堂记》	△
120	明（1638—1644）	汪氏宗祠	凤砂汪氏	婺源凤砂	程尚宽《新安民族志》前卷	△
121	明（1638—1644）	龙源祠堂	龙源□氏	休宁兰田龙源村		
122	明（1638—1644）	程氏祠堂	合坑程氏	休宁秀阳合坑村		
123	明（1638—1644）	程氏宗祠会源堂	坑口陈氏	祁门闪里镇坑口村		
124	明（1638—1644）	敦本堂	内屋里□氏	祁门内屋里		

续表

序号	年代	名称	宗族	地址	资料来源	备注
125	明(1638—1644)	义方堂	正冲□氏	祁门正冲		
126	明(1638—1644)	胡氏宗祠	雷湖胡氏	祁门安临镇雷湖村		
127	明(1638—1644)	汪氏合一堂	历溪汪氏	祁门历溪村		
128	明(1638—1644)	大经堂	桃源陈氏	祁门闪里镇桃源村		
129	明(1638—1644)	惟一堂	上汪汪氏	祁门箬坑上汪村		
130	明(1638—1644)	陈氏宗祠	坑口陈氏	祁门闪里镇坑口村		
131	明(1638—1644)	永锡堂	文堂□氏	祁门闪里镇文堂村		
132	明(1638—1644)	慎德堂	中溪□氏	祁门古溪镇中溪村		
133	明(1638—1644)	永安堂	黄龙口□氏	祁门古溪镇黄龙口村		
134	明(1638—1644)	中和堂	黄龙口□氏	祁门古溪镇黄龙口村		
135	明(1638—1644)	叙伦堂	环砂□氏	祁门沥口环砂村		
136	明(1638—1644)	敦本堂	内屋里□氏	祁门沥口内屋里村		
137	明(1638—1644)	义方堂	正冲□氏	祁门沥口正冲村		
138	明(1638—1644)	方氏宗祠	赤桥方氏	祁门赤桥		
139	明(1638—1644)	仁寿堂	奕村李氏	黟县奕村		
140	明(1638—1644)	何氏宗祠	梅树下何氏	绩溪荆州梅树下村		
141	明(1638—1644)	陈氏宗祠	庄子陈氏	绩溪荆州乡庄子村		

续表

序号	年代	名称	宗族	地址	资料来源	备注
142	明(1638—1644)	史第	冯村冯氏	绩溪长安镇冯村		
143	明(1638—1644)	冯氏宗祠	新川冯氏	绩溪长安镇新川村		
144	明(1638—1644)	权宸堂支祠	里方□氏	歙县霞坑镇里方村		
145	明(1638—1644)	程氏宗祠	航步头程氏	歙县雄村乡航步头村		
146	明(1638—1644)	敦睦堂	金村许氏	歙县许村镇金村		
147	明(1638—1644)	大墓祠	东升许氏	歙县许村镇东升		
148	明(1638—1644)	姚氏宗祠	塔山姚氏	歙县许村镇塔山村		
149	明(1638—1644)	郑氏宗祠	郑村郑氏	歙县郑村		
150	明(1638—1644)	叙伦堂	马山□氏	祁门箬坑乡马山		
151	明(1638—1644)	惇义堂	兴辉□氏	祁门历口镇兴辉村		
152	明(1638—1644)	余庆堂	篁村余氏	婺源沱川乡篁村		
153	明(1638—1644)	永庆堂支祠	万二王氏	歙县昌溪乡万二村		
154	明(1638—1644)	和乐堂	方家村方氏	歙县徽城镇方家村		
155	明(1638—1644)	惇叙堂宗祠	芳坑江氏	歙县坑口芳坑下村		
156	明(1638—1644)	叙伦堂	英坑方氏	歙县梓里镇英坑		
157	明(1638—1644)	成性祠	磻溪方氏	歙县梓里镇磻溪		
158	明(1638—1644)	敬本堂	叶村洪氏	歙县三阳乡叶村		

续表

序号	年代	名称	宗族	地址	资料来源	备注
159	明(1638—1644)	世德堂	中村洪氏	歙县三阳中村		
160	明(1638—1644)	洪氏老屋	伏岭洪氏	绩溪伏岭新坊村		
161	明(1638—1644)	任氏支祠	西坑任氏	绩溪伏岭西坑村		
162	明(1638—1644)	汪氏老屋	德中汪氏	绩溪伏岭德中村		
163	明(1638—1644)	胡家宗祠	石门坑胡氏	绩溪金沙镇石门坑村		
164	明(1638—1644)	胡氏支祠	黄土坎胡氏	绩溪金沙镇黄土坎村		
165	明(1638—1644)	张氏宗祠	澄村张氏	绩溪金沙澄村		
166	明(1638—1644)	葛氏宗祠	葛里葛氏	绩溪金沙葛里村		
167	明(1638—1644)	葛氏支祠	葛里葛氏	绩溪金沙葛里村		
168	明(1638—1644)	葛氏燕饴堂	葛里葛氏	绩溪金沙葛里村		
169	明(1638—1644)	追远堂	坎头许氏	绩溪家朋乡坎头村		
170	明(1638—1644)	胡氏宗祠	上游胡氏	绩溪临溪镇上游村		
171	明(1638—1644)	鲍氏宗祠	上塘鲍氏	绩溪临镇上塘村		
172	明(1638—1644)	胡氏宗祠	上塘胡氏	绩溪临溪上塘村		
173	明(1638—1644)	雍睦堂	赵村叶氏	歙县上丰乡赵村		
174	明(1638—1644)	敦叙堂	溪源宋氏	歙县上丰溪源村		
175	明(1638—1644)	乐善堂	汪家村汪氏	歙县上丰汪家村		

续表

序号	年代	名称	宗族	地址	资料来源	备注
176	明(1638—1644)	敦伦堂总祠	里屯汪氏	歙县上丰里屯村		
177	明(1638—1644)	许氏家庙	许家村许氏	歙县上丰许家村		
178	明(1638—1644)	姚氏宗祠	九砂姚氏	歙县深渡镇九砂村		
179	明(1638—1644)	怀德堂	漳潭张氏	歙县深渡镇漳潭村		
180	明(1638—1644)	程家祠堂	洪塘程氏	绩溪临溪洪塘		
181	明(1638—1644)	汪永祠堂	汪村汪氏	绩溪临溪汪村		
182	明(1638—1644)	东门汪氏支祠	汪村汪氏	绩溪临溪汪村		
183	明(1638—1644)	普德祠	汪村汪氏	绩溪临溪汪村		
184	明(1638—1644)	敦本堂		祁门历口镇内屋里		
185	明(1638—1644)	义方堂		祁门历口镇正冲		
186	明(1638—1644)	方氏宗祠	赤桥方氏	祁门赤桥		
187	明末(1644年前)	汪氏宗祠	石岗汪氏	岩寺石岗村		
188	明末(1644年前)	宋氏宗祠	梓坞宋氏	休宁梓坞		
189	明末(1644年前)	积善堂	舍头程氏	歙县上丰舍头村		
190	明末(1644年前)	德政堂	外屯宋氏	歙县上丰外屯村		
191	明末(1644年前)	汪氏老屋	莘显汪氏	绩溪临溪镇莘显村		
192	明末(1644年前)	汪氏宗祠	孔灵汪氏	绩溪临溪镇孔灵村		

续表

序号	年代	名称	宗族	地址	资料来源	备注
193	明末（1644年前）	叙伦堂支祠	孔灵汪氏	绩溪临溪镇孔灵村		
194	明末（1644年前）	敦睦堂支祠	孔灵汪氏	绩溪临溪镇孔灵村		
195	明末（1644年前）	仁让堂支祠	孔灵汪氏	绩溪临溪镇孔灵村		
196	明末（1644年前）	赵氏宗祠	赵家坦赵氏	绩溪临溪赵家坦		
197	明末（1644年前）	胡氏宗祠	高东胡氏	绩溪固坑乡高东村		
198	明末（1644年前）	程氏支祠	林下胡氏	绩溪伏岭镇林下村		
199	明末（1644年前）	景潜公祠	磡头许氏	绩溪家明乡磡头村		
200	明末（1644年前）	景滢公祠	磡头许氏	绩溪家明乡磡头村		
201	明末（1644年前）	汪氏宗祠	前山汪氏	歙县街口前山村		
202	明末（1644年前）	方氏宗祠	官川方氏	歙县梓里镇官川		
203	明末（1644年前）	方氏爱敬堂支祠	苏村方氏	歙县梓里镇苏村		
204	明末（1644年前）	汪氏宗祠	石岗汪氏	徽州区石岗村		
205	明末（1644年前）	洪氏宗祠	鸿椿洪氏	婺源清华镇洪村		
206	明末（1644年前）	王氏宗祠	岭下王氏	婺源大鄣山乡岭下村		
207	明末（1644年前）	允合堂支祠	诗春施氏	婺源清华诗春村		
208	明末（1644年前）	汪氏宗祠	金锅岭汪氏	歙县溪头镇金锅岭		
209	明末（1644年前）	叙伦堂宗祠	石潭吴氏	歙县霞坑镇石潭村		

续表

序号	年代	名称	宗族	地址	资料来源	备注
210	明末（1644年前）	大邦伯祠	许村许氏	歙县许村		
211	明末（1644年前）	大宅祠	许村许氏	歙县许村		
212	明末（1368—1644）	大墓祠	许村许氏	歙县许村镇东升村		
213	明末（1368—1644）	竹山公支祠	坎头许氏	绩溪家朋乡坎头村		
214	明末（1368—1644）	陈氏支祠	玉岔陈氏	绩溪板桥头乡玉岔村		
215	明末（1368—1644）	汪氏宗祠	坦头汪氏	绩溪长安镇坦头村		
216	明末（1368—1644）	寅德公支祠	余川汪氏	绩溪上庄镇余川		
217	明末（1368—1644）	辰德公支祠	余川汪氏	绩溪上庄镇余川		

注：有"△"者引自赵华富《徽州宗族论集》第144～147页，其余据《徽州五千村》资料和实地考察中村民追忆。

以上统计，徽州宗族祠堂宋以前建19座，元时建7座，明时建193座。

徽州婺源县历史上建有2000多座宗祠，到民国十四年（1925），婺源县较著名的宗祠已有619座。① 绩溪县民国三十六年（1947）统计县境内有宗祠340座，其中县城华阳镇即有宗祠75座。② 一些聚族而居的徽州古村落，所在氏族不仅建有统宗祠，还有各支派的宗祠、支祠、专祠、家庙等，在徽州之域的村落之中一村建有10座以上宗祠的至少有31个。

徽州各区县宗族祠堂较多的村庄：

【歙县】

大谷运：有柯氏后门派"仁睦堂"分支"长分""二分"，前门派"叙伦堂"有

---

① 江峰青等：《婺源县志·祠堂》，民国庚辛年刊本，第8～21页。
② 绩溪县地方志编委会：《绩溪县志·祠堂》，北京：方志出版社，2011年12月。

支堂"尚义""尚忠""尚德""尚文""尚贤""五支堂",又分长房、一房、二房、三房、四房、五房,"尚德堂"又分三支派等10多座祠堂。①

竦坑:济阳江氏有总祠"济阳家庙"、支祠建述堂、树德堂、叙伦堂等4祠。②

兰田:叶氏有上中门派恒德堂、世伦堂、世德堂、承德堂、尚德堂、敦伦堂、仁德堂、怀德堂、怡裕堂;下门派总祠叙伦堂,又分支睦义堂、尚德堂、树堂、恭安堂、敦睦堂等15祠。③

溪口:叶氏有永公祠、贵公祠、玺公祠、叙伦堂宗祠,分祠有:仁让堂、合德堂、惟德堂、怀德堂、遗爱堂、敦善堂、仁宗堂、四敦堂、遗庆堂、遗善堂、追远堂等15祠。④

晔岔:王氏有惇叙堂宗祠,支祠:尚志堂、敦复堂、如新堂、豫修堂、世德堂、香山堂、敬恕堂、忠恕堂、垂裕堂等10祠。⑤

瀹潭:有方氏白云祠宗祠,受经堂、敦睦堂等四座支祠。共5祠。⑥

昌溪:有吴氏太湖祠、员公寿乐堂支祠、周氏六顺堂宗祠等16祠。⑦

江村:有江氏赍成堂、伯固门、悠然堂、惇叙堂、笃本堂、千里门、东皋堂、居敬堂、安义堂、明善堂、貤庆堂、敦善堂、德新堂、宝箴堂、滋德堂、荣养堂、展锡祠、茂荆堂、聚太顺堂、太守昌公祠、都御史江公祠、忠功堂、以舟公祠、御史祠、乐野公祠、桂林公祠、烈女祠、节孝祠、乡贤祠、正二公分祠、景房公祠等总、支、分支、专祠等31祠。⑧

璜田:有胡氏积庆堂等14祠。

---

① 程必定、汪建设等主编:《徽州五千村》歙县卷,合肥:黄山书社,2004年9月,第66页。
② 程必定、汪建设等主编:《徽州五千村》歙县卷,合肥:黄山书社,2004年9月,第72页。
③ 程必定、汪建设等主编:《徽州五千村》歙县卷,合肥:黄山书社,2004年9月,第79页。
④ 程必定、汪建设等主编:《徽州五千村》歙县卷,合肥:黄山书社,2004年9月,第85页。
⑤ 程必定、汪建设等主编:《徽州五千村》歙县卷,合肥:黄山书社,2004年9月,第112页。
⑥ 程必定、汪建设等主编:《徽州五千村》歙县卷,合肥:黄山书社,2004年9月,第8页。
⑦ 程必定、汪建设等主编:《徽州五千村》歙县卷,合肥:黄山书社,2004年9月,第33页。
⑧ 程必定、汪建设等主编:《徽州五千村》歙县卷,合肥:黄山书社,2004年9月,第189页。

璜蔚：有胡氏宗祠等 7 祠。

郑村：有汪氏忠烈祠、郑氏宗祠、陈氏宗祠等 9 祠。

潭渡：黄氏有思养堂（侧门厅）、三门厅（三个支祠）、孝子公宗祠、黄惠宗祠（男祠）、女祠（望夫祠）等 7 祠。谚云："潭渡黄氏好名声，七个祠堂十一个厅。"

白杨：有后方松柏堂祠堂、凌氏世忠堂宗祠、前方余庆堂祠堂、泓公祠、杨公祠等 24 祠。

棠樾：有鲍氏先达祠等 15 祠。

里方村：有胡氏承德堂总祠、胡氏正伦堂支祠、胡氏庆德堂支祠、胡氏尊德堂支祠、胡氏敬德堂支祠、汪氏至善堂支祠、钱氏永和堂宗祠、钱氏友宸堂宗祠等 14 祠。现存 7 座半。

（以下今属徽州区）

潜口：有老屋祠、吴氏思睦堂等 20 祠。见《丰南志》。①

灵山：有方氏宗祠大宗祠、名世堂等 8 祠。②

呈坎：有罗东舒祠、罗氏世祠、罗氏文献家庙、尚翁公祠、舜臣公祠、士元公祠、承善堂、士文公祠、长房祠、世德祠、三房祠、四房祠、东峰公祠、则内女祠、一善支祠、贞一公祠、贞二公祠、文升公祠、晓山公祠等 20 多祠。

【黟县】

横冈：胡氏有胡家厅、众家厅、五房厅、进士厅、上门厅、前门厅、里门厅等二十多祠。全毁。③

碧山：村汪氏有十三门大本堂（宗祠），贵公祠惇大堂、石狮祠、明睦堂、盛正堂、兴绪堂、义安堂、树德堂、尚义堂、孝友堂、遗安堂、宝善堂、贻善堂、适安堂、仁让堂、明贤堂、世德堂等 36 祠。曾国藩曾赞十三门大本堂："吾周游名

---

① 黄山市社科联：《徽州五千村》徽州区卷，合肥：黄山书社，2004 年 9 月，第 29 页。
② 黄山市社科联：《徽州五千村》徽州区卷，合肥：黄山书社，2004 年 9 月，第 62 页。
③ 黄山市社科联：《徽州五千村》黟县卷，合肥：黄山书社，2004 年 9 月，第 29 页。

胜,未见有汪氏祠堂气象巍巍。"①

逢夏村:有江氏、金氏、黄氏、汪氏6祠。

古筑村:孙氏、程氏、毕氏、何氏有尚古堂、明嘉靖尚德堂、继序堂、集义堂、遵义堂、尚本堂等30多祠。②

南屏:有叶氏叙秩堂、叶氏奎兴堂支祠、程氏宏礼堂等7祠、李氏支祠、尚素堂等20多祠。尚存6祠。③

西递:有胡氏本始堂、敬爱堂、常春堂、仁让堂、元璇堂、惇典堂、维新堂、崇礼堂、存仁堂、惇化堂、种德堂、追慕堂、中和堂、绎思堂、继述堂、凝秀堂、时化公祠、含元堂、贻翼堂、锄经堂、蔼如公祠、鸿公厅、培芝轩、葆善堂、七哲祠、节孝祠等26祠。

宏村:有乐叙堂等数十祠。

【休宁】

霞浦:居民只近300人,有吴氏宗祠总祠、尊三堂、念劬堂、光远堂、真德堂、敏慎堂、寿年堂、宝善堂等8祠。④

长丰:有吴氏上厅、下厅、吴家厅、五房厅、下路厅、友堂厅、慈德厅、汪家祠堂、朱家祠堂、吴家祠堂等10祠。⑤

【婺源】

清华镇:凤山村有查氏统宗祠、支祠等14祠。文革中毁,仅剩半个总祠,半个支祠。⑥

汪口:俞氏宗祠等14祠。13祠毁于咸丰十年。⑦

理坑:有余氏宗祠等8祠。

---

① 黄山市社科联:《徽州五千村》黟县卷,合肥:黄山书社,2004年9月,第111页。
② 黄山市社科联:《徽州五千村》黟县卷,合肥:黄山书社,2004年9月,第167页。
③ 黄山市社科联:《徽州五千村》黟县卷,合肥:黄山书社,2004年9月,第173页。
④ 黄山市社科联:《徽州五千村》休宁卷,合肥:黄山书社,2004年9月,第128页。
⑤ 黄山市社科联:《徽州五千村》休宁卷,合肥:黄山书社,2004年9月,第231页。
⑥ 黄山市社科联:《徽州五千村》婺源卷,合肥:黄山书社,2004年9月,第66页。
⑦ 黄山市社科联:《徽州五千村》婺源卷,合肥:黄山书社,2004年9月,第133页。

严田：有李氏宗祠、支祠、彝叙堂、下严田李氏宗祠、宝善堂支祠、朱氏秩叙堂宗祠、朱氏敬爱堂支祠、朱氏敦睦堂支祠、朱氏宗正堂支祠、王氏三槐祠等9祠。①

李坑：有李氏大宗祠、济德堂、纶恩堂、宏启堂、进士门、四十公祠、六房厅、光禄第、老屋厅、新屋厅、汝祥公祠、沐林公祠等14祠。②

赋春：有吴氏宗祠、长沙王祠、坦轩公祠、淡泉公祠、杨台公祠、爱日堂、延玉公祠、闇斋公祠、吴氏支祠等9祠。③

豸峰：潘氏有企贤堂总祠、棣辉堂、成义堂、立本堂、承志堂、诒远堂、尚义堂等10祠。④

潘村：有潘氏宗祠、潘福荣公祠、永思崇本堂公祠、良振兴裕堂公祠、良春公祠、文和敬修堂公祠、良瑞公祠、公琫公祠、世坦世睦堂公祠、文朴公祠等10祠。⑤

凤山：有查氏宗祠、立德堂、三斯堂、慎修堂、益正堂、立本堂等7祠。

游山村：董氏宗族有嘉会堂、著存堂、荫槐堂、继思堂、树德堂、叙伦堂、怀德堂、光烈堂、听彝堂、庆远堂、种德堂、勤诒堂、叙庆堂、敦义堂、崇德堂、永思堂、保和堂、光裕堂、贞训堂、贞和堂、双节堂、崇义堂、志礼公祠等23祠。

【祁门】

旸源：有谢氏等13祠。⑥

彭龙：有汪氏光庆堂总祠、彦兴堂支祠、绍政堂支祠、起俊堂支祠、承庆堂支祠、懋德堂支祠、敦复堂支祠等7祠。⑦

桃源：有陈氏大经堂（风水祠）、持敬堂、保极堂、慎徽堂、思正堂、大本堂、

---

① 黄山市社科联：《徽州五千村》婺源卷，合肥：黄山书社，2004年9月，第154页。
② 黄山市社科联：《徽州五千村》婺源卷，合肥：黄山书社，2004年9月，第192页。
③ 黄山市社科联：《徽州五千村》婺源卷，合肥：黄山书社，2004年9月，第201页。
④ 黄山市社科联：《徽州五千村》婺源卷，合肥：黄山书社，2004年9月，第224页。
⑤ 黄山市社科联：《徽州五千村》婺源卷，合肥：黄山书社，2004年9月，第264页。
⑥ 黄山市社科联：《徽州五千村》祁门卷，合肥：黄山书社，2004年9月，第57页。
⑦ 黄山市社科联：《徽州五千村》祁门卷，合肥：黄山书社，2004年9月，第156页。

叙五祠、飨保堂、明德堂等9祠。现存8祠。①

文堂：有陈氏仁和堂宗祠、修睦堂宗祠、兴裕堂宗祠、一本堂宗祠、敦本堂宗祠、四维堂宗祠、永锡堂宗祠。支祠：日新堂支祠、新馨堂支祠、敦宝堂支祠、惊庸堂支祠、本政堂支祠等12祠。现存4祠。②

马山：仅120户530人，有叶氏和顺堂总祠、崇本堂支祠、叙伦堂、敦本堂、永德堂等5祠。③

六都：有程氏等姓，承恩堂总祠、兴裕堂、敬义堂、修吉堂、钟秀堂、光烈堂、复初堂、慕本堂、永和堂、淳德堂、叙五堂、存著堂、笃本堂、培元堂、昼绣堂等18祠。人称"小小祁门县，大大六都村"。④

【绩溪】

宅坦：有胡氏统宗祠（亲逊堂）、胡氏支祠等10余祠。⑤

旺川：有曹氏总祠、曹氏支祠等18祠。已全毁，仅剩九思堂。⑥

上庄：有胡氏宗祠等31祠。

龙川：有胡氏宗祠、五忠堂、安南公祠、宫保堂、枢密祠、七架祠、六三公祠、六九公祠、大宗堂、思敬堂、修敬堂、修德堂等12祠。

【休宁】

月潭：有朱氏总祠、支祠等16祠。

汊口：有程氏世德堂等11祠。

仅据以上不完全统计，徽州之域一村有30座祠堂以上的4处，一村有20座祠堂以上的6处，一村有10座祠堂以上的21处。

由于不少徽州氏族其先祖都是中原阀阅之家，慎终追远、报本感恩之心强烈，加上明清徽商积蓄了大量财富，有经济基础，所以明清时期徽州宗族不

---

① 黄山市社科联：《徽州五千村》祁门卷，合肥：黄山书社，2004年9月，第181页。
② 黄山市社科联：《徽州五千村》祁门卷，合肥：黄山书社，2004年9月，第183页。
③ 黄山市社科联：《徽州五千村》祁门卷，合肥：黄山书社，2004年9月，第200页。
④ 黄山市社科联：《徽州五千村》祁门卷，合肥：黄山书社，2004年9月，第224页。
⑤ 黄山市社科联：《徽州五千村》绩溪卷，合肥：黄山书社，2004年9月，第131页。
⑥ 黄山市社科联：《徽州五千村》绩溪卷，合肥：黄山书社，2004年9月，第135页。

仅各类祠堂建得特别多,而且都是倾全宗族之力,选最好地段,花大量资金,用最高技术,取最好材料,请最精匠师,精心营构。许多徽州宗族祠堂,建造得高大宏伟,美轮美奂。在寸土寸金的徽州山区之地,村中祭祀先祖的祠堂,却不惜用地,一般都比民居规模要大。在"岩邑"绩溪县城华阳镇,各姓建造的 75 个祠堂即占地约 4.15 万平方米,占了县城面积的 1/17。据调查,徽州宗祠面积在 1000 平方米以上的至少有 48 座。

徽州之域占地千米以上的部分徽州宗祠:

歙县:

潭渡黄氏宗祠	约 10000 平方米
森村黄备张氏统宗祠	3000 平方米
方家村方氏和乐堂	2337 平方米
上丰宋氏施政堂	1008 平方米
义成朱氏宗祠	3473.36 平方米
许村大邦伯祠	1080 平方米
郑村郑氏宗祠	1856 平方米
郑氏济美堂	1838 平方米

(以下今属徽州区):

呈坎罗东舒祠	3300 平方米
唐模许氏宗祠	1000 平方米
潜口金紫祠	4898 平方米

绩溪:

荆州何氏宗祠	1000 平方米
竹里周氏宗祠	2000 平方米
和阳大岭脚洪氏宗祠	1000 平方米
庆丰庵	1600 平方米
临溪浦川程氏宗祠	1000 平方米
华阳周氏衍绪堂	1156 平方米

余川汪氏宗祠	1331.70平方米
龙川胡氏宗祠	1564平方米
瀛洲章氏宗祠	1295平方米
宅坦胡氏亲逊堂	1800平方米
新川冯氏宗祠	1500平方米
临溪洪塘程氏宗祠	1200平方米
临溪汪村汪氏宗祠	1000平方米
临溪上游村胡氏宗祠	1500平方米
临溪孔灵汪氏宗祠	1600平方米
临溪孔灵汪氏支祠叙伦堂	1300平方米
临溪孔灵汪氏支祠敦睦堂	1000平方米
临溪孔灵汪氏支祠仁让堂	1300平方米
临溪蒲州村程氏宗祠	1000平方米

祁门：

渚口倪氏贞一堂	1267平方米
芦溪河西郑氏一本堂	1533平方米
环沙郑氏叙伦堂	1000平方米
闪里文堂永锡堂	1031平方米

婺源：

西冲西谷俞氏敦伦堂	2300平方米
阳春文氏树德堂	1150平方米
汪口俞氏宗祠	1116平方米
江湾旃坑萧江大宗祠	2400平方米
黄村潢川黄氏经义堂	1200平方米
上坦泓源孙氏务本堂	1360平方米
浙源凤山查氏孝义堂	2460平方米
漳溪王氏敦伦堂	1100平方米

西坑俞氏宗祠	2500 平方米
黟县：	
西递胡氏敬爱堂	1755 平方米
南屏叶氏奎光堂	2000 平方米
奕村李氏宗祠	1200 平方米
休宁：	
溪口三槐堂	1500 平方米
榆村程氏宗祠	5000 平方米

目前所知徽州历史上最大的宗祠是歙县潭渡的黄氏宗祠，占地16亩，约10000平方米。该祠元代中叶始建，明代正德十六年(1521)扩建。到万历元年(1573)竣工，断断续续，花了52年时间。歙县黄备张氏统宗祠占地7980平方米。呈坎罗东舒祠，明嘉靖十六年(1539)修建寝殿，70年后罗应鹤开始建享堂等二期工程，按孔庙规制建造，占地2262平方米，至万历四十五年(1617)，罗人忠加盖宝纶阁，前后历时78年，花白银45000两。① 歙县瀹潭方氏宗族聚钱300缗，于明嘉靖二年(1523)开始建方氏宗祠，到嘉靖三十六年(1557)又聚得白银三千两，又建了七年时间始成，前后共用41年时间。② 潜口汪氏宗祠"金紫祠"，占地近7000平方米，宋隆兴二年(1164)得钦赐祠名，按紫禁城规制建造，明正德九年(1515)至嘉、万间扩建，金紫祠前的三座牌坊、三源桥、棂星门、乾门、碑亭、仪阖、露台、驰道回廊、亭堂、寝殿，依中轴线从南向北排开，享堂用的是楠木肥梁硕柱，祠后还专建汪公庙，③ 民间称之为潜口"金銮殿"。休宁溪头村王氏三槐堂三进十一开间，占地1500平方米，200多根硕大柱子，多为白果树材质，室内没有蜘蛛网，又称"无尘殿"。大厅内有9个小厅，宏大气派，被称之为休宁的"金銮殿"。不少徽州宗族修造祠堂都下了大工本。徽州区上托山村的"五房支祠"全用楠木作梁柱，人称"楠

---

① 罗来平：《呈坎》，天马出版有限公司，2005年8月，第238页。
② （明）许国：《方氏宗谱·方氏宗祠碑记》，明刊本。
③ 姚邦藻等：《汪世清谈徽州文化》，北京：当代中国出版社，2004年12月，第228页。

木厅"。歙县七贤村方氏惇叙堂宗祠全用柏树作梁柱,人称"柏树祠"。石潭村吴氏叙伦堂宗祠人称"百梁厅"。黟县珠坑村王氏文叙堂用90根白果树作硕柱。歙县昌溪吴氏员公支祠寿乐堂中进和后进的冬瓜梁竟长达9米、13米。绩溪上庄胡氏宗祠在太平天国战乱中被毁以后,胡适父亲胡铁花和其伯父胡星五带族人重建。其工程耗资13300银元,花了12年时间,其间由于修建款项筹集,族丁间矛盾激化,胡铁花打两口棺材作决死一拼,坚持修造,差点酿成血案,其过程惊心动魄。① 祁门渚口倪氏"贞一堂"宗祠屡遭损毁,其族人米商倪尚荣筹资重修未完而殁。倪尚荣副室金氏勇挑工程重担,倡捐筹资,自己还变卖金银首饰,拿出私房钱修造了贞一堂后进两个天池,完成了贞一堂修建工程。②

徽州宗族祠堂的建造,各宗族全力以赴,其中徽商对建祠的巨大财力支持尤为突出。据徽州大量史志和族谱、家谱记载,徽州各氏族子弟得宗族支持经商致富后,报本感恩,追念祖德,徽商们都竭力捐资修葺宗祠,有的甚至不惜巨资,事例不可计数。婺源黄村黄氏经义堂,人称"百柱祠"。清初黄氏宗族建此宗祠,封顶时没有钱继续了,正准备停工时,其族人木商黄声翰回乡,慨然承担了建造资金,耗尽资材把祠堂建成。③ 婺源汪口的茶商俞澄辉,为修建汪口俞氏宗祠,一次就捐资1000两。④ 祁门徽商胡天禄,独资"构报本祠祀其亲"。⑤ 歙县盐商郑鉴元独资"建祖父江宁宗祠,三置祭田","修歙洪桥郑氏宗祠、祖海公宗祠"。祁门旅扬州大盐商马曰琯、马曰璐兄弟为家乡修建祠堂,捐资10万两。正是有徽商的强大财力支持,徽州宗祠才一个比一个建得宏大气派。

---

① 潘小平:《徽州八千祠堂、五千村落》,安徽文化网,2011年10月18日。
② 黄山市社科联:《徽州五千村落》祁门卷,合肥:黄山书社,2004年9月,第110页。
③ 黄山市社科联:《徽州五千村落》婺源卷,合肥:黄山书社,2004年9月,第79页。
④ 黄山市社科联:《徽州五千村落》婺源卷,合肥:黄山书社,2004年9月,第135页。
⑤ 《康熙祁门县志·孝义》卷四,清康熙二十二年刊本。

第二节　徽州宗族祠堂现存状况

作为见证徽州宗族宗法繁盛的徽州宗族祠堂，基本上是砖木结构，经过千百年的雨雪风霜自然销蚀，特别是新旧更替、社会变迁，几乎都是屡毁屡建，屡建屡毁，变化很大。许多在徽州历史上很有名的宗族祠堂，经过岁月的自然消磨以及"咸同战乱"和"十年浩劫"，已经只留在村民的记忆中了。黟县在清同治(1862—1874)年间，县志记载域内有祠堂404座，到1985年普查，祠堂仅剩下111座。2010年时，就只有51座了。1985年至2010年，25年中就消失了60座，现存的一大半都没有了。婺源县历史上2000多座祠堂，民国十四年(1925)县志载有祠堂614座，到2004年只有68座了。绩溪县民国三十六年(1947)县志载有祠堂340座，到1982年还剩160座。据课题组2010年调研的不完全统计，目前徽州之域尚存宗族祠堂731座，其中包括严重残破即将塌倒的477座（见下表）。

县名	现存数	其中残破	建筑年代					文保情况			
			宋元	明	清	民国	未定	国保	省保	市保	县保
歙县	262	204		37	209	14		8	4	2	18
徽州区	31	9		11	19			5	2	1	2
黟县	51	15		5	39	7		5			3
婺源	68	5		9	51	8		7		5	11
绩溪	154	120		15	13	1		1	1		1
休宁	18	2		2	16			1		2	1
屯溪	4	4		1	3						
祁门	143	18		18	96	26	3	11	2		4
	731	477		98	446	56	3	38	11	8	40

徽州宗族祠堂大量消失的原因，除自然朽腐、火灾等塌倒损毁之外，许多是毁于清代咸同年间(1851—1874)的兵乱，当时太平军和曾国藩湘军在徽州

之域展开拉锯战,徽州乡村惨遭蹂躏,"乡无一片净土,公私焚如,百不一存""疮痍满目,十室九空"①,人口"十去七八",宗族祠堂被焚灭捣毁。据有关史志、家谱记载:歙县许村许氏大夫第祠堂,毁于太平军;婺源豸峰潘氏资深堂宗祠毁于太平天国战乱;黟县碧山大本堂宗祠被"长毛"所毁……而作为封建宗族"族权"的主要物化建筑,在 1949 年新旧更替之后,"族权"被打倒,宗族制度被铲除,祠堂大多被没为公产,支撑祠堂运行的祠产被分。许多徽州祠堂,有的甚至被拆毁,砖木石料拿去建队屋、砌水库;有些或成为中、小学教室,或成为百货店、粮站用房,或成为村民堆柴禾杂物的场所,缺少专人管理、缺少维修保护。特别是"文革"十年浩劫"扫四旧",徽州宗祠首当其冲,几乎所有祠堂里的砖、木、石雕都惨遭破坏和清扫,有的被全面拆毁。前述徽州最早祠堂歙县霞坑方氏真应庙统宗祠,在 1958 年"大跃进"之前每年全国各地方氏族人还来此汇合祭祖。"大跃进"时,庙内的族谱、画轴、祖先牌位等被毁坏一空,祠堂变成了一个农具厂。1968 年"文革"中,又将其全部拆毁,砖、瓦、木、石被搬去建霞坑中学。笔者 2015 年底到霞坑中学寻找真应庙遗存,又得知当年从真应庙搬来的十几个石磉,也已都不知去向,仅剩下几块庙基残石。歙县潜口汪氏金紫祠,1950 年成为潜口粮站,1980 年祠堂大门的两座石狮被搬到歙县河西桥头的新安碑园,其大门上的"越国世家""汪氏家庙"巨型大匾被锯成两段作库房板壁。到了 1976 年,一些不肖子孙和贪婪之徒进一步将祠堂主体建筑享堂大殿拆毁,将楠木柱瓜分用来打家具,一个民间"金銮殿"就这样毁于其手。歙县桂林跳岭村程氏宗祠,清同治三年(1804)被太平军焚毁。大火还殃及民房,所有古物无存。光绪十六年(1890)族人重建,1955 年曾重修。到 1966 年"破四旧",祠内牌匾、祖宗牌位全部被毁。由于无人管理,至今祠内木雕被毁弃、偷盗一空,仅剩一个空壳。

在歙县的黄备村,有一座高大巍峨、气势恢宏的张氏统宗祠曾让世人刮目相看。歙县民间历来有"洪坑好照壁,杨坑好姑娘,黄备好祠堂"的民谚,说

---

① 绩溪宅坦明经胡氏亲逊堂宗祠文书资料。

的是歙县洪坑进士村建造的大照壁在徽州独一无二,高大气派;歙县杨坑的姑娘美丽温柔,名声在外;而对于黄备这座"歙南第一祠",人称这个古村有"黄备三景":水口坝、天官府、大祠堂。张氏统宗祠历来是黄备人引以为傲的"一景"。

据记载黄备张氏统宗祠是明代万历十九年(1592)所建,这座祠堂三进七开间,通面阔约10丈,进深40丈,总占地面积7000多平方米。其建筑规模不亚于潜口汪氏金紫祠"金銮殿"、呈坎孔庙式罗东舒祠、龙川胡氏宗祠。黄备张氏统宗祠第一进是构筑有些特别的、在徽州数一数二的五凤楼,飞檐翘角,气势恢弘。加上该祠两边五岳朝天的马头墙,高耸云天,气势不凡,所以这座张氏统宗祠又被称作"五峰楼"。统宗祠五凤楼前的石狮硕大,有吨把重,黟县青石鼓雕琢精湛。其中进,享堂前是一个特大的天井,厢庑排列两边,和享堂一样雕梁画栋。其后进,原有九级台阶,层层升高。享堂大厅曾高挂明代礼部左侍郎兼翰林院侍读学士、黄备太史公张一桂所书"义隆一本"大匾。这座张氏统宗祠内,原先还有"铜钟、象鼓、金香炉"三件宝物,其中青铜大钟一人多高,纹饰古朴,音质洪亮;象鼓则需16个族人扛抬,敲起来响声震天;而含金的铜鼎和青铜大钟一样高大精美。当年修建这个大祠堂耗费巨资,还留下了神奇的传说:说是黄备村临溪有一棵缠满秋花藤的大枫树,枝叶繁茂,浓荫匝地。那时村人常收到"风官人"寄给"秋嫂娘"的金元宝,但始终查无此人又无处退还,张氏族人只好收下这些金元宝,将其作为公益资金储存,几年下来竟装了好几稻物(徽州一种木制的打稻器物),于是族人商议用这些钱建造大祠堂,从后山一直建到临溪。过了数年,金元宝仍不断寄来,族人打算将祠堂做大,再增加一进,嫌大枫树有些碍事,就把它砍了。结果,从此再不见有金元宝寄来。族人这才明白"风官人"即大枫树成精,"秋嫂娘"即"秋花藤"。从张氏统宗祠的规模和内部构架的用料、工艺来看,花掉好几"稻物"金元宝的资金确实并不仅是一种传说。仅看享堂现存那些巨大的东瓜梁和石柱、梭柱,精美梁托、斗拱,祠内随处可见的高水平的砖、木、石雕镂构件,就可知统宗祠造价不菲。黄备张氏统宗祠以其宏大的构筑,精湛的工艺,让远近各宗族叹为观止,称其为"歙南第一祠",确实当之无愧。

据史志推测,宋代时的黄备张氏宗族,在徽州已是财力雄厚、声名显赫的旺族。至今仍耸立在徽州府城练江碎月滩边披云峰下的长庆寺塔,就是北宋重和二年(1119)时,由黄备人张应周所修建。长庆寺塔七层楼阁,实心方形,高23米多,精巧玲珑,历880多年仍基本完好,现在是省级文物。可见黄备张氏能修建这么大的"五峰楼"祠堂,一点不令人奇怪。

随着时间的推移,在历史的雨雪风霜中,黄备张氏宗族已风光不再。这座张氏大祠堂也在20世纪50年代成为黄备小学的校舍。在原来供奉祖宗神主的后进寝殿,楼上阁房成为小学生宿舍。"大跃进"年代,一个天寒地冻的黑夜,由于学生太小,引火不慎,一把火把后厅寝殿烧了个精光。到20世纪末,黄备小学迁出。大祠堂年长月久,管理乏人,前进五凤楼渐渐霉烂塌倒,一直得不到基本的维修保护,任其在风吹雨打中损毁,在前两年最终被拆,只剩下残墙断壁,部分精美的砖、木、石构件散落在天井中,大祠堂享堂也成了堆杂物的垃圾厅,享堂前天井中野草丛生,脏乱不堪,满目凄凉。其间曾有村民为维修抢救奔忙,2009年,新安晚报记者吴永泉还发文呼吁抢救保护,后来也有建议将其列入黄山市"百村千幢"保护工程,但都无果而终。我们在实地踏勘时发现,黄备张氏统宗祠,目前仅留下的享堂主体建筑,其木构架基本完好,建构宏伟,虽然梁上众多牌匾早已不知去向,大厅显得空荡荡的,但令人惊奇的是和其他有些徽州古祠堂一样,这享堂大梁间也没有蜘蛛网。祠堂天井两边残存的廊庑仍在,五凤楼的四根石柱也还砌在墙内。据说祠堂内的"铜钟、象鼓、金香炉",其下落也还有线索可以追寻。祠堂前的一对精美石狮和一对黟县青石鼓,前些年村民为防范有人想倒卖赚钱,已把它们搬到村东水口坝上,也还基本留存完好。现在,人们只能从大祠堂高耸的五岳朝天马头墙的雄姿,去感受"大祠堂"当年的气势和魅力了。

图 2-1　1998 年,黄备张氏统宗祠大祠堂第一进五凤楼的雄姿。(佚名摄)

图 2-2、2-3　2002 年,黄备张氏统宗祠大祠堂第一进五凤楼已出现朽烂现象。2006 年,黄备张氏统宗祠大祠堂第一进五凤楼进一步朽烂裸露。(佚名摄)

图 2-4、2-5　2007 年,黄备张氏统宗祠大祠堂第一进五凤楼已部分塌毁。2008 年,黄备张氏统宗祠大祠堂第一进五凤楼残存。(佚名摄)

图 2-6 2009 年,黄备张氏统宗祠大祠堂残貌。

图 2-7 2012 年 7 月所见黄备张氏统宗祠大祠堂外貌。

第二章 徽州宗族祠堂前世今生

图 2-8、2-9 2012 年 7 月所见黄备张氏统宗祠大祠堂享堂现存和西廊庑残存。

图 2-10、2-11 2012 年 7 月所见黄备张氏统宗祠大祠堂东廊庑残存。张氏统宗祠大祠堂享堂残留木雕隔扇。

图 2-12、2-13 2012 年 7 月所见黄备张氏统宗祠大祠堂内天井。天井里的石雕构件。

图 2-14、2-15　黄备张氏统宗祠大祠堂内天井里的石雕构件。大祠堂五凤楼塌后残存。

图 2-16、2-17　黄备张氏统宗祠大祠堂五凤楼前的一对石狮和一对石鼓在村中水口坝上。

图 2-18、2-19　课题组实地调研,和村民讨论张氏统宗祠大祠堂的抢救性保护。

近二三十年，文物贩子觊觎徽州宗祠建筑内的文物，大肆搜罗和偷盗古祠堂，将偷盗来的东西转移外地。也有的打着"异地保护"旗号，大量收购徽州宗族祠堂，对古祠堂胡拆乱拼。2012 年 5 月婺源大鄣山菊径村何氏宗祠内一块明代皇帝书赐的"黄阁调元"古匾被盗；2012 年歙县大阜潘氏宗祠所藏的十几块牌匾被偷盗一空；在黟县，有一位老板把从乡间搬来的三个宗族祠堂在秀里重建，竟将一个宗祠改成了一个欧式游泳池，门面是宗祠，内里已面目全非。而最典型的"异地保护"破坏，当属徽州区芭塘村明代永乐年间建的胡氏"六房厅"宗祠的拆毁。

黄山市徽州区琶塘古村中有一座占地 600 多平方米，由村中胡氏十七世祖胡祖瑜捐资在明代永乐年间建造起来的胡氏"六房厅"古祠堂。人们曾在胡永吉（现杭州徽州学研究会会长）的哥哥家所收藏的族谱资料中得知，"六房厅"古祠堂建于明代永乐六年（1409），距今已有 600 多年历史，是徽州目前有明确文字记载的最早的现存祠堂之一。从徽州古建保护专家、摄影家张建平 2004 年 9 月所摄的六房厅祠堂照片来看，该祠堂体量之巨大，构型之特别，梁饰雀替雕刻之精美，建筑方法之讲究，是元明时期徽州古祠堂建筑艺术的一个代表，也是元明时期徽州宗祠文化的一个硕果仅存的标本。无论是徽州宗族文化的见证意义，还是徽州古祠堂的建筑艺术，"六房厅"都是不可多得的十分重要的历史文物。

1938 年，新四军第一服务团曾驻于此，古祠堂曾作新四军医院。"六房厅"墙上还留存有当年新四军写的标语。这座徽州古祠堂竟还是一处不可多得的"红色文化"纪念地。

历经 600 多年的风吹雨打，进入 21 世纪之后，"六房厅"随着小学的迁出，公产缺乏管理，日渐破烂，但古祠堂享堂的硕大精美的冬瓜梁、雕花雀替和古朴斗拱、粗大梭柱等大量木构件依然完好。十分罕见的明代水磨砖防火门和厚厚的夹心砖墙依然十分牢固。元明时期徽州古建的风貌明显。

由于"六房厅"木结构日渐朽烂，面临塌倒威胁，村民从 2004 年起就请求有关方面帮助维修。但因"六房厅"古祠堂未列入文保单位，一直没有得到维修资金。其间村民虽也曾翻漏维修,但雨雪天古祠堂中淤积霉腐依然严重,局部出现塌倒险兆。虽然一些民间徽州古建保护专家已经发现了"六房厅"的保护价值,但有关方面却始终未对这一尘封中的"珍珠"另眼相看,没有及时采取有力措施。村里胡氏子孙又管理不力,只把它当作柴草杂物堆放之处,任其霉烂。

2006年9月,村中胡氏后人称"因无财力",原址保护"六房厅"已"心有余而力不足",为防塌倒,决定对"六房厅"古祠堂作"加标拍卖处理",把这份祖宗留下的遗产变作钞票,"部分拿来给农户作遗产留念",部分用来维修村中自来水和水泥路。此后,"黄山市世外桃源投资有限公司"需要"异地拆迁"徽州古建作旅游项目,即以15万元买下了这幢徽州古祠堂。按照协议,要把"六房厅"所有木结构、大部分石构件拆除搬迁到徽州区唐模边的"上庄村"异地重建,成为其旅游开发项目的一部分。这一拍卖,决定了"六房厅"古祠堂建筑木结构、石构件和砖墙体将拆解分离、全面解体、原址毁灭的命运。

众所周知,徽州古祠堂是特定宗族聚落、宗族文化生态的物态表征。不仅其建筑的规模、风格、特点与这一宗族聚落的选址、朝山走向、山川地理息息相关,而且承载着太多的该宗族的历史、人文等等厚重的文化信息,它是当地特定宗族聚落宗法实态的主要表现形式。异地拆迁,把"六房厅"这样有600多年历史渊源的古徽州祠堂从琶塘连根拔起,搬到和琶塘村胡氏宗族毫不相干、和琶塘文化生态空间情形迥异的"上庄村"去参加"旅游项目开发",这种"异地拆迁保护",是不是很滑稽?当时虽说也有手续,但却违背了文化生态保护的基本理念。

2008年3月15日,拆迁队进场掀瓦卸梁。可能是一方面施工者未能严格按"异地拆迁保护"规定,逐一摄影、测绘、登记、编号、归类,做有效"保护",涉嫌"野蛮拆解";另一方面是有村民对出售价格存有异议,出现了村民进场阻拦对"六房厅"古祠堂拆解的风波。当拆迁队撤走后,"六房厅"古祠堂仅能遮体的屋盖瓦片已经被拆除,这样,本来就已朽烂的木结构,开始全部裸露在皖南春三月的雨水淋浇之中,此后一个多月就这样任由风吹"日晒"雨淋,没有任何遮盖保护措施。

"六房厅"古祠堂"异地拆迁保护"的惨象,引起了民间徽州古建保护专家、当地村民以及网民、媒体的公愤。张建平先生等人奔走呼号,《新安晚报》刊发了吴永泉记者《临时停拆古建风雨飘摇》的文章,网上"六房厅"被裸身拆解的图片引来无数人围观。

"六房厅"古祠堂的梭柱、大梁、斗拱、雀替以及那些雕饰精美的构件,600多年来已经饱经风霜,本来就在屋漏霉潮中千疮百孔,有的已有些朽腐霉烂,哪里还能经得起这样因野蛮拆卸而彻底暴露的风雨摧残!

后来在当地政府的干预下,"六房厅"古祠堂完成了"异地拆迁"的解体,杂乱拆毁的场内的木构件、大部分石构件被运走,仅剩下几片高大厚实的砖墙孤寂地守望着这片空地,村中胡氏后人在"六房厅"拆除后的空场上竟相用碎砖头围起许多圆形地块,在里面种南瓜。只有仅存的"六房厅"古祠堂三个砖门洞,还能让人想起1938年新四军军长叶挺来时的场景。"六房厅"至此"身、首"异处,"骨、肉"分离,开始其消亡历程。

按照当地政府的要求和"异地拆迁保护"的协议,"六房厅"古祠堂的木结构和石构件在拆解后,只能在"徽州区"异地重建保护。此后民间徽州文化保护人士在追踪"六房厅"古祠堂木构架、石构件被拆解以后的去向时却惊讶地发现,这些徽州古建的"筋、骨"并没在徽州区"上庄村"进行"异地重建保护",该项目早已停建。那个开发公司在另一处的旅游项目也没有实质性进展。时过3年后的2011年9月,有网民爆料:"六房厅"古祠堂这些主要木、石构件,3年以来一直被堆置在休宁县一山区的公路边,一些梁、柱甚至被随意抛在露天,日晒雨淋,没有任何保护措施,有的几乎已烂成一摊碎末。10月中旬,笔者和徽州古建专家、徽州文化保护人士、媒体记者辗转寻访到"六房厅"古祠堂屋架的栖身之处,看到这些从明代永乐年间艰难留存至今的"六房厅"主要木构件,竟像一堆木头垃圾一样被杂乱地堆成几垛,连古建保护中最起码的归类和区别堆放都没做到,有的扯块塑料纸遮挡点风雨,有的大梁则任意抛在空地上,已霉烂得轻轻触碰就一点一点往下掉,大梁空洞里的野草一丛丛长得很旺盛,白果树材质的大梭柱也已在空地上霉烂得面目全非;其状惨不忍睹,参与查访的徽州古建专家心痛得掉泪。

专家在现场估计,如果说2004年"六房厅"古祠堂木构架、梭柱、雀替等稍有破烂,但基本保存完好,不难复原,那么,经过野蛮拆解和其过程中40多天的雨淋霉腐,尤其是2008—2011年3年多的辗转流浪,到这个公路边栖身,已有不少木构件被损毁和糟蹋,成了根本无法复原的木头粉屑垃圾——目前可以供"六房厅"古祠堂勉强修复的原件,最多只剩一半的样子。"恢复""六房厅"古祠堂,已是一句空话。

"六房厅"古祠堂是在"异地拆迁"的几年折腾中被毁的。"六房厅"古祠堂这一明代永乐年间修建,经历了600多年风雨,逃过了"咸同兵乱""十年浩劫",侥幸留存的徽州文化珍宝,竟在近年"异地拆迁保护"的折腾中最后消亡,真让人扼腕叹息!

第三章 徽州宗族祠堂千姿百态

第一节 徽州宗族祠堂的种类

徽州宗族祠堂,有墓祠、家庙、统宗祠、宗祠、支祠、专祠等多种名目,内涵丰富,构成徽州宗族祠堂的完整体系。徽州宗族祠堂实行对徽州宗族社会的全面把握掌控。

墓祠 自汉以来徙迁徽州的北方中原世家大族和各姓宗族,都谨遵儒学礼教规条,先人逝后,要"庐墓守制",在祖墓边搭棚盖舍,祭祀尽礼。徽州许多古村落就是由"庐墓"的祖先围绕祖墓发衍而来。墓祠,又称冢祠,即是建于墓旁的祠堂,这是徽州在宋、元以前先祖祭祀的主要场所。这类墓祠,有的是皇家钦赐的祭祀有功名人的祠庙。徽州宗族在祖墓边祭祀先祖除建墓祠外,还结合社坛祭祀,设坟庵、寺观以祭祀先祖。

在古徽州,东汉徙迁歙县东乡的方氏先祖方储,是敢言直谏之士,料事如神,被举为贤良方正,对策第一,人称"仙翁"。汉和帝永元五年(93),方储逝后,朝廷敕封其为太常尚书令、黟侯,赐建"仙翁庙"于墓侧。北宋政和七年(465),朝廷敕赐庙号"真应"。这是皇家钦赐的墓祠。

古徽州汪氏宗族显祖汪华,隋末起兵据有六州,保境安民,后归附唐朝,功在不朽,朝廷敕封越国公,诏任九宫留守。汪华逝后,屡受封颂,赐建"忠烈庙"于歙北云岚山墓前,"忠烈庙"除供奉汪华之外,还供奉徽州汪氏宗族历代主要先祖,这是古徽州规模较大的宗族墓祠。据常建华文章考证,传说的汪华九子,加上其弟,宗族诸支分衍徽州以至其他广大地区。汪华第七子汪爽的后裔,第13代汪道安在唐代以兵马使镇守婺源,道安有子二人:源、渍,治第于婺源大田。源、渍相继去世后,葬于宅畔,汪氏"遂以所居宅基构祠其上,延僧焚修,遂成大田寺……岁时会祀"。这是婺源汪氏宗族的一所墓祠。

常建华考析,婺源汪氏宗族先祖汪爽的后裔汪高,迁居到婺源回岭,回岭汪氏在元末也于其祖茔建了墓祠。迁婺源凤亭的汪氏,系汪华之弟开国公汪铁佛后裔,在元代即建有墓祠。该墓祠四楹,祭祀二十世祖、八世祖等,子孙环居祖墓,墓亭即宗祠。族中还有族长,元旦族人子弟会拜族长之家,然后进行墓祭。婺源汪氏宗族另一支汪介然,"当宋绍兴初……其七世孙将构祠于大夫之墓,以虔祭扫",这也是汪氏之墓祠。徽州最先纪念汪华的祠庙,唐、宋时期先建于歙县,属于纪念专人的特庙,后来在休宁等地建立行祠,形成"忠烈庙"系列。歙县在唐、宋时代还建有汪华的墓庙。"墓庙"即为墓祠。①

南北朝(420—589)时,新安程灵洗起兵拒侯景之乱,保境安民,与百姓同甘共苦,战功显赫,程灵洗逝后,朝廷谥封"忠壮",赠镇西将军,开府仪同三司,配享高祖庙廷,民间程氏宗族和"里人坛其墓下以祭,里之社与坛接"。南宋宁宗嘉定(1208—1224)年间,程珌等在墓旁买地建庙,朝廷赐"世忠"庙额,纳入官方祀典。这是祭程灵洗的墓祠。②

徽州陈氏始迁祖陈禧是休宁的"鬲山府君",既是族神也是所在村落的地域神,陈禧"没,葬于县之南,地曰鬲山,岁益久,一方之民神之,乃创庙墓旁,尸而祝之"。此"墓庙"即徽州陈氏和百姓祭陈禧的墓祠。③

徽州李氏宗族在祁门者聚居孚溪,特盛。李彻是其先祖。元代至正(1341—1367)年间,其裔孙李见山,"始倡建祠于府君墓左,奉祀事而配以

---

① 常建华:《宋元徽州祠庙祭祖的形式及其变化》,载《徽学》(2000年卷),合肥:安徽大学出版社,2001年。
② 常建华:《宋元徽州祠庙祭祖的形式及其变化》,载《徽学》(2000年卷),合肥:安徽大学出版社,2001年。
③ (元)陈栎:《定宇集·陈氏谱略·始祖鬲山府君》卷一五,《四库全书》第1205册,第388页。

社"。这是徽州祁门李氏宗族祭李彻的墓祠。①

休宁县南陪郭程氏宗族,在元代至正八年(1348年)程和卿与其从父建永思亭。②

徽州吴氏祖先墓位于存山,吴氏宗族在墓侧建有墓祠"思存堂"。

婺源三十一都,宋绍兴间胡文英在祖墓边建墓祠。……

由此可知,在先祖墓边建墓祠进行墓祭,是徽州各宗族早期祭祀先祖比较普遍的形式。这类墓祠,大多在供奉特定先祖、显祖之外还按朱子《家礼》供奉族内一些主要先祖,不少墓祠逐渐演变为后来的宗族统宗祠、宗祠。

家庙 家庙又称家祠。明代嘉靖以前,朝廷依儒家礼制,规定"臣庶祠堂之制",庶民只能在家里祭祖,"庶人无庙,祭于其寝",一般在居家正寝设神龛供奉先祖进行祭祀。有高等级的官僚可在家里设"家庙","家庙"按朱熹《家礼》:建于"正寝之东,为四龛,以奉先世神主",祭高、曾、祖、考四代。歙县岩寺方弘静,明代南京户部右侍郎,官三品,其宗族所建宗祠"以少司徒弘静公贵,得称家庙"。在徽州,唐、宋以后习尚崇文重教,科举渐趋辉煌,徽商开始兴盛,建家祠、家庙有了经济基础。徽州宗族最重祖祭,这样,家祠、家庙就普遍建立起来。"自唐、宋来……村落家构祠宇,岁时俎豆。"③"家有祠,岁时嘉会在焉。"④这类家祠、家庙还不是后来真正宗族意义的宗祠,主要是家庭奉祖,以表孝思。元代泰定元年(1324),婺源清华胡氏宗族的支丁胡升,"即先人别塾(墅)改为家庙,一堂五室,中奉始祖散骑常侍,左右二昭二穆;为门三间,藏祭品于东,藏家谱于西,饰一苍黝,皆制也"。⑤

家祠、家庙之设,适应了亲属关系从类别亲属向以家庭为本位的描述性亲属发展的趋势,突出了缙绅及富商家庭或小家族在宗族中的地位。明代嘉靖以后,以收宗睦族为主要指向的徽州宗族统宗祠、宗祠、宗族支派的支祠遍布城乡。不少家祠、家庙也演进为宗祠、统宗祠,像徽州方氏宗族"真应庙"后

---

① 程敏政:《篁墩文集·休宁山世忠行祠记》卷一四,《四库全书》第1205册,第247页。
② 朱升:《朱枫林集·永思亭记》,合肥:黄山书社,1992年,第101页。
③ 《康熙徽州府志·风俗》卷二,康熙三十八年万青阁刊本。
④ 《康熙祁门县志·风俗》卷一,康熙二十二年刊本。
⑤ 《婺源清华胡氏宗谱·家庙记》卷六,乾隆十五年刊本。

来就逐渐成为徽州方氏宗族十八大支派联宗的方氏统宗祠,徽州许多"忠壮家庙"也成了徽州程氏各支系的宗祠。然而在这一进程中,家祠、家庙的建立并未中断,并不只是"先建家祠再演变为宗祠"的单向过程。在明中后期的徽州宗祠建设浪潮中,亦有先建大宗祠后建家祠、家庙的现象。人们认为:宗祠祭祀的是遥远的始祖、神祖、功德祖,通过追远报本以联宗睦族;家庙祭祀的则多是更近先祖,重在纪念的孝事意义。有人甚至强调家祠、家庙仍然需要,不能只顾远祖而遗忘近亲。明中后期的徽州缙绅及富商大多支持此种大宗祠、小家祠并举的祠堂制度,特别是信奉心学的徽州士大夫文人对此多有辩护。如汪道昆就认为宗祠与家庙有不同,既祠而庙不违礼意,建大宗祠并不影响建家祠、家庙,建家祠、家庙表达孝心。

统宗祠、宗祠、支祠　在古徽州宗族社会,统宗祠、宗祠、支祠,都是各宗族在民居之外择地另建的供奉祖先进行祭祀的祠堂。这些统宗祠、宗祠、支祠,建构大多高大宏丽,轩昂气派,不少是五凤楼大门,三进五、七开间,仪门端严,享堂畅亮,寝殿肃穆,牌匾、楹联高挂。统宗祠、宗祠、支祠之设,都祭祀始迁祖、远祖、显祖、五世亲祖,严格按照朱熹《家礼》,明彝伦,序昭穆,通过祖祭以统宗合族,凝聚族众。

统宗祠顾名思义是徽州宗族统率族中各支派的大宗祠,起收宗睦族作用,又称祖祠、总祠。像徽州方氏歙县霞坑柳亭山的"真应庙",就是由专祭其始迁祖方储演进而来的徽州方氏统宗祠。在这个统宗祠里,不仅供奉徽州方氏得姓祖、始迁祖,而且供奉徽州方氏徙迁徽州以及全国各地的十八大支派的先祖,其祖祭由各大支派轮值,每年九月初六会祭。所有祠务由各大支派会商立约,公推祠首管理。歙县篁墩"世忠庙"边的程氏宗祠也是"徽州程""中国程"的统宗祠,徽州程氏徙迁河南的"二程"(程颐、程颢),其21世裔孙程佳璠在清康熙间还曾率孙程服伯,千里迢迢来篁墩程氏统宗祠祭祖。1993年,河南"二程"后裔还来寻篁墩程氏统宗祠联宗。2002年,徽州程氏徙迁山东一支的后裔也曾来篁墩寻程氏统宗祠查族谱合族。① 在古徽州,比较知名

---

① 刘伯山:《〈程朱阙里志〉与朱熹二程出自徽州考》,载《中国地方志》,2004年第12期。

的统宗祠,还有婺源大畈汪氏大宗祠"知本堂"、歙县洪桥郑氏宗祠、休宁汪溪金氏大宗祠、婺源金村洪氏祖祠、婺源萧江统宗祠、祁门汪氏统宗祠、歙县溪南吴氏大宗祠、休宁南城金氏统宗祠、休宁博村范氏统宗祠等。休宁博村的范氏统宗祠,据范涞《休宁范氏宗谱》载:"博村统宗祠,即范观察祠也,以合七族子姓,骏奔祭事,故名统宗","建寝室九间,以中五间奉先灵,颜曰孝思堂,东西廊坊为神厨、祭器库,前两院为斋宿所","正堂额曰彝伦攸叙,左立慈贞庙,右立止善庵,东西两廊各五间","墙垣广袤,瓦植鳞蔟","其栋宇宏丽","郡中各巨姓各祠,未有过之者"。绩溪瀛洲章氏宗祠"昼锦堂"是座祖祠,最早或称家庙。其祠主建筑占地1200平方米,三进七开间,进深60米,开阔20米;上首的附属建筑约300平方米(院墙、院门剩残部),总面积1500余平方米,大门是一座砖、木、石结构的牌坊,上书"章氏宗祠",内书"天下为公",进门是一个院坦,大部分铺麻石板。第一进为五凤楼,仪门两侧一对青石抱鼓,鼓面平滑,光可鉴人;底座及两边各附衬的三块青石栏板,雕有麒麟、凤凰、鹿、鹤、燕、喜鹊、鸳鸯和梅花、兰花、葵花、荷花等吉祥物。这组石雕,雕技精湛,形象栩栩如生。昼锦堂是绩溪县现存规模最大的统宗祠堂。

在古徽州,各姓宗族所建的大宗祠比统宗祠多。这类宗祠是徽州各姓宗族支派在徙迁村落建立的支派总祠,按朱熹《家礼》建祠规制,供奉祭祀始迁祖、远祖、显祖、五世亲祖。如像黟县西递的胡氏本始堂宗祠、黟县南屏的叶氏叙秩堂宗祠、歙县江村的江氏贲成堂宗祠、婺源游山董氏嘉会堂宗祠、歙县呈坎的罗氏世祠、罗氏文献家庙等等。来自北方中原等地的各姓宗族徙迁徽州各县,"聚族而居,每村一姓或数姓,姓各有祠,支分派别,复为支祠,堂皇闳丽,与居室相间"①。婺源大畈汪氏大宗祠"知本堂"是一组建筑,独立建于始迁地大畈。北面通三间的大室,奉始得姓之祖颍川汪侯神主,中居初渡江者汉龙骧将军汪文和及始来大畈之祖汪中元,左右昭穆序列十余世。正奉得姓祖、渡江祖、始迁祖,左右的属于始祖以下、高祖以上的先祖。大畈汪氏,属歙

---

① 石国柱、许承尧:《民国歙县志·舆地志·风土》卷一,民国铅印本。

州汪华第七子汪爽这一支派之后,这个"知本堂"是典型的大宗祠。

古徽州各姓宗族建得最多的祠堂是族下各支派的支祠,支祠又叫分祠、小宗祠。徽州"以汪、程为最著,支祠以数千计"①。古徽州历史上有各类祠堂6000~8000座,仅汪、程两姓支祠即有"数千"座,可见徽州"支祠"之盛。据赵华富调查,黟县西递有明经胡氏"敬爱堂""常春堂""仁让堂""存仁堂""惇化堂"等二十多座支祠,黟县南屏有叶氏"敦本堂""奎光堂""永思堂""钟瑞堂"等10座支祠,歙县江村有济阳江氏"悠然堂""惇叙堂""笃本堂""居敬堂"等18座支祠,婺源游山董氏有"著存堂""荫槐堂""继思堂""树德堂"等22座支祠,歙县呈坎前、后罗氏有"贞一公祠""尚翁公祠""舜臣公祠""士元公祠"等13座支祠。②徽州"支祠"大多一样供奉祭祀本族始迁祖、远祖、显祖、五世亲祖,按照朱熹《家礼》,明彝伦,序昭穆,以展支派族众对先祖的孝亲之思,联宗睦族,和族谱、家谱互为表里,对族众实行强力管控。

图 3-1 歙县昌溪吴氏太湖祠

---

① 陈去病:《五石脂》,载《国粹学报》。
② 赵华富:《徽州宗族研究》,合肥:安徽大学出版社,2004年,第149~150页。

第三章 徽州宗族祠堂千姿百态

图 3-2 祁门下汪村汪氏家庙

图 3-3 绩溪龙川胡氏宗祠

图 3-4 歙县北岸吴氏宗祠

图 3-5 歙县雄村曹氏宗祠

图 3-6 歙县许村许氏"大邦伯"祠堂

图 3-7 歙县棠樾鲍氏支祠

图 3-8　祁门渚口倪氏"贞一堂"建造，女子出了大力。

图 3-9　歙县昌溪吴氏"员公支祠"

图 3-10　歙县昌溪吴氏宗祠

图 3-11　歙县昌溪周塝头周氏"六顺堂"宗祠

图 3-12　歙县郑村郑氏宗祠

图 3-13　婺源县黄村"经义堂"

图 3-14　婺源汪口俞氏宗祠

图 3-15　婺源汪口俞氏宗祠木雕

图 3-16　婺源汪口俞氏宗祠美轮美奂

图 3-17　休宁黄村"进士第"

图 3-18　绩溪城关周氏宗祠

徽州各姓宗族的统宗祠、宗祠并不都建得宏伟壮丽。由于不少徽州宗族的支派，或出显赫高官，或有徽商豪富，或资雄势大，其许多支祠建得倒比族中统宗祠、宗祠更为宏大，更为富丽堂皇。歙县呈坎前罗所建"贞靖罗东舒先生祠"是座罗氏支祠，它仿曲阜孔庙格局建造，修建历时70多年，其祠坐西朝东，包括照壁、棂星门、前天井、左右两座碑亭、仪门、两庑、拜台、厅堂、后天井、后寝以及南侧的女祠和北侧的厨房、杂院等部分，组成庞大建筑群，四进四院，依中轴线对称分布，占地面积达3300平方米，规模宏大，位居江南第一。罗东舒祠棂星门由六柱五间的石牌楼组成，每根石柱的顶部都雕有"朝天吼"，雄伟壮观，气势威严。其七开间仪门，左右次间各置边门，两旁有抱鼓石一对。由两庑和享堂合围而成400多平方米四合院，花岗岩石板铺砌的拜台，前有宽阔的甬道、花圃，两边是南北两庑。气势宏伟的享堂正面有22扇高大木格子门，梁架重叠。厅堂正中照壁上方，高挂明代著名书法大师董其昌手书的"彝伦攸叙"巨型匾额，长5.15米，宽2.15米。享堂宽敞宏大，可纳千人。享堂后天井狭长高深，凝重森严。后寝大殿"宝纶阁"，殿前三排宽阔的青石台阶甬道，沿廊巨型石柱10根，殿内木柱46根，前沿黑色大理石栏板26块，全是姿态各异的鸟兽图案浅浮雕。寝殿中的斗拱、雀替、梁头、叉手等木质构件，或云浪花朵，或状如花瓶，或形同花丛，图案精美，典雅秀丽。透雕"鳌鱼吐水"雀替玲珑剔透，精彩绝伦。梁架上布满民间包袱式彩绘图案，色彩明快迷人，构图大方典雅，是"国内罕见的民间彩绘珍品"。在罗东舒祠享堂南山墙，还建有"则内"女祠。像罗东舒祠这样建造宏伟的徽州宗族支祠，还有不少。

专祠 徽州各姓宗族在建统宗祠、宗祠、支祠、家祠的同时，由于不同情况和目的，还建立了不少专门祠堂，成为徽州宗族祠堂建设的又一大看点。这类徽州宗族专祠，或专为族中女性先祖而设（女祠，将在后面专节论述），或专为族中显祖、忠臣孝子、名宦先贤而设（如"世忠行祠""汪公庙""七哲祠""世孝祠"等），或专为战乱等原因族中无后的亡者而设（如特祭祠等）。徽州宗族的许多家祠、家庙，有些以某先祖名祠的宗族支祠，起先也同时是一种专祠。专祠一般只特祭相关先祖，其规制不如一般宗祠那么严格，许多专祠建筑也没有一般宗祠那么宏伟壮丽,有的比较简朴。黟县西递明经胡氏始祖胡昌翼倡导子孙研读经书,其后人隐居徽州山乡,研钻学问,以胡伸、胡方平、胡斗元、胡次焱、胡一桂、胡炳文造诣最深,人尊为"七哲"。胡伸和汪藻齐名,世称"胡伸、汪藻,江南二宝"。胡伸等五人还载入《中国人名大辞典》。西递明经胡氏宗族以"七哲名家"为荣耀,特为七人在村头看耕楼前建"七哲祠"以祭。歙县棠樾鲍氏宗族自宋以来出了许多孝子,有的受到朝廷旌表,建坊纪念,有的被郡县崇祀,载于史志。清乾隆(1736—1795)年间,徽商鲍志道为"敬述先德,用勉后人"、"彰吾家世孝之祀",在捐助族中建立鲍氏万四公支祠、"清懿堂"女祠之外,还专门"于宗祠外别建世孝祠,会累世孝子之主祀焉"。"世孝祠"三进,大门水磨砖砌就的牌坊式门罩,四柱三楼式,梁柁、枋、雀替等构件雕刻精细,正中字牌上是邓石如书"世孝祠"三字,寝堂五开间,后部清代通行的须弥座,装饰简洁。檐步两侧墙上嵌《世孝事实碑》六块,东西两侧廊庑墙上各砌画家汪恭书《重修慈孝孝子两坊碑记》、清书家铁保书《记事碑》。此"世孝祠",专祀棠樾鲍氏宗族自宋以来,载之于"郡志家乘确而可信,贵其可为子孙法"的鲍宗岩、鲍寿孙、鲍周、鲍鲁卿、鲍灿、鲍逢昌等52位鲍氏孝子,"以启来绪也"①。在歙县蜀源,鲍氏宗族也建了一座专祭鲍氏孝子鲍钊的"孝徽祠"。在绩溪龙川胡氏宗祠边、湖村章氏宗祠边,则建有"特祭祠"。这种"特祭祠",传说是为祭祀族内在战乱中亡故且无后的先人而设。

图 3-19 绩溪湖村章氏宗祠边的"特祭祠"　　图 3-20 祁门桃源村口的风水祠"大经堂"

---

① 《世孝事实碑》,现存世孝祠内。

图 3-21　歙县棠樾鲍氏专祀孝子的"世孝祠"　　图 3-22　歙县磻溪方氏忠节祠

第二节　徽州宗族专祠中的女祠

徽州宗族祠堂大多是既祀男主，也祀女主的。但也有徽州氏族、祠堂祭祀只供男主，"而不及妣"，于是徽州宗族在祠堂建设中，出于各种特殊的原因和不同的目的，曾为族中女性专门择地建祠，虽然这类祠堂名称各异，历史上也确无"女祠"这一称谓，但这类专祠是客观存在的，有必要专门加以探析。

一、徽州女祠的基本情况

女祠，顾名思义，就是专门祭祀女性神主或仅供女性活动的祠堂。女祠的出现可以追溯到很早以前。现在可见的资料表明，至少在唐代就有女祠这样的建筑物存在。像"三女祠""姜女祠""红女祠""圣女祠""玉女祠""凤女祠""神女祠""妒女祠"等，都附着神灵气息并有着浓厚的民间故事色彩。比如"三女祠"，相传在春秋战国时代，吴越争霸，越王勾践率铁骑长驱直入，吴王夫差弃姑苏城南逃，途经南桥，吴王怕三个女儿落入勾践之手，将三个女儿活埋于上海奉贤南桥镇古华园，后人称此地为"三女岗"，建"三女祠"以祭。"姜女祠"，陕西铜川和河北秦皇岛都有，据传为纪念孟姜女而建。孟姜女，据《郡国志》载："陕西西安同官人孟姜女，适范植。"明《一统志》亦载："孟姜女本陕之同官人。"山海关"姜女祠"明代碑记中有"贞女孟姜，陕西同官人"，《陕西通志》《临榆县志》均有相同记载。而明乔三石《耀州志》则有"明尚书沣州李如圭谓:孟姜女,沣州人"。在国内,还有历代官方为表彰节妇烈女而建的"烈女祠"一类女性专祠。

与上古时代的这些基于神话与民间故事而建的女祠及官方"烈女祠"不同,徽州宗族所建的女祠多为祭祀族中的典型和榜样。徽州女祠因为明清时期徽州商人的辉煌而在宗祠中显得格外突出,它是徽州宗族为纪念本族某位或某些值得纪念的女性而建造的专祠。从时间上看,徽州女祠的最早出现,是在明弘治戊午十一年(1498),歙县呈坎罗姓前罗宗庙建立之时。从地域分布来看,最多的女祠出现在歙县西乡。在徽州一府六县,歙县、休宁、祁门3个县出现过女祠,婺源、黟县和绩溪尚未发现女祠。古徽州府所在地歙县有16处女祠。它们分别是棠樾女祠(清懿堂)、郑村女祠(媲美堂)、潭渡女祠、东舒祠则内女祠、呈坎宗祠女祠、呈坎夫人庙、呈坎懿善祠、呈坎罗氏姑姑祠、澄塘女祠、长龄桥女祠、蟠溪女祠、昌溪女祠、潜口女祠、呈村降女祠、义呈女祠、孝女村女祠。休宁县有黄村女祠。祁门县有4处:芦溪汪氏女祠(衍正堂)、渚口倪氏女祠、汪村贻燕祠、正冲陈氏女祠。

二、徽州女祠的产生背景

明弘治十一年(1498),歙县呈坎罗姓前罗宗庙建徽州最早女祠。上海图书馆馆藏《新安呈坎罗氏宗谱》,明"正德"二年(1507),歙县呈坎罗氏二十世孙罗震孙所作,该谱记载了徽州女祠的最早出现。

徽州女祠孕育于"报本追远之念"。《新安呈坎罗氏宗谱·创罗氏世祠首末》开篇就提到"始祖文昌公唐五季时由洪都而迁于是,迨有年矣。世以诗礼相传,代不乏人,愈蕃盛。为后嗣者,当兴报本追远之念,历久人事弗齐,难能成立"。于是,"至正庚寅,族长舜臣公率族众置墓田,始有墓祭"。但是,"合族之聚,惟祠堂未建。聚拜无所定,神主无所栖"①。所以,呈坎罗氏在"殷且裕"之后,于弘治戊午由斯义公、震孙叔侄二人牵头组织并请90余岁的族长

---

① 明代《新安呈坎罗氏宗谱·创罗氏世祠首末》,正德二年刊本,藏上海图书馆。

尚本公出面"议诸族众",得到族众的普遍响应,大家鼎力共襄大业,经营五载,建成规模绰有可观的"罗氏世祠"及其"则内"女祠。《新安呈坎罗氏宗谱·创罗氏世祠首末》明确提到,"则内"女祠与"罗氏世祠"同时出现,是"罗氏世祠"的组成部分,并且由当时的歙县郡侯彭泽题额。

(一)徽州女祠的孕育与诞生有其经济基础

呈坎地处"歙之西乡",是南宋以后歙县的富庶之地。这里交通便利,土地肥沃,物产丰富。《罗氏宗谱·旧叙》记载:"歙西北呈坎罗氏,与同邑彦济公尚书之先,俱来自豫章而自为一族。迨今十有六世,四百余年矣。室堂蕃播,本大绪绵,虽唐、崔、卢、李、郑之家,无让也。"秀丽的村落和便捷的交通,呈坎在明代徽州商人的发达过程中自然先得辉煌。据《新安呈坎罗氏宗谱》记载,主持"罗氏世祠"建造的十九世孙弥四公的四个兄弟均"经营贸易,客游四方"。老大弥久"为人刚直,早游江湖,经营贸易,佐父立家,处诸弟尤相善"。次子弥秀"性度舍洪,急于向义,家庭间仰事俯育得其宜。客于东吴,江淮名士才人多相契爱"。季子弥富"丰姿魁伟,性行谨严,事亲得其欢心,兄弟同其欣戚。客游吴楚间,资业益振,年方四衮余,三子皆克家。即为归计,平生积累,以训后人,并有条理。处姻族,必尽其情,人多服其信义"。四子"端厚典雅,客于东吴淮阳临清者,三十年余涉历勤劳,奢侈不事"[①]。恰在此时,族中富裕发达起来的族人形成一种风气,即罗氏家族贤达,为光宗耀祖,在村中大兴公益事业。发达的经济实力是宗族兴盛的经济基础。由于经济的转型和商业资本的发展,社会的阶层分化以及封建地主经济的新矛盾随着经济基础的变化而出现新的表现形式。"男尊女卑"观念在这样的发展形势下,既要屈从于阶级矛盾,又要服从于"孝道伦理"。因此,徽州女性的社会地位在宗族最神圣的宗族祠堂得到认可。

(二)徽州女祠的最早出现是以徽州宗族管理的新要求为背景的

洪武乙亥(1395)清明节,罗攘在《罗氏宗谱》的序中这样写道:

---

① 罗汝声:《新安呈坎罗氏本宗谱·第九图世系》卷一。

"罗姓氏族,所载祝融之后,妘姓,国初封宜城,周末居长沙,即豫章郡也。晋之君章,时称为荆楚奇材,正在是矣。自后李唐之盛,多有宦远,系吾同姓。但世疏地异,未曾附会其源流耳。自始祖由洪都迁居歙西通德乡,地曰呈坎,今十九世。其初单传七世而分为四根固枝。茂转见繁,夥上高祖百十二。宣议尚诗,礼存仁义,以为盛德者。必百世祀吾族之后,岂易量哉。故询于族长,谱而系之,以永其传乃宝庆丙戌(1226)之笔。东舒太伯祖又从而续之,时至大二年(1309)也。今经八十余载,中遭壬辰之变,兵燹重复,合族如故,谱牒犹存。乃见祖宗积德之致也。故父存耕翁尝欲再行编集,值更革而弗果。今兹若不谋遂先志,恐贻三世不修谱之讥。致有欧阳、黄氏前后之失,坏作而日,前人之望不可泯,螽斯绳蛰不可辜。是以力行远近,搜索亲疏、贵贱、隐显,一无所遗。咨问行第名讳、过房出赘、婚娶某氏、丧葬何处,所能致考者,纤悉备载,庶几崇族谊而敦孝悌者,则长幼之序宛然在目,抑亦以见前作后述之意云。"①这段文字清楚地记载了呈坎罗氏的发展和罗氏家族能够"合族如故"的原因,正是由于一系列围绕祖宗的"崇族谊而敦孝悌"的活动,才把天下呈坎族人都聚收一家。一般情况下,稳定的社会环境是经济高速发展的前提,凝聚一家的团结奋斗才能够成就宗族伟业。

  我们发现,明中叶以来,徽州商业经济快速发展的结果之一,就是在家族内部形成极富示范效应的大量男子外出经商,家乡大量家庭的结构是老人、女人和小孩留守在家。这样的结构泛化到整个家族,已婚女子实际上成了这个家族社会生活的中坚力量。她们还是家族经济活动的主要参与人员,是支撑家庭生活的主要推动力,是亲情维系的纽带和亲情活动的积极推动者。尽管她们的活动需要名分,要在丈夫和家族的大旗下开展,但在经历了宋代的多民族纷争和元代蒙古人的历史洗礼之后,呈坎女人因为没有回避经济活动,她们的社会活动也在一种新儒家思想指导下借助宗法活动的平台运作起来了。恰恰是同一时期,国家的法制建设又通过基层的礼教活动渗透到社会

---

  ① 罗良富:《安徽罗氏世系概况》,见 http://www.luos.org/list.asp? unid=2133。

的最基层,国家的政治统治重心在不断下移,文化方面出现了复古运动。因此,徽州宗族乡约化、组织化的程度随着国家政策的变化而越来越高。宗族、家族、家庭三位一体的情况在很多地方成为现实。呈坎罗氏第三十三代后裔,罗东舒第二十一代嫡孙罗会定通过对本族先辈的文献的研究,得出结论,认为"文会"是乡约化、组织化高度发展的产物。他说:"呈坎罗氏的封建宗族组织很森严,尊卑分明。从上到下有族长、门长、房长、家长之序列,家则有嫡庶之分,房则有强弱之别,虽貌似平等,实有分量之差异。宗族组织虽较为缜密,但涉于社会上的纷纭纠葛,则难以族规族例处理,于是派生出一个由特权阶层组成的组织——文会,总掌全村诸事宜。"①在如此森严的等级制度下,呈坎罗氏家族中的女人在地域社会中自然要遵循族中的各条规定,但呈坎罗氏男人主要在外求学为官,或者是行商坐贾。他们的女人则在家孝敬公婆,侍奉舅姑,勤劳家务,持家理事。她们不但劳力更要劳心,不但任劳更要任怨。因为这个特殊的地域环境和特别的家庭分工,她们承传着中华民族的优良美德,以本人的俭朴勤奋、聪慧英勇、刚毅顽强、胆识才干,用她们的才智和生命、辛勤和汗水,参与缔造了光耀、精湛的家族文明。这样一个古村落"天顺以来,世业增拓,粗庸贡赋之供,甲于都里读书者。以后秀而登选簧宫,驰声场屋,英英,然赍志以待用,则其祖宗积累,子孙于斯而食其报,又有不可量者在。故其士路,商游隐处,凡有赠送诗文、堂记、墓表、行状、碑铭、序传,皆其事行也若然。则谱牒之为书某也,忠某也,孝某也,弟皆于是而判然。为子孙者。守其世业,读其遗书,景先世之行,象先世之贤,仕与隐皆有声于邦家,流芳于后世,则罗氏之谱,虽曰家史也,其与国之史者何间"。(明罗汝声纂《歙县罗氏宗谱序》正德元年(1506)丙寅秋七月初,浣乡进士致永和县时双溪邑人郑庄惟敬书)可见,呈坎的妇女"守其世业,读其遗书,景先世之行,象先世之贤",与她们在外仕与在家隐的男人们一样"皆有声于邦家,流芳于后世"。正是这样的宗族文化氛围和社会化的培养机制滋润了呈坎罗氏家族的

---

① 罗会定:《从昔日呈坎罗氏族规族例看伦理道德教育》,载《安徽省徽学学会二届二次理事会暨"徽州文化与和谐社会"学术研讨会论文集》,2007年。

女祠情结。

(三)徽州女祠的产生是明中叶社会管理和宗族管理的结合

《宋史·礼志一二》规定:"文臣执政官,武臣节度使以上祭五世,文武升朝官祭三世,余祭二世。"罗氏世祠的规制是"祭五世",这个规制反映了当时宗族管理与地方社会管理的结合。《新安呈坎罗氏宗谱·创罗氏世祠首末》在详细记录了"罗氏世祠"的建造过程以后,专门提到歙县地方长官对这项工程的关注和认可。"郡侯彭公闻而嘉之,为书其额。曰'罗氏世祠',祠之'则内'①"。显然,这位郡侯不但对罗家的敬宗收族大为赞赏,还充分肯定了罗家宗族建设的基本做法。他不但欣然书"罗氏世祠"之匾额,还书祠内的女祠"则内"匾额。这个"豫章罗氏,歙西大族,族大且久"②的宗族不但"祭五世",而且打破先秦旧制,祭祀始祖。并且在礼部尚书夏言建议普开祭律之前,实现了与五服亲属制相吻合的推恩祭祖的机制。罗家宗族实际已经开了两个先河:一是缩小了庶民与贵族、官僚在庙祭上的等级差异;一是缩小了女性与男性在宗族社会祭祀活动中的差别。宗族管理的这一巨大变化是当时社会管理情况变化的反映。

《新安呈坎罗氏宗谱序》在提到为谱的考虑时说出了宗族的追求与国家统治的目的是一致的。由此我们窥见明中期伦理—政治的社会管理模式:"迨至国初,子亨以兄而宣使尉府;子山以弟而守北平;绰有能耐,旻理以万户而统率民兵;德举以判簿而出佐邑令,名播当时。""天顺以来,世业增拓,粗庸贡赋之供,甲于都里读书者。以后秀而登选黉宫,驰声场屋,英英然赍志以待用,则其祖宗积累,子孙于斯而食其报,又有不可量者在。故其士路商游隐处,凡有赠送诗文、堂记、墓表、行状、碑铭、序传,皆其事行也若然,则谱牒之为书某也,忠某也,孝某也,弟皆于是而判然。为子孙者守其世业,读其遗书,景先世之行,象先世之贤,仕与隐皆有声于邦家,流芳于后世,则罗氏之谱,虽

---

① 《新安呈坎罗氏宗谱·创罗氏世祠首末》,正德二年刊本,藏上海图书馆。
② (宋)谢庆兰:《罗氏宗谱·旧叙》。

曰家史也,其与国之史者何间。"① 家史类似于国史,《朱子家礼》对接着国家法律,这个时期统治者把家礼与国法有机结合起来,比较好地处理了家国关系。与政治化的国礼不同,家礼虽然在历史学和社会学意义上与国法共源,但它不是国家政治制度的一部分。所以,家礼与国法虽有密切联系且客观上互相支撑,但在实际的历史过程中,两者既未曾排斥又未曾合二为一,无论是在文本形式还是社会实践上,它们都是经历变迁而并行不移。② 实际上,这种家国同构、伦理政治携手的模式,是新安朱熹的杰作,在明一代为统治者所推崇,成了明中期统治者的政策和方略。呈坎罗氏对于朱熹的推崇也是自觉的。《罗氏汝声总修二十三代家谱序》这样说道:

"余闻之弘治戊午(1498)岁初,与族建祠,独祀始祖,绩屋近居于东溪,上祀五祖及亲。再为乡贤祠,以祭仲素罗先生、晦菴朱先生及存斋罗端良预焉。修祭以东舒素菴祠之西,设家塾,延置明经师,以教族子侄。水木本源,重儒尊道之意,蔼然可掬。在众中其有几夫德以仁也,功以义也,言以辞而传远也。"③

如此紧密的关系,历史地把新儒家的思想和家族日常生活有机结合起来,把天地自然、人文社会、区域文化统一起来,构建起家礼与国法的联系,是一个有着普适性的令人深思的人类命题。

(四)徽州女祠的孕育和诞生是徽州区域社会尊重女性的体现

徽州女祠的孕育和诞生过程是徽州区域社会对女性尊重的发展历程。这个历程是通过民间的"孝道"高于"妇道"价值观念的体现得以实现的。在传统"内圣外王"的儒家思想指导下,徽州人按照朱熹的指引是非常注重内心修养的。作为一个孝子,入祠参拜母亲之牌位,与参拜祖宗的神位相比较,崇高的敬意和报本敬宗的心理是相同的。然而,作为子对母亲的感情更多的是

---

① 明代《新安呈坎罗氏宗谱·创罗氏世祠首末》,正德二年刊本,藏上海图书馆。
② 张中秋:《家礼与国法的关系和原理及其意义》,载法律思想网,http://www.lawthinker.com/show.asp? id=2941)。
③ 罗汝声:《罗氏汝声总修二十三代家谱序》。

亲切、依恋和更加强烈的感恩。他们认为"至于女主,当竣其防。盖言不逾阃,祭不受胙,男女素著远别之文。生则异室,主则同堂,幽冥有不安之魄。当专立一灵。登贞烈者于左方,藏封诰者于右室,则祭仪斯尽,教本能敦矣"。① 这样为女主精心的考虑在随后的徽州区域社会管理中不断得以发扬光大。两个世纪以后更出现了像歙县潭渡黄氏"享妣专祠""棠樾清懿堂"、休宁"黄村女祠"这样一些专祠。《潭渡孝里黄氏族谱》中的《新建享妣专祠记略》比较详细地记载了黄氏宗族建造女祠的原因和目的:

"窃见吾乡设立宗祠敬祀其先祖,统之鼻祖,于报本追远之意,可云得矣。然多祭祀祖而不及妣,烝常时祭,子孙入庙,顾瞻座视,母氏之祖阙如,于私心每有未安者。""吾乡僻在深山中,为夫者,或游学于他乡,或服贾于异地,尝违其家数十年之久。由婴及壮,抚养教诲,从师受室,以母兼父者多有之,母氏之恩,何其重耶!正幼持母慈,长承母训,已有今日。"②

为了体现伟大母爱和报答母亲自幼对自己的教诲,择地独建的女祠在徽州这个等级制度极其森严的地方拔地而起,说明徽州人的后代其所守的是"孝道"高于"妇道"的价值观念。

祁门倪氏、汪氏、歙县呈坎罗氏、著存堂鲍氏"庶母祠"建女祠,是专为庶母而设,它有别于其他女祠中庶母入祠受祭的规则。《歙县新馆著存堂鲍氏宗谱》卷三《祠规序》是这样解释的:庶母神主不准入祠受祭,执行的是"重嫡也"这样一个宗谱标准。庶子一旦有了功名,母以子贵,庶母神主理当入祠受祭,这样执行的是"重爵也"这样一个标准。对于经商致富的庶子,鲍氏宗族内"著存堂"是这样规定的:如果庶子捐献一定费用,其生母方许入祠受祭,缴费总原则是"量力而行,多多益善"。③ 谱上记载最少也有输银二十八两。钱是庶子出的,所以庶母入祠受祭的时间也只有庶子在的几十年而已。和这些祠规相比,专门的庶母祠自然没有那么苛刻。只要个人品行优良,在世期间

---

① 《罗氏宗谱·宗仪八条》。
② 《潭渡孝里黄氏族谱·新建享妣专祠记略》。
③ 《歙县新馆著存堂鲍氏宗谱·祠规序》卷三。

没有做什么伤风败俗之事,便可入祠受祭。从中可以看出,随着社会经济的发展,女性入祠受祭方面的有关庶嫡地位尊卑森严的情况在不断调整。

　　历史的经验告诉我们,凡一种习俗形成、制度建立,它一定是符合某一强势人群的利益和需要。那么,这一部分人群就成为既得利益者,他们毫无疑义地要努力维护这种习俗和制度。所以,当有人对这种习俗和制度提出怀疑、进行挑战时,就一定会遭到既得利益人群、通常是强势人群的反对和压制。从自然属性上来看,女子天生是弱者,而男子则天生是强者,人类社会固有的竞争性及掠夺性历史地决定了男性占据统治地位。社会学家郑也夫先生认为,父权制也是这种斗争的必然结果,并且在父权机制下形成的"男主外,女主内"的分工模式也是一种合理而高效的合作机制。他从生产力与母系社会向父系社会转化过程中的权力变更,以及文化与意识形态角度的论证,都是为了说明一点,即男性的统治地位都是历史选择的,是客观地延续下来的。他还指出,因为中国的社会物质富裕程度远低于发达国家,那么在男女平等这一方面也应跟随发达国家的步伐,正是目前这种超前的妇女解放导致了家庭关系的紊乱,其根源在于家庭中强者和弱者的关系被打破。我们是不完全认同郑先生观点的,因为他的观点对强者和弱者的关系的界定比较笼统,"中国的社会物质富裕程度远低于发达国家,那么在男女平等这一方面也应跟随发达国家的步伐"的说法也不完全符合明中期呈坎的实际情况。呈坎女祠的孕育与诞生历程就可以比较清楚地帮助我们认识到徽州"男主外,女主内"的传统观念在某一特定区域的发展变化情况。

　　明朝是中国由传统社会向近代社会过渡的关键时期。通过明中期徽州女祠的孕育与诞生的考察,我们认为:(一)"男主外,女主内"传统观念在徽州的发展有其特殊内容,即"外"更注重本土以外的仕宦和经商发迹,"内"已经突破家庭的小圈,涉及家族活动与管理的内部事务;(二)男女两大性别群体在地域社会稳定和分工协作方面,徽州社会以"孝"道为重,劝孝行善甚于男尊女卑;(三)族权与政权的良性互动是有客观依据的,这就是以生产力发展要求和生活实际需要为依轨;(四)《朱子家礼》的指导和新儒家思想的演进是女祠诞生的思想基础,表明社会发展的任何一次进展必须以一定的思想理论为先导。

三、徽州女祠的类型和发展

从我们现在掌握的资料来看,徽州女祠在徽州的存在并不普遍。从时间上看,明弘治十一年(1498)到新中国成立的 400 多年间,单立的女祠数量非常有限,分布也不均衡。按照建筑形制和发展情况大体可分为四类:

第一类是寓于宗祠之中的女祠。这类女祠通常与宗祠一并设计,同时施工。位置一般位于宗祠寝堂之前,享堂之后,或者在宗祠寝堂的右下方。祭祀活动一般也与宗祠的活动同时进行,只是一般男性不进入女祠参与活动。呈坎的三个女祠,即前罗宗祠(毁于 1948 年战火)女祠(建于明弘治年间)、懿善祠女祠(建于清嘉庆年间)、东舒祠"则内"女祠(建于明万历年间),都是寓于宗族祠堂里边的女祠。呈坎罗氏族规规定"庶生子足入庙门,而妻姓可登宗谱"。妻姓殁后,除再婚为罗姓的女子外均可入祠堂。因此,在呈坎罗氏家族是男女同祠的。具体的做法是:在祠堂内右侧另置一女祠,且不论大小老婆、三妻四妾,死后都可入祠堂,女灵位与男灵位一样由祠堂正门而入。女祠祭祀活动与男祠也大致相同。

第二类是族中有一些功名且具经济和政治势力的成功人士,专为庶母而建的"庶母祠"。所谓"庶母"即宗法制度下,子女对父亲的妾的称呼。郑玄注《仪礼》说:"庶母,父之妾也。"《朱子全书·礼二》指出:"庶母,自谓父妾生子者。"庶母属于宗法制度下家庭的旁支,与"嫡"相对,社会地位低下。可见,庶母祠的出现不但超越了男女界限,而且也挑战了家族组织体系中血缘的嫡系和旁系的传统,这是非常值得研究的中国社会发展史中的特殊历史现象。事实上,为庶母立祠在明朝是有一定思想理论基础的。明吕坤所撰《四礼疑》共五卷,《通礼》一卷,《冠》《昏》《丧》《祭》各一卷。在第四卷《丧》卷中就提到"如谓为庶母之有子者杖期,无子者当亦同制。长幼尊卑,未有不报者。嫡与妾不报服,犹云名分称尊。诸子不尊于父妾,父妾为之期,而诸子不报,非礼也。

今考《仪礼·丧服》'齐衰不杖期',章曰:'公妾、大夫之妾,为其子期。'又《丧服记》曰:'公子为其母练冠麻,麻衣缥。'据此,则公之妾自为其子期,其子且不得为妾母服,则诸子安得为父妾报?又《丧服》'缌麻'章曰:'士为庶母。《传》曰:何以缌也,以名服也。'马融曰:'以有母名为之服缌。'盖妾之子于己为同父兄弟,兄弟之生母于己亦得有母名。故《唐律》以庶母为妾之有子者,盖取《仪礼》之义。"位于祁门县西30公里沥水北岸的渚口村,紧邻"贞一堂"东侧的庶母祠,就是这个类型的女祠。它与贞一堂同一朝向,占地400余平方米。祠前广场开阔,清雅的祠院左右植柏、柳各一株,寓意"百(柏)年和好,流(柳)芳千古"。据记载,建造者的这位庶母,原即"父亲的妾",此祠专为"父亲的妾"所建。在程朱理学盛行、男尊女卑等级森严的宗法制度下,为女性尤其是地位卑下的庶母立祠,全国不多见。与建立在宗族祠堂中偏于一隅的狭小的女祠相比,渚口村的"庶母祠",在叛逆封建、尊崇母性方面,其意义更为深远。

第三类是特别为本族尚未出嫁就过早逝世的姑娘建造的"姑娘祠"(也叫"姑姑祠")。比如,歙县呈坎前罗族中为未出嫁即夭折的罗氏女单独建造了罗氏姑姑祠。这体现了古徽州罗氏家族对生命的尊重和男女族人均等重视的意识。

第四类是独立的整个家族女子祭祀和女性活动的专门场所。这类女祠规模宏大,结构严谨,管理规范,影响深远。比较典型的是今日尚存的歙县棠樾村的"清懿堂"。"清懿堂"女祠建于清嘉庆年间,棠樾村大盐商鲍氏二十四世祖鲍启运创建,纪念为徽商辉煌作出牺牲和贡献的鲍氏女姓。"清懿堂"三字巨匾高悬在享堂照壁正中,出自书法家鲍锵之手,另一块"贞孝两全"的横匾,则是曾国藩所书。堂以"清懿"为名,取的是"清白贞烈、德行美好"之意。女祠面阔16.9米,进深48.4米,五开间,三进,依次为门厅、"清懿堂"主厅和寝堂与享堂,整座建筑以硬山式高低错落的马头墙外观为主要特色,唯有后进部位为歇山式阁楼。双天井设计可保证祠堂内部的采光、通风要求。石制柱础、龛座、栏杆、抱鼓石,砖制八字墙,木制雀替、梁柁、外檐柱撑等,皆施精细雕刻,典雅细腻,柔中透刚,玲珑剔透,精美绝伦。整体建筑给人的感觉是:结构紧凑,用材匀称,造型流畅,刚柔相济,内秀而外朴,端庄而不刻板。

从女祠建设发展历程来看,男尊女卑、三纲五常的思想禁锢长期存在于徽州宗祠的营造制度中。从平面布局到建筑装饰,伦理观念在徽州宗族祠堂中随处可见。然而,明中期以后社会经济现状的一些变化在徽州宗祠营造中也出现了以往不曾有的逾越传统伦理观念的现象。这些现象表现在建筑形制上对纲常伦理规制的突破。其中徽州女祠的出现以及男祠、女祠的营造规格之争就是鲜活的典型。在明中叶以前宗祠不设女祠,庶母神主不可入主祠堂受祭的祠规已是徽州各地约定俗成的建祠习俗。然而,这个习俗到了明中期以后开始被打破。这种转型的本因就是通过建祠制度的变通。比较通行的解释就是,随着商品经济在社会活动中影响的加大,经济对宗族、政治、文化的作用非常现实地呈现在人们的日常生活之中。徽商活动的兴盛和徽州商品经济的发展,客观上促进了女祠不单立、庶母神主不可入主祠堂受祭的祠规在各种条件的促成之下有了变通的余地。呈坎罗氏第三十三代后裔,罗东舒第二十一代嫡孙罗会定认为,这主要表现在两个方面:第一,采用折中的方法对宗祠的平面布局稍事变化。宗祠的建筑格局主体不变,只在祠堂内另辟"则内"内室祭祀女性祖先,这便是女祠的早期形制。最早的实例大约是明代弘治年间建造的呈坎前罗宗祠。祠内为女性祖先设置了一间内室。稍晚些的"东舒祠"也是在祠堂南侧辟出一间"则内"用来祭祀本族的女祖先神主。第二是采用变通的做法,按庶母之子的身份地位变化决定庶母神主能否准予入主祠堂的核定条件。庶母之子成年后经商有成或者科举入仕,达到了"光宗耀祖"的成效。此时,庶母之子申请,族中长老合议审批,可以允许庶母以子显贵。可见,明中叶以后,徽州社会已经开始允许一些成功人士一旦有了资本积累就可以通过捐资入祠的方式为庶母争取到受祭的机会。也有的人选择入仕谋取功名,有了尊贵的社会地位就可以理所当然地提升庶母在族内的地位。清嘉庆十年,翰林罗廷梅不仅为罗氏女性神主建造独立的女祠"懿善堂",而且还打破"再婚妇女不得入祠"的规定,将自己的母亲请进了女祠。

可见,尊贵的社会地位和殷实的经济实力是明中期以来促成徽州宗法制度发生变革的社会力量,这股力量在相对闭守的徽州于明末清初促成了传统纲常伦理思想的缓慢转型。

早期的男祠和女祠平面布局差别显著,女祠处男祠一隅,只是开辟个"内室"而已,直到清代嘉庆间才诞生了独立女祠。歙县棠樾女祠"清懿堂"与男祠"敦本堂",在平面布局上摆脱了以往女祠附属于男祠的限制,两座宗祠在建筑规划时相对而立,而且由匠师同期设计开工又同期竣工。女祠"清懿堂"与男祠"敦本堂"在建筑平面布局方面相同,均为三进、五开间、两个天井。女祠(通面阔16.9米,通进48.4米)比男祠"敦本堂"(通面阔15.98米,通进47.11米)还大。"清懿堂"装饰以砖雕、匾额为最胜,其门厅砖雕、墙壁砖雕极其精美,被誉为"徽地祠宇砖雕之最"。匾额书法多出自名家或族内名士手笔,如金柱梁枋之上的"贞烈两全"匾为清文正公曾国藩亲笔手书,"清懿堂"匾、厅内楹联多由族内声望卓著的名士题写。

从徽州女祠的类型分析中,我们可以看出徽州女祠发展的历史脉络。第一,徽州地域离政治中心比较远,地处深山,有其相对封闭和相对独立的特点;第二,从当初的合男女神主祭祀等活动于一祠到随后的针对庶母祭祀于专祠,再到为族中早殁的本族女子建造的姑姑祠,以至出现择地另建的女祠,发展脉络清晰;第三,徽州女祠堂的出现、发展、式微与转型与当时的社会发展状况和徽州地区的特殊情况是有关系的。南宋之后,封建面临政权内忧外患的境地,客观上动摇着传统社会的管理,蒙古族、满族与汉族的交替执政,特别是清末太平天国农民起义运动的冲击,造成了封建纲纪的松弛。明中后期的徽州社会变革,观念更新,新旧思想交锋,特别是商业社会的发展与徽州商人社会意识的形成,男权管理体制受到政治、经济、文化和社会管理的多重冲击,妇女解放思想开始萌芽。再加上商业社会带来的开放与流通,西学渗透带来了新的思想。传教士对妇女解放的宣传,给徽州妇女解放思想和寻求平等以启蒙。到满清后期,西方传教士和西方坚船利炮的双重进攻也促进了徽州社会经济结构的调整,影响着徽州女人在宗族活动中的特殊社会关系。

一些资产阶级维新派的思想也通过商人和商业社会的渗透对徽州社会和徽州女性的自由解放产生了深刻的影响。

四、徽州女祠的特点

相对于徽州宗族祠堂的星罗棋布，徽州女祠数量少，活动不固定，受众不多，对宗族制度影响有限。

江南其他地区也分布了不少女祠。如江西赣县的"王太夫人祠"、江西奉新县赤田镇的"奕世徽音"、宁波市鄞州区潘火桥村的"蔡氏宗祠"、宁波镇海澥浦镇的"洽礼堂"、宁波镇海澥浦镇"崇义堂"专祠、慈溪坎墩沈五村的"沈氏女祠"、台湾南投县隆生路边"义女祠"、宁波镇海后大街的女祠、福建诏安的"叶太恭人祠"、福建南靖县书洋镇长教官洋村"奎文祠"、广东深圳南山区西"丽江女祠"、广东潮州揭阳"资娵祠"、广东揭阳"彭氏婆祠"、广东汕头"祖姑祠"等。与这些女祠比较，徽州的女祠分布相对集中，基本在古徽州交通比较方便的官道边，对外交流比较便利；一些徽州女祠堂已经突破了个人纪念堂的模式，成为全家族女眷的活动场地。

徽州女人的历史形象由广为人知的贞节牌坊传达给族人和后代。古牌坊和古祠堂、古民居被人们称之为徽州人文景观的"徽州三绝"。据统计，徽州立有各类牌坊近千座，可以说是一府六县，牌坊林立。较为突出的是功名牌坊和贞节牌坊。"贞节牌坊"在徽州牌坊中约占三分之一，贞节牌坊一般小而简陋。歙县许村一门双寡的"双孝节坊"，两位年青守寡的女人，靠着为人纳鞋底为生，死后，乡人为其整理遗物时，发现她们还留有些许碎银，商议后，便用那点碎银为她俩建了一座很小的牌坊。贞节牌坊需皇家准建，为一人或几人树碑立传，立于村口或进村的道路上；女祠堂的建造则是由本族族长商议，征得族人认可集资修建，它所在的位置一般与宗祠或支祠相近，或并排，或寓于宗祠、支祠之中，或相对而立。贞节牌坊只是一个标志门坊，女祠堂则陈设族中女眷教育内容，并可供族人开展各类室内外活动。

五、徽州女祠的功能

徽州女祠有5个社会功能：

1. 教化功能：女祠的教化功能，是指女祠在族中女性的社会化文化过程中所起的教育和模塑作用。庄严的祭祀仪式彰显了宗族的凝聚力，威严执法使宗族对族中女性的思想道德教育深入人心，精致的装饰、楹联和祠中陈设都具有重要的教化作用。

2. 规范功能：女祠的规范功能，是指女祠对社会群体中的每个成员的行为方式所具有的约束作用。这种约束作用具有无形性、范围广泛、深层控制的特点。它能够深入到社会、生活、生产的各个方面，规范约束族中女性的言行举止。

3. 维系功能：女祠的维系功能，是指女祠统一群体的行为与思想，使社会生活有规则地进行，保持稳定，使群体内所有成员保持向心力与凝聚力。一年四时，一生各阶段都有规定的活动与活动要求，通过活动把族中各类女性维系在家族规范之内。

4. 调节功能：女祠的调节功能，指通过女祠活动中的娱乐、宣泄、补偿等方式，使人类的社会生活和心理本能得到调剂。

5. 审美功能：审美功能是指女祠对社会成员心理产生的悦耳悦目、悦心悦意、悦志悦神的审美作用。女祠的审美功能与调节功能是密切相关的，女祠文化中的许多事项，不仅可以满足本族女性的心理需要，而且从内容到形式都具有民间审美和追求日常生活美的意义。

六、徽州女祠的影响

我们看到，一方面是理论认识上，女性在社会发展中发挥着极其重要的作用；一方面是社会发展的历史中，女性被压迫、被奴役的社会地位得到维护。这样的理论认识和社会现实的强烈反差让很多人对徽州女祠的出现和徽州女祠的影响多有困惑。有的专家认为，徽州"绝大多数宗族祠堂都是男女祖先共'享祀'",那么,极个别不"祔女主"祠堂的宗族兴建女祠,专门供奉女祖先神主的举动,就没有多大意义了。它既不表明"社会文明进步"和"妇女抗争与觉醒",也不说明"封建伦理观念对妇女的束缚和压迫"的加重。对于徽州庶母祠的出现,也有人说,"在中国历史上,为节妇烈女歌功颂德、树碑立传的事例数不胜数,文献浩如烟海。这是封建统治者的'国策'。倪氏宗族对金、王二氏的颂扬和庶母祠的修建,并没有改变庶母的社会地位"[①]。

通过研究,我们认为徽州女祠的出现,是一种女性社会历史地位回归的昭示,对徽州社会文明发展有一定影响。徽州女祠的出现昭示女性社会历史地位的回归。

人类社会的历史发展在社会学意义上说是人类求生存与求发展的统一。早期人类社会是母系氏族的社会生存结构,后来发展为父系宗法社会,到现在逐渐有淡化父系母系之差的趋势。我们从中看到了社会生活中女性反压迫、反奴役的反抗轨迹。中国的这个发展轨迹已经在陈平原先生的《中国妇女生活史》和顾秀莲主编的《20世纪中国妇女运动史》中被描绘出来。女性社会历史地位之所以能够回归,是女性的母爱与对经济独立地位的争取成就了女性社会地位的自觉。徽州女祠的出现与发展是这二者影响徽州宗族而出现的特殊社会现象。

徽州女祠堂是徽州女校的雏形。办妇女学校,办妇女培训班,是妇女社会管理的需要。从早期徽州女祠堂聚会宣讲的内容来看,主要有内德、后德、母仪、孝行、贞烈、忠义、慈爱、秉体、智慧、勤俭、才德等,都是对女性社会道德和价值观的引导,要求她们在"事父母""事夫""事兄嫂""事舅姑""和叔妹""睦娣姒"等社会事务中"安贫""恭俭""敬身""重义""守节""慈爱""端庄"。这些女祠堂倡导的教育要求与近代女校的教育要求是完全相通的,因此,我们说徽州女祠堂是徽州女校的早期形式。

[①] 赵华富:《徽州宗族研究》,合肥:安徽大学出版社,2004年,第192页。

徽州女祠对徽州社会文明产生的影响：

从男尊女卑到女性也要受尊重，从女性神主"祭不受胙"到"专立祠祀"，从"言不逾阃"到"持家有赖"，徽州女祠堂的出现记录了徽州社会走向文明的发展路径。徽州女祠促进了徽州女性的自觉。女性在徽州家族维系中发挥了特殊的作用。从在男权社会里缺乏自信与安全感到逐渐形成自信与安全感的变化，从小家到大家的觉醒是徽州女祠在徽州妇女解放运动中的历史贡献。徽州女性在兴建女祠的鼓舞下，不断在社会活动的各个方面追求自由与平等。从"清懿堂"的建造和维持情况，我们看到了鲍家女性的自主和觉醒。在鲍氏家族修建"清懿堂"时，鲍志道的妻子汪氏听说家族决定修建女祠的消息后，她将平时积蓄下来的钱，购田百余亩，全部捐给女祠堂，作为女祠公产，称之为"节俭田"。她还以很低的地租让族中妇女租田耕种，对贫困的妇女，按祠规每年救济她们干谷二石（约合300斤），还发给她们一定数量的"脂粉费"，从经济上提高她们的地位。她的这些做法，使"清懿堂"有了稳定的经济基础和社会基础。

图 3-23　歙县棠樾鲍氏女祠"清懿堂"

图 3-24　歙县北岸吴氏宗祠寝殿壁上的"姑娘祠"

第三节　徽州宗族祠堂中的特例

徽州宗族在建立墓祠、家庙、统宗祠、宗祠、支祠、专祠这些祠堂奉祀先祖时，虽然各类祠堂名称、规模、格局有些不同，但都特重血缘正宗，不容杂姓混淆，宋以后都严格按照朱熹《家礼》规制，明彝伦，序昭穆，秩序不容混乱。徽州早期"徽俗士夫巨室,多处于乡,每一村落聚族而居,不杂他姓。其间社则有屋,宗则有祠。支派有谱,源流难以混淆,主仆攸分,冠裳不容倒置"①。但在祠堂调研中,我们发现徽州宗族祠堂建设,也有特例。

祁门芦溪有一个樟村,其地背山面水,风光旖旎,不足百户。因张姓最先徙居,得名张村,明代宣德年间郑怀德、郑忻德来张村为父郑安礼庐墓定居,经过 500 余年繁衍,书香不断,人丁兴旺,渐成强宗大族。而张村张氏则人丁不旺,终至寥寥几家。因村中有一千年古樟,张姓人丁单薄,村名渐渐衍变为樟村。明景泰(1450—1456)年间,樟村郑氏二世祖郑仕通在樟村首建郑氏宗祠"聚庆堂",祠堂占地 707 平方米,规模宏大,气势壮观。门楼、仪门、享堂、寝堂四进五开间,主体架构风貌宏伟,装饰雕刻工艺精湛,祠内高悬"文武大宗""乡贤大夫"等匾额,显示了其家族当时显赫的地位。大门前有青石抱鼓石一对,门挂"柱国名家"匾额。"聚庆堂"是樟村郑氏宗族祭祀祖先的场所。每年腊月 28 日,樟村郑氏男丁无论在何处谋生,必须赶回村里赴祠堂祭祖,捐献祠堂修缮银钱,次日族长要向在家的男丁逐一发放祠祭丁饼。这一古老仪式一直延续到解放初期。

在樟村郑氏宗族建郑氏宗祠"聚庆堂"的时候,樟村张氏人丁不旺,族势式微,无力建祠祭祖。可能是樟村张氏先祖和入居樟村的郑氏族人一直和睦相处,亲如一家,也可能是张村郑氏宗族秉承族风,守敦邻睦族祖训,有海纳百川、礼贤好义的风范和雅量,郑氏宗族建宗祠"聚庆堂"奉祭先祖,同时也让张氏宗族将祖先牌位安放在"聚庆堂"宗祠内,每年祭祀,郑氏宗族、张氏宗族族众同进"聚庆堂",郑、张氏祖先大家同祭,日常两姓在村中也都和睦相处、互相尊重。这在当时特重血缘、乡村一般一姓独大、不杂他姓的强烈排他的徽州宗族社会,算得上是不多的特例。像这样一祠供奉两姓先祖的"两姓祠",还有祁门环砂的"叙伦堂"宗祠。祁门环砂村是郑姓、傅姓聚居的古村落,千百年来村中郑、傅两姓互帮互助、友爱相处,当地大戏曲家郑之珍写的

---

① 许承尧:《歙事闲谭·春帆纪程》第 8 册,合肥:黄山书社,2001 年,第 258 页。

《目连救母》剧本,其主人公就是傅氏宗族的"善人"傅相,郑之珍在剧本中赞颂了傅相扬善惩恶、乐善好施、广济孤贫、斋僧布道、教人向善的美德。环砂傅氏宗族寒素贫苦,无地建祠祭祖,环砂郑氏宗族在建"叙伦堂"宗祠时,就让傅氏宗族在其祠后加建一进,"叙伦堂"成了两姓合祠。现存的这座"叙伦堂宗祠"占地1000多平方米,三进,由前院、仪门、大天井、享堂、小天井、后进、阁楼组成,牌匾、楹联曾以百计。据传"叙伦堂"宗祠前两进是郑家祠堂,后面第三进是傅氏宗族加添的傅氏祠堂,两祠一体,两姓祖先由两姓族众同祭,有时傅氏先祖还由郑家代祭。在实地考察时,人们发现"叙伦堂宗祠",郑、傅两进祠堂相接处痕迹明显,第三进墙体比前两进宽60多厘米。[①]

图3-25 祁门环砂的郑、傅两姓祠

这种两姓一祠的情况,与徽州之外有些地方的多姓合祠又不一样。叶显恩在探析南方珠江三角洲徙居宗族的祠堂建设时发现,不仅同姓不同宗者虚立名号、连宗同谱、虚拟宗祖、建祠同祀的情况普遍,而且居住相近的寒姓单家,也以抽签、占卜方式确定共同姓氏,虚拟祖先,建祠以祭,非血缘、地缘的虚拟宗族,联宗建合姓祠堂,甚至采用股份制集资合建。清光绪(1875—

[①] 朱平、陈琪:《祁门环砂村古代碑刻的发现与解读》,载《黄山学院学报》,2012年第2期,第23页。

1908)间,广州城内即有联姓祠宇 85 处。这都是南迁族姓为了在徙居地生存发展、加强凝聚力的现实需要。① 这种宗族混同、不重血缘的情况在徽州宗族社会是绝对不可以的。以上祁门樟村"聚庆堂"两姓合祠,环砂"叙伦堂"两姓合祠,并不涉血缘混淆,还是一种宗族美德。

在祁门的桃源村水口处,有一座"大经堂"宗祠,可说是徽州宗族祠堂的又一个特例。

当年桃源陈氏第二十五世陈万七父子寻竹篾晒甸至桃源,见此地环境优美、宜居宜业,便从坑口竹源坞迁到这块风水宝地,开基建庄。因桃源村头虽有廊桥、古树把守水口,但水口距村庄较远,仍抵挡不了山风,从风水学上,需有特殊的补救方法。在外经商的陈继科便出银 10 万两,族内支丁也出工献料,从闪里楠木坦凿磨了 24 根石柱,在村口卜址建造了一座用以锁风水、锁财气,庇护桃源村家族兴旺,财源茂盛的大祠堂"大经堂"。"大经堂"有仪门、享堂、寝堂及前院四部分组成。前院两侧有门,为进出村子的通道。门头有题额,进村一侧为"西山爽气",背面则是"星联";另一侧题有"东岚晴空",背面为"云纥"。"大经堂"整体狭长,横贯在桃源村的水口。特别之处是"大经堂"并不供奉陈氏祖先牌位,村里另建有一座"慎微堂",专门摆放陈氏祖先牌位。"大经堂"是座风水祠,在徽州不多见。

这种是宗族祠堂而不供奉祖先牌位,甚至不设供奉祖先寝殿的情况,在江苏无锡的惠山镇古祠堂群倒是比较普遍。江苏无锡惠山镇,历史上自唐宋至民国,南北各大族名门陆续在这块风水宝地择址建起了统宗祠、宗祠、支祠、专祠、先贤祠、神祠等祠堂 120 多座。这些祠堂,主要是宗族高官达贵侨寓无锡时为展示宗族显赫的地位财势、光宗耀祖而建,许多是借建祠作会馆以联络同乡,开展商贸。许多祠堂,或寝室窄小,或不设寝室,也基本未设祖先神牌,以楼堂会馆式建筑为多,有的甚至是私家花园的庞大建筑群,像"秦氏双孝祠"的"寄畅园";有的则"前店后堂",祠堂和商业街区一体,"惠山泥

---

① 叶显恩:《徽州和珠江三角洲宗法制比较研究》,载《中国经济史研究》,1996 年第 4 期,第 88 页。

人"等商业兴旺。惠山古祠堂群,各大族名门的古祠古庙云集,竞相辉耀,基本离开了自身宗族聚居地,多以标志意义为主。比较而言,徽州宗族的统宗祠、宗祠、支祠、专祠等祠堂,生根在各宗族聚居社区,是当地宗族宗法不可须臾离开的物态载体。徽州宗族祠堂必设寝堂供奉祖先牌位,比较正统正宗地延续着传统祖祭的中华礼制,更有中华封建宗族民间实态的见证价值。因此,祁门桃源"大经堂"这一构建,应是徽州宗族祠堂的一个特例。

第四章　徽州宗族祠堂管理和祠产

第一节　徽州宗族祠堂的管理运作

徽州宗族祠堂是宗族族务活动的最主要场所。宗族祠堂的祖祭、聚会议事、执法奖惩、诉讼公干等等,需要有宗族祠堂专门管理人员。在徽州宗族总祠、支祠、亲房、家庭这样的氏族结构中,宗族祠堂一般设有族长、宗子、祠首、司事、三总等专门管理者。族长有的是族中嫡系长房长子,而大多是选族中资格最老、资历最深、德高望重、精强干练的族丁做族长,不都是嫡房宗长。像绩溪宅坦明经胡氏"亲逊堂"宗祠,选的是族中威信很高、曾做上庄升主点主人的乡绅胡蕴玉担任。胡蕴玉是清宣统(1909—1911)己酉恩贡。民国时绩溪第一任财政局长、宅坦村科举废除后新式学校的校长。其宗子则是作农的长房长子胡正益世袭,主要是象征意义。"亲逊堂"宗祠的祠首负责祠堂财物收支、主持祠务活动。"亲逊堂"三总分别掌管祠堂的各类印章、祠堂的银匣、祠堂的钥匙,都是族中有影响的人。祠堂司事则由族下五支门派共36人,分六班轮流管理日常祠务,六人一班,每班任期一年,由族众推举,相对比较民主。这种分人专管,明确分工,各司其职的方式,可防独断专行,损害祠堂利益,有利于祠堂运作。"亲逊堂"祠规规定"管匣、管钥、管封、管印,各司其职,无得通情凑便"。① "亲逊堂"宗祠除六班轮流管祠制度外,还有会议制度,会商决定祠中大小祠务,会议制度也有利于限制族长的权力。

这种管理运作,在徽州宗族祠堂比较普遍。祁门六都程氏是千年聚居的强宗旺族,其大祠堂,由仁山门东房五大房家长和家众各推举一人,分工明确:一人管银匣、一人管钥匙、一人管印章、一人管杂物,这种运作过程相对比较民主。其祠规还规定:"勤足办事,公足服人,则祠赖以兴矣。有能如此,给配享荣之。"②对于宗族祠堂管理人员之勤于职守、公正无私者给予奖励。在徽州宗族祠堂里"配享"祖先神主牌位边,长久享用族众的礼敬供奉,是一种了不得的荣耀。

唐力行在深入分析研究了徽州宗族祠堂管理运作机制后,发现徽州乡村社区、宗族社会、民间精英群体,不仅是宗族祠堂管理的中坚,而且是乡村社区自治、自治中,相对于官方政权系统来说,比较重要的中介缓冲力量。对乡村社区民间矛盾调适,社会秩序稳定,和谐社会建设,都有启迪当代的借鉴意义。

徽州宗族祠堂管理机制的产生和完善,经历了漫长的历史演进过程。以歙县霞坑柳亭山徽州方氏"真应庙"统宗祠管理历史为例。霞坑徽州方氏"真应庙"最早也和徽州其他宗族的祠堂一样,沿袭墓祠招僧代管的传统,是请佛僧和道人管理庙中祠产和日常祠务的。但从元代至正年间开始,就发生了守祠僧对祠产的偷盗事件。明初方兴管祠输纳国课,后再"募僧守视",弘治十五年,守祠僧福清和地豪吴文质又捣毁"真应庙"统宗祠敕额、碑记,安置佛像,欲将祠庙变为佛寺以掠祠产,官司一直告到京师朝廷,耗银 1000 多缗。此后到万历二十年(1592),守祠僧真珙又和潘礼忠等人一起谋夺"真应庙"统宗祠祠产,后真珙被逮伏诛。万历二十四年(1596),耕作祠田的佃户潘维秀等 27 人又将 300 余秤租谷据为己有,不交祠堂。万历二十六年(1598),守视

---

① 《民国明经龙井派宗谱·祠规》。
② 卞利:《明清徽州的宗族管理、经济基础及其祭祀仪式》,载《社会科学》,2006 年第 6 期。

僧如福又和潘龙鼎等人藏匿"真应庙"方氏祖像和敕额,篡改庙梁上字迹,随意增设建筑物,在县府判理惩处如福等之后,"真应庙"方氏十大支派在万历三十六年(1608)集议,结束以前"募僧守祠"的祠堂管理旧办法,"逐僧新庙,买仆看守",①决定在"方嫡长支下选择一妥子孙,居守本庙管业,庶免养虎反噬之虞"②。开始由宗族直接管理祠堂、祠产、祠务,"真应庙"方氏十大支派代表会聚,缔结方氏十派合同,规定了由族内十大支派每年轮流掌管祭祀和收租,确定"真应庙"统宗祠管理人,并规定管理人不可饱其私腹,不得浪费,田地也不许方氏子孙霸种。③ 十派合同决定将"真应庙"统宗祠有关祠产的"洪武四年部给御旨民由户帖"等11件文书、账簿交由"真应庙"统宗祠族内十大支派的磻溪、苏村两支派保管,④确定磻溪支派的方鏊为方氏一族的族长。

第二节　徽州宗族祠堂的祠产祠田

　　徽州宗族祠堂之所以能在徽州乡村宗族中强固自己的宗族统治地位,对族众实行强有力的管控,除有其较完备的管理机制,由族规祠规、宗谱族谱等组构成的管控大网外,还因为宗族祠堂一般都拥有丰厚的祠产祠田,有厚实的经济基础。徽州宗族祠堂通过族丁进主、添丁、婚嫁、中举、入仕所纳银、祖遗银,在田土交易中大量购买村民的田地山场、收揽族丁。还有族中子弟或仕宦发财、或经商致富,行"义举"向宗族祠堂积极捐银、献置"义田"。也有的是族存祠产、进主时交纳的祀田。徽州宗族祠堂拥有的祠田,有的数量很大。歙县棠樾鲍氏宗祠"宣忠堂",其族丁清代盐商巨子鲍启运就给宗祠捐置"义田"达1249亩。棠樾鲍氏宗祠共有祠田1500多亩。清代歙县江村江承炳向

---

① 《方氏会宗统谱·祠产》卷一八。
② 《方氏会宗统谱·歙令钱公中选谶语》卷一八。
③ 《方氏宗谱·方氏十派轮管祭期收租印信合同帖文》(不分卷),明抄本,北京大学图书馆藏。
④ 《方氏会宗统谱·歙南柳亭山真应庙纪事》卷一八。

祠堂捐置祭田1000余亩,①江振鸿向祠堂捐置祀田千数百亩。②歙县西溪南吴邦伟、吴邦佩向祠堂捐"义田"1000余亩,③吴之骏向祠堂捐"义田"数千亩,④黟县黄村黄真元向祠堂捐"义田"630余亩,⑤歙县唐模许氏宗祠有祠田祠地520亩,⑥休宁陪郭程信向祠堂捐"义田"500亩,⑦歙县雄村曹景宸向祠堂捐置祭田500余亩,⑧歙县松明山汪人御向祠堂捐置祭田500亩,⑨歙县鲍玉堂向祠堂捐置祭田500亩,⑩宋代绩溪盘川王氏向祠堂捐置墓地400余亩,⑪婺源江湾江祚锡向祠堂捐置祭田400亩,⑫祁门胡村胡天禄、胡徵献向祠堂捐置祭田330亩,⑬祁门善和程新春等向祠堂捐置祭田320亩,⑭婺源盘山程世杰向祠堂捐置祭田300余亩,⑮歙县唐模许以景向祠堂捐置祭田数百亩,⑯休宁竹林王丕向祠堂捐"祠田"300余亩。⑰ 向祠堂捐"祠田""义田"在百亩以上的有记载者,至少还有26人。⑱ 古徽州之域是一个"八山半水半分田,一分道路和庄园"、"山多田少人众"的山区,寸土寸金。这么多土地向宗族祠堂集中,意味着徽州宗族祠堂在古徽州之域田地总量占有惊人的比重。据赵

---

① 歙县《橙阳散志·人物志·义行》卷三。
② 民国《歙县志·人物志·义行》卷九。
③ 民国《歙县志·人物志·义行》卷九。
④ 歙县《丰南志·艺文志·行状》卷六。
⑤ 嘉庆《黟县志·人物志·质行》卷七。
⑥ 唐模许氏宗祠《许荫祠实征归户册》,原件藏安徽省博物馆。
⑦ 弘治《徽州府志·人物志》卷七。
⑧ 民国《歙县志·人物志·义行》卷九。
⑨ 民国《歙县志·人物志·义行》卷九。
⑩ 民国《歙县志·人物志·义行》卷九。
⑪ 绩溪《盘川王氏宗谱·始祖常书府君墓地侵复纪略》。
⑫ 民国《重修婺源县志·人物志·义行》卷三七。
⑬ 康熙《徽州府志·人物志·尚义》卷一五。
⑭ 周晓泉、赵亚光:《窦山公家议校注》。
⑮ 民国《重修婺源县志·人物志·义行》卷三七。
⑯ 民国《歙县志·人物志·义行》卷九。
⑰ 休宁《竹林王氏宗祠记》。
⑱ 赵华富:《徽州宗族研究》,合肥:安徽大学出版社,2004年,第291~302页。

华富调查统计,徽州 1949 年以前,耕地 1183477.46 亩,宗族祠堂竟拥有 169431.49 亩,占徽州耕地总数的 14.32%。黟县耕地总数 99972 亩,祠堂和祀会即占去 39943 亩,占其耕地总数的 39.96%。休宁耕地总数 298326 亩,祠堂和祀会即占去 31854 亩,占其耕地总数的 10.68%。祁门县五区的文堂村,全村山林 5252.61 亩,其公堂祀会(公堂即祠堂)竟占有 4600 亩,比例达 87.6%①。还有一个资料透露,20 世纪上半叶,徽州宗族祠堂的祠田、祠地占全徽州耕地的 60%以上。② 正因为徽州宗族祠堂对土地的大量占有,人称徽州宗族社会是"穷乡村、富祠堂",古徽州乡村几十亩土地的"大地主"不多,而拥有数百上千亩土地的宗族支祠则不在少数。

绩溪宅坦明经胡氏"亲逊堂"宗祠的祠产,包括祭田、义田、学田的租谷、祖遗结存、上主牌资、族众捐赠等。其民国二十九年(1940)《亲逊堂收支总登》记载:当年收"开锅税洋、折租洋、稚租洋、产租洋、山租洋、巢谷洋、集米洋"等。有祠田 206 亩,本村佃户 78 家,外村佃户 98 家,分布于邻近绩溪、歙县的 22 个村庄。其《亲逊堂收支总登》记载:1924 年共收租谷 8358 斤;1943 年共收租谷 7981 斤;1944 年共收租谷 8210 斤。

徽州宗族祠堂的祠产,其种类主要是进主祭祀的祭田、宗族慈善用于周济鳏寡孤独贫乏者的义田、励学的学田。其占有形式,或宗祠占有,或支祠占有,或部分族丁占有,并且由之产生了数家共业一田、地骨(土地所有权)、地皮(土地经营权)分离等复杂情况。

徽州宗族祠堂的祠产管理,如前所述,在长期的历史延续中,由托僧道代管到收归宗族自管,大多明白登录在簿册,还呈请官府,纳税注册(相当于公证),或设"祠户"专责耕种管理,或由支派支丁轮流管理,或将祠产、田地、山场承包给外姓耕种管理,收取租谷。在宗族祠堂田土山场租佃的交易活动中,出现了徽州宗族庄仆制,其庄仆"种主田、住主屋、葬主山",世世代代不能

---

① 《祁门县结束土改中处理山林的几个具体办法》。
② 《皖南区党委农会 1950 年 6 月土改调查材料·祁门县莲花村公堂祠堂调查材料》,《皖南区党委》永久卷,藏安徽省档案馆。

改变其贱民身份,成为徽州宗族社会的一大痼疾。

徽州宗族祠堂的祠产收入开销,主要是祠祭、社会公益、赋役支付等。绩溪宅坦明经胡氏"亲逊堂"1946年宗祠祠产收入开支情况,徐敏据《亲逊堂收支总登》簿册资料有一个具体统计①:1946年"亲逊堂"宗祠收入1456390元,支出1156195元,余300195元,支出占79.39%。在支出中,祭祖需各种供献,甚至全猪全羊,仪式盛大,花费了358385元,占了全年总收入的31%,仅清明祭祖就花费了243080元,占了当年祭祀费的67.8%。其他支出,包括:升主费、祠堂维修费、补贴族人费、填石井二保绥靖费、修碓修堨修深塘费、粜谷费、收租上仓费、筑塘费、补贴桂枝学校费等等。

对徽州宗族祠堂祠产,赵华富在《徽州宗族研究》一书中,用生动的个案资料和大量数据,作了全面深入的阐述。②

---

① 徐敏:《民国时期徽州的宗族管理研究——以绩溪县宅坦胡氏宗族为中心》。
② 赵华富:《徽州宗族研究·徽州宗族族产》,合肥:安徽大学出版社,2004年,第268~329页。

第五章 徽州宗族祠堂主要功用

第一节 徽州宗族祠堂的祖祭

宗族祠堂的修建,就是为了"妥先灵而隆享祀",遍布徽州城乡的徽州宗祠为"徽州祠祭"的开展准备了必需的空间。徽州宗族祠堂的主要用途就是奉先祭祖。

聚居在古徽州城乡的各族姓,几乎都把祠堂祭祖作为宗族的头等大事。因为通过对先祖的典祀,慎终追远,"报本返始,以伸孝思",①收宗合族,可以"序昭穆",使族众知礼义,"民德归厚",增强宗族凝聚力。于是,"报本之礼,祠祀为大"②,都强调"祠祭、墓祭皆属展亲大礼,必加敬谨"③,"登降跪拜,罔敢不敬;春和秋霜,无有或怠"④。都认为"祭祀乃是大事,必精洁,必诚敬。否则,祖宗不歆……祖宗之灵无所不鉴,可不致慎?"⑤

---

① 《重修古歙东门许氏宗谱·许氏家规》卷八。
② 歙县《潭渡孝里黄氏族谱·祠祀》卷六。
③ 休宁《宣仁王氏宗谱·宗规》。
④ 歙县《潭渡孝里黄氏族谱·祠祀》卷六。
⑤ 明程易《窦公山家议·祠祀仪》卷三。

徽州各宗族的祠祭,几乎都严格遵循朱熹在《家礼》一书中所作的规定。歙县潭渡黄氏宗族规定:"元旦谒祖,团拜及春秋二祭,悉遵《朱子家礼》。"①绩溪上庄胡氏宗族规定:"凡祭祀,春以春分日举行,冬以冬至日举行。高、曾、祖、祢用牲,旁亲用庶馐。一切仪节,谨遵《朱子家礼》。"②歙县金山洪氏宗族规定:"祭之仪,文公《家礼》俱在。遵而行之是实。"③

朱熹是祖籍徽州的宋代理学大儒,其所著《家礼》一书,根据儒家关于冠、婚、丧、祭的礼仪规范,规整了一套适用于民间百姓的冠、婚、丧、祭之礼仪,将儒家礼仪世俗化、平民化,结束了"礼不下庶人"的古制。《家礼》这套"庶民之礼"简约易行,朱熹徽州家乡的宗族,其祠祭一以朱子《家礼》为宗,成为中华儒学教化在古徽州的一个典型实态。

徽州祠祭按照朱熹《家礼》的规定,极严格、极隆重。一般徽州宗族祠堂祭祖,有春祭、中元、秋祭、冬祭、先祖诞辰、先祖忌日等,最普遍和最隆重的祠祭是春秋二祭和冬祭。像歙县棠樾鲍氏宗祠,就有春祭、中元、秋祭、冬祭、烧年等,太平天国战乱之后,祠祭减为春秋二祭。对于如何进行祠祭,鲍氏宗祠规定的:"三献礼"仪式,在其《棠樾鲍氏宣忠堂支谱》卷十七《祀事·值年规划》和《歙县新馆著存堂鲍氏宗谱》卷三《祠规行礼》中都有详细明确的规定,其繁文缛节多达130多个节目,按这一套程式演示下来,每次祭祀时间长达数小时,甚至"日不足,继以烛跋绮临"。

徽州祠祭,各宗族都有《祀约》《祠规》等严格的规定,祭祖必须是族中宗子或族长主祭。祭祖大典,凡能参加的成年支丁都必须参加,而且强调所有参加者必须衣冠整肃,庄严肃穆。支丁参加祠祭时一律按昭穆世次和年齿排列,从边门鱼贯而入。祠祭大典设主祭数人,执事"礼生"按具体职务分"通赞""引赞""司祝""司帛""司樽""司爵""司馔""司盥""司过"等。主持人"通赞"负责整个祭祀程序的指挥。"司过"负责对违礼支丁进行监视和纠举。祠

---

① 《歙县潭渡黄氏宗族祠规》。
② 绩溪上庄明经胡氏宗族《新定祠规二十四条》:崇祭祀。
③ 歙县《金山洪氏宗谱·家训》卷一。

祭遵朱熹《家礼》规定的"三献礼"进行,一般有"初献""亚献""终献",鸣炮之后,在祭乐中"降神"、宣读祭文、敬酒、奉献、叩首、申明祠规族训。歙县《桂溪项氏宗谱》卷上所载的"祭仪",其祠祭"三献礼"节目程序有 40 道之多。①

徽州宗族祠堂祠祭的祭品都行郑玄的"少牢"之礼②,徽州乡间称"猪羊祭"。为了表示对先祖的尊敬,徽州各宗族祠祭前备办祭品都非常郑重,祠祭时奉上的祭品都非常丰富,有的专从景德镇定制祭碗、祭盘、祭盆,各色琳琅满目、色香味俱佳的菜肴名品、饭粿名点、时鲜水果,摆满祠堂内外的披着桌围的祭桌。黟县《南屏叶叙堂值年规则(附奎光)》记载,其宗族清明祠祭时,祭盆就有 16 个,夏祭、中元、冬祭时则各有祭盆 36 个,清明祠祭时,祭盆内的祭品有:鱼翅、金针、海参、香菇、大爪、粉丝、猪肚皮、鲜笋、干鸡、红枣、腌鱼、干糕、蹄包、荸荠、肉元、甘蔗等等。歙县东门许氏宗族春秋祠祭,每次就"计用豚胙五十余口,约二千余斤,鸡百只、鱼百尾,枣栗时果百斤,焚帛百端,香楮、蔬肴、美醢之类不及悉纪"③。宗族祠堂祠祭的这些祭品供献,一般是在头年祭祀将结束时,就由祠堂拟定品名,由各户支丁抓阄决定来年祭祀时各自需供献的祭品,在此后这一年中,支丁为表对先祖的诚意孝心,都尽自己的财力和本领,或下苏、杭、上海等大地方选购采办,或施展手艺,奇构巧思,精心制作,争取在来年的祠祭供桌上和其他户支丁的祭品一比高低。徽州绩溪登源河一带,汪姓宗族为了祭祀显祖汪华,每年的祠祭规模都十分盛大,其"做供献"慢慢形成了"赛琼碗"的"花朝会"民俗活动。不仅在祠祭中有粗如断柱的大红神烛,壮如牯牛的供养了几年、十几年的大肥猪,而且让人眼眩目花地在长龙一样的供桌上,一律从景德镇定制的名贵瓷盘、瓷碗装满了各种山珍野味,美酒佳肴,异果奇珍。还有许多精构巧思、精美绝伦的徽派盆景点缀其间。"五谷丰登""吉祥如意""洪福无边""福寿绵长"等寓意深厚的特色

---

① 歙县《桂溪项氏祠谱·祭仪》卷上。
② 郑玄:《仪礼·少峰馈复礼》"羊、猪曰少峰",诸侯之卿大夫祭宗庙之牲。
③ 《古歙城东许氏世谱》卷一。

供献,把徽菜的制作技艺推上了新的高峰。在"赛琼碗"活动中,供桌上最多时要摆放 24 行,每行 12 盘(碗),达 288 盘(碗)之多,这些珍馐供品,既是族众对先祖的恭敬,又是一件件让人大饱眼福的艺术杰作,祠祭又成了一年一度的徽菜、徽派盆景大型博览会①。

黟县碧阳关麓汪氏宗祠的祠祭供品制作过程中,清代光绪间汪静川还别出心裁,创造了"米塑供献"这一徽州工艺绝活。他选用优质大米,用花瓶、香炉、罗汉等为米塑模型,用自己熬制的米胶,将大米一粒一粒地粘塑成各种供品,在祠祭时放在定制的三足圆形瓷盆中,罩上玻璃作为供献,供祖宗享用,让人们观赏。这种特色工艺,汪氏还"传子不传女,传媳不传婿",祖传绝活由族中代代相传。这是徽州祠祭中的又一特色内容。

徽州祠祭在行"三献礼"之后,一般还要由族长或指定的"善言弟子"在先祖神位前向族众申明和宣讲祠规、族训。如黟县环山余氏宗祠就规定:"每岁正旦,拜谒祖考。团拜已毕,男左女右分班,站立已定,击鼓九声,令善言弟子面上正言,朗诵训戒。"②休宁泰塘程氏宗祠在春祭和冬祭之后,宗正面北而立,族众按年齿东西相向立,宗正高声朗读祖训:"凡为吾祖之后,曰:敬父兄、慈子弟、和族里、睦亲旧、善交游、时祭祀、力树艺、勤生殖、攻文学、畏法令、守礼仪;勿悖天伦也,勿犯国法也,勿虐孤弱也,勿胥讼也,勿胥欺也,勿斗争也,勿为奸恶以贱身也,勿作恶劣以辱先杰。有一如此者,生不齿于族,殁不入于祠。"族众拱而应曰:"敢不祗宗长者之训!"复戒之曰:"慎思哉!勿坠先祖之祀。"众应"诺",乃揖而退③。这一祠祭仪式,借祭祖之机,强调合族支丁为人处世应有的思想行为规范,不仅把祠祭慎终追远、尊祖报本的目的加以强化,而且丰实了祠祭的思想教化功能,进一步凝聚族众,有利于宗族的兴旺发达。

徽州祠祭的最后一道仪式是"散胙"(或称"颁胙")和"散福"(或称"饮

---

① 沈复:《浪游记快·绩溪仁里花朝会》,载《浮生六记》。
② 黟县《环山余氏宗谱·余氏家规》卷一。
③ 休宁秦塘程氏《程典宗法志》。

福"),所有参加祭祖的支丁在祠堂分领祭肉,参加祭祖的部分支丁(如高年长者、有功名子弟)在祠堂宴饮,合食祭品。黄山学院徽州文化资料中心就收藏了徽州几个宗族祠堂在祭祖后"颁胙"的十几张记录文书。

虽然徽州宗族祠堂的祠祭一般都极其隆重,仪式严格,祭品空前丰盛,不少宗族对参加祠祭的支丁仪容、服饰、表情、举止都有具体的要求①,有的宗祠甚至还要进行祠祭的"预演"彩排②,但是也会因时势变迁,其规模和仪式繁简有所变化。1937年抗日战争年代,绩溪宅坦胡氏"亲逊祠"对于祭祖,就有这样的议决:"当此国难时期,理宜节衣缩食,祠中公款亦宜假公济公,对于祀典当不可废,不过聊表而已。"③减少了祠祭香箔的数量,对传统的"分颁"也作了相应减免。对这种变通,徽州宗族认为也符合朱熹关于祭祖的教诲④。

图 5-1、5-2 歙县昌溪吴氏宗祠祖祭时张挂的祖宗容像

---

① 绩溪《城西周氏宗谱·祠规》卷首:"一、祭祖重典,理宜虔肃。与祭子孙,俱走旁门,勿许向中门阶直趋而进,亦勿许喧哗。违者罚跪。二、衣冠不备,不敢以祭。宗子主祭及分献老人,各宜衣冠齐整。阖族斯文穿公服,整冠带。与祭子孙亦宜各整衣冠,勿得脱帽跣足。违者罚跪。三、与祭子孙临祭时,俱在重下,随宗子后,分昭穆跪拜,勿得提前及拥路上堂。祭毕散票亦依尊卑鱼贯而出,不许搀越,违者令头首随时记名,概不给胙。"

② 《新安程氏阖族条规·祠规条目》:"春秋祭期,定于二仲月十五日黎明。先一日,诣祠演礼。主祭者夜斋戒宿坛,同礼生省牲、献羊血。"

③ 绩溪重坦胡氏亲逊祠。

④ 朱熹《家礼》:"凡祭,主于爱敬之诚而已,贫则称家之有无,疾则量筋力而行之。财力可及者,自当如仪。"

图 5-3　歙县叶村洪氏宗祠"敬本堂"张挂的祖宗容像　　图 5-4　歙县叶村洪氏宗祠"敬本堂"寝殿供奉的祖宗神位

图 5-5、5-6　祁门桃源陈氏宗祠"保极堂"祭祖大典

图 5-7、5-8　桃源陈氏宗祠"保极堂"祭祖大典

 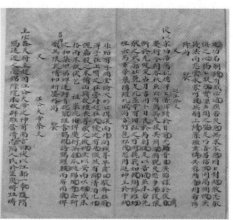

图 5-9　祁门桃源陈氏宗祠"保极堂"祭祖大典　　图 5-10　歙县盘谷坞方氏"世德堂"宗祠进祖祭文

　　盛行于古徽州城乡的"徽州祠祭",在徽州各宗族的操作流传中,还衍生出一些在徽州特有的祭祀民俗。徽州汪氏是人称"天下汪""十姓九汪"的大宗族,而其隋唐间保境安民、功勋显赫的显祖汪华,又在历代皇朝和民间百姓的造神运动中被奉为"汪公大帝""太阳菩萨""汪王"和庇佑一方、民众共敬的地方神灵。因此,汪华的祠庙祭祀活动就发展成为徽州各族姓共同的拜神活动。绩溪登源河一带有轰轰烈烈、规模盛大的"赛琼碗""花朝会";婺源段莘汪氏宗族有"段莘十八"这一祭祀汪华的民间祠祭大典[①];祁门社景、黟县七都一带有"游太阳"[②];而在屯溪古黎阳镇,历代百姓每年八月在汪公庙祠祭典汪华,逐渐发展成盛大热闹的"汪公庙会",俗称八月十三祭汪华"跑马磨豆腐"。在每年八月十日开始,远近汪氏族人和各地百姓,纷纷涌入黎阳汪氏宗祠向"汪公大帝"烧香、焚纸马祭拜,并在祠前坦上请出汪公和其部下、先锋等十一尊菩萨神像,在十一班"仗鼓"激越的擂声中,开始在黎阳街巡游。十二日还要到邻近的阜上象征性地用袋买点黄豆返回。到八月十三日,所有神像先在黎阳街上下巡游,下午集中到黎阳汪公祠庙前戏台下,将坐轿的汪公、新

---

① 婺源政协文史资料委员主编:《婺源县文史资料》第二辑《段莘十八》拾闻,第63页。
② 金涛编:《徽州记忆》内刊(三)黟县卷,第136页。

老关帝抬在当中,其余骑马的,由先锋带头,在观众让开的跑道上,跑上三圈,叫"跑马"。其中"九相公"要跑上九圈,每跑一圈,脱换袍甲一件,叫"磨豆腐"。"跑马磨豆腐"是整个汪华祠祭的高潮,全场金鼓齐鸣,鞭炮震天,人声鼎沸,热闹异常。屯溪民谚云:"隆阜花台率口礼,黎阳跑马临溪集。"黎阳"跑马磨豆腐"已由隆重的汪公祠祭发展成民间带有体育娱乐性质的民俗表演活动。

20世纪60年代以前,年年春节笔者都和父、兄参加本支"世德堂"宗祠的祭祖活动。大年三十夜,满堂红纱板灯把"世德堂"宗祠厅院、享堂、寝殿照得通亮,巨型蜡烛在堂前高燃,祖宗容像前供桌上摆满各种"供献"和"天地饭",上面都插着柏枝、天竺叶。"天开黄道"祭祖迎春,"吉时"来到之前,族中各户男丁都穿上新年衣服,洗脸洗手,提着灯笼齐集祠堂。"吉时"一到,祠门三开三闭,三个特大开门炮震天炸响。在鼓乐声中,族中一位长褂老伯就带着大家向祖容跪拜敬礼,他铿锵吟读着汪公大帝等各路神祇、历代祖先的名讳,还不时提示:"敬酒""叩首",焚香烧纸之后,族丁随宗长步出祠堂,按卜定方向作揖"迎春接福",同时鞭炮齐鸣,山村顿时被硝烟和炮竹声所笼罩。回祠堂再给祖宗上香之后,族众又提着灯笼,涌入村口祠庙,向"八老爷""祈年"。一直闹腾到天亮。

第二节　徽州宗族祠堂的教化、执法和助商

徽州宗族祠堂的第二个功能,是结合族谱、家谱,通过祠堂陈列、祠规祠训、奉先祭祖仪式,对族中男女老少进行宗法、礼仪、人生观、价值观、行为规范等方面的教化。

许多徽州宗族祠堂砖、木、石三雕装饰艺术精美绝伦,大量讲述三国的历史故事和荷花、葡萄、南瓜之类花草图案,把忠孝节义道德理念,和谐兴旺愿望企盼,上下尊卑封建伦理,艺术而又直观地向族众灌输。更不要说挂满大堂的那些"先祖是皇""累世簪缨""状元及第""彝伦攸叙""忠孝节义""礼仪廉

耻"内容的大匾,充满儒学训诫的各种楹联,对族众起到的强力宣传效果。徽州宗族祠堂牌匾、楹联对族众的教化和熏陶作用,我们在第九章将作专门探析。许多徽州宗族祠堂在建立之后,都制定了教育和规范族众的祠规、祠训,或勒石立碑,或张挂粉牌,或载之谱牒,教诲族众。这些祠规、祠训,按封建朝廷对宗族百姓的要求:"敦孝悌以重人伦,笃宗族以昭雍睦,和乡党以息争讼,重农桑以足衣食,尚节俭以惜财用,隆学校以端士习,黜异端以崇正学,讲法律以儆愚顽,明礼让以厚风俗,务本业以定民志,训子弟以禁非为,息诬告以全良善,诫窝逃以免株连,完钱粮以省催科,联保甲以弭盗贼,解仇忿以重身命。"①结合族里的实际,把为忠臣、为孝子、为顺孙、为良民、做好人的思想理念精细化、具体化,要求族众遵行。徽州宗族祠堂祠规、祠训对族众的教化约束作用,我们将专门在第八章作深入探析。徽州宗族祠堂还通过每年举行的各类祖祭活动和演剧文艺活动,教育族众崇祖敬宗,感恩报本,和家睦族,友爱乡邻,奉公守法,安居乐业。并通过祠堂的各类奖惩举措,达到教化目的。黟县西递明经胡氏宗祠"敬爱堂"厅院中,向内高悬着朱熹夫子手书的一个大"孝"字,此字笔画生动,左面看像一跪地作揖的小孩,右下侧看有一猴型面孔,形象地告诫族中子孙:孝则为人,不孝则如畜生。歙县呈坎罗东舒祠享堂大厅高挂"妥神灵""严非族""戒妄婚""勉右文""敦本业""勖长厚""警入祀""议综理"八块祠规粉牌,向族众宣讲人生之道。歙县瞻淇汪氏宗祠"敦睦堂"享堂两侧,嵌有其宗族制定的《祖训十条》《祠规十条》,对祭祀、孝悌、祠产守护、族众婚嫁、支丁行为规范,甚至祠堂保洁、支丁衣冠等都有具体要求。

徽州宗族祠堂的第三个功能,是根据族中规定的约束规范、族规、家规、祠规、祠训等,通过族长、户长对族丁族众执法,以维持宗族秩序,维护宗族威严,巩固宗族对族丁、族众的强力掌控。徽州宗族社会有比较强的自理、自治、自治能力,乡村族众中的民事纠纷甚至缉凶擒盗,许多人不是首先告到官府,而是找祠堂,找族长,乡村宗族祠堂简直成了族中土法院,由于宗族祠堂

---

① 歙县《仙源吴氏族谱·圣谕广训》卷一。

威权的强大,就有了"家法大于国法"的说法。据陈柯云对徽州乡村宗族社会的调研,明中叶,徽州民间牵涉乡村的司法事务,主要还是由官府主持审判仲裁。宗族祠堂对族众执法也基本在官府法的范围内。

徽州宗族祠堂为取得对族众执法的合法性、权威性,也要利用官府的招牌。徽州《朱氏祠志》曾披露:朱氏祠立家规,一些刁顽的族人并不买账,照样犯规,宗族的秩序难以维持。朱氏认识到只有取得官府的认可,私法才具有合法性、权威性。于是朱氏乡绅(地方上的约正和族长)利用特殊的身份地位,向官府请求,县给告示,令朱氏族人"务宜遵守家规",从而使朱氏家规取得了合法性和权威性。一些有势力的宗族还会由族内缙绅出面,请求官府给予宗谱钤印,使宗族宗谱更具有统率全族、收宗合族的权威性,便于祠堂按宗谱规定约束族众。徽州柳亭山"真应庙"方氏宗族统宗谱的卷首,便是《县给印牒》。这是由方氏宗族的乡绅监生方善祖领衔请求徽州府台为家谱钤印的批文。官方文书记载了该家族的"光荣家乘,历年一千七百,阅世六十有余"。"古所称大方家可以举风斯世"。"县给印牒"除了有助于宗族对内加强控制,还有助于巩固其在本区域内的名族、望族地位,并进而维持地方秩序。现将《县给印牒》抄录于下:

> 特授江南徽州府正堂加三级纪录二次何为恳赏印信,永光世守事。据歙县柳亭山真应庙汉黟侯后裔职监生方善祖等呈称:生等姓锡轩辕,系由炎帝。自西陵而保世滋大,历周汉而锡祚悠隆。元老佐周,诗人歌其武烈;方望辅汉,范史表其忠良。洎乎西汉陵夷莽新伪,命望之子曰纮者先为长史,曾守河南。适丁龙战之秋,乃决鸿飞之志,徙家江左,辟地丹阳,为昔歙州东乡,属今淳安西境。纮之孙尚书,今黟侯曰储,东京门第,汉室名臣,束发受经,精究《洛书》《洪范》,弹冠应举,宠膺方正贤良,位涉历于九卿,爵复跻于五等。灵昭槐水,庙祀柳山。粤宋明帝太始元年,曾致大牢之祭,至宋徽宗政和七岁,复崇真应之褒,备载志书。光荣家乘,历年一千七百,阅世六十有余。有栋宇以奉先,有祀田以供祭。前明成化四年支裔方启修成谱牒,具呈本府,准给钤印。正德八年支裔方远宜等会同编辑,呈

请南畿户部钤印一百五十三颗。岁月既久，散逸遂多。生等恐远益无征，久而就没，复集诸宗，重加修纂。第专牒难以广传，唯雕本乃堪遍及，印成六十部，分布十二支。使条分派别，各有其书，庶日久年深不至尽没。为此公叩宪恩准给印牒刊订谱首，每谱一部，赏印一颗，俾奉守敬谨传之无穷，将感戴宏恩垂于不朽矣，上呈等情。据此为查礼有五经，治人心必先于重祭亲。惟一本敦孝必始于推恩，如万物向荣于春，既根生而枝播；等百川朝宗于海，复汇流而导源。将似续夫古人，在重辑其旧牒。该生等志切承先，心能裕后，远求遗迹，广集群书，风流直朔乎千年，考核必严于一字。著敦本明伦之义，有敬宗收族之仁，古所称大方家可以举风斯世。若所云，贤孙子将无共鉴兹编。本府忝守是土，乐观其成，合准印钤其书，并给牒弁诸首，俾该子孙世世守承须至印牒者。

右牒给真应庙方氏子孙永远执照
乾隆拾捌年贰月初六日给（徽州府印）
牒押

除了在60部家谱的卷首钤上徽州府的大印，方善祖还请求歙县县官在统宗谱的谱尾加盖县衙大印。关于这一做法，《柳亭山真应庙方氏会宗统谱·凡例》有解释："谱计二十卷共七百七十二页。观成之日会同诸宗告庙，颁给十二派及各支子姓收掌，即毁其板，以杜假冒。每谱一部，必编字号，注付某派某支收掌名。上呈县钤印仍合各派领谱诸名，挨次总编字号于末卷。日后如有印信模糊，总号内无名，虽有名而非的支收执者，非系假伪，即系私鬻。"这份县给《编号印照》，全文如下：

特授江南徽州府歙县正堂加五级纪录二次王为叩恩赏印永传承事。据柳亭山真应庙汉黟侯后裔职监生方善祖等具禀前事，并呈新葺谱牒六十部公请印钤收掌诸名以杜假冒等情，据此合次所请，给帖编号，按名钤印信，俾重传承。该子孙其各敬谨奉守，奕世保之。须给照帖者：实。

乾隆拾捌年肆月二十六日给（歙县正堂印）

方氏统宗谱共印了60部,在卷首盖上府衙大印,在卷尾又盖上县衙大印,表面上看方氏是为"杜假冒",实际上通过此举,方氏统宗谱的权威得以树立,方氏的望族地位也得到了官方的认可,同时也就取得了地方自治的控制权。

　　明中叶以后,徽州宗族祠堂权势日益强大,确也有宗族祠堂控制了乡村司法仲裁权,有"家法大于国法"的事例。徽州大姓宗族祠堂一般都规定,族内纠纷争执事件,由祠堂族长、户长主持审裁,这是首要必经程序。族人不许不经宗族径自向官府投诉,也不得自行解决,要一听祠堂宗族裁判。黟县南屏叶氏"祖训家风"即规定:"族内偶有争端,必先凭劝谕处理,毋得遽兴词讼。"以"不入公门"为自得。祁门文堂陈氏"家法"也说:"各户或有争竞事务,须先投明本户的正副理论,如不听,然后具投众约正副秉公和释。不得辄讼公庭,伤和破家。若有恃其财力,强梗不遵理处者,本户长转呈究治。"①徽州宗族祠堂"家法"的制定,有的确比官府相关法律还要严格。小偷小摸在官府堂上算不上重案,而徽州宗族祠堂"家法"则认为是败坏宗族声誉、有辱家风的大事。祁门文堂陈氏"家法"明言:族中若有盗贼或素行不端者,可令其"即时自尽,免玷宗声"②。小偷小摸、素行不端便令自尽,宗族祠堂的家法是够严厉的。在当时,有的徽州宗族祠堂不仅对违法族众拥有审判仲裁权,甚至还拥有生杀大权。明隆庆(1567—1572)年间,歙县潭渡黄氏宗族,其族人黄德涣持刀杀父,族长及诸门长一边将其罪呈告县里,一边即将其"缒之将军潭"处死。徽州宗族祠堂最容不得族众触犯封建礼教规条,对"不贞乱伦"者惩处格外严厉。清初潭渡黄氏宗族有一个族丁就"以乱伦故,为族众缚而沉之于水"浸死。歙县稠墅某宗族有族人奸情事发,被族众双双抓住,宗族就把他们"于奸所遂聚薪活焚之",当场烧死。祁门六都有一座"五爪山",是程氏宗族的风水山,一草一木都不准乱动。传说在清末,有一族丁在山上砍了一棵小树,被族长发现了,族长即命人将其绑起,鞭打至死。对于徽州宗族这类"家法大于国法"现象,官府常常睁一只眼闭一只眼,放其"自治",乐观其成。

---

① 《陈氏文堂约家法》。
② 《陈氏文堂约家法》。

当然,在其威胁到官府法律权威时,也会予以追究。

  歙县北乡宋村郑氏宗族有一座"文肃祖祠",有相当多的族产祠田作为经济基础,又有比较完备的祠规和管理机制,不论在平时还是动荡年月,都能对族众进行有效的控制和行使族权。嘉庆二十年(1815),文肃公祠歙县丰口派支丁郑观玉等四人缺钱使用,盗砍了祖坟的庇荫树木,案发后,"文肃祖祠"各派立即在祠中"理论",责令郑观玉等人写下了认罪的"伏约"(见《嘉庆二十年十月歙县郑观玉等伏约》)。同治元年(1862),族丁郑天高之妻被族丁无赖子郑社元拐卖,郑天高不是向官府,而是向祠里"族长老大人"写了"投诉状",控诉郑社元"无法无天",要求"族长老大人判断","文肃公祠"俨然成为村里族里权威无上的"衙门"。郑社元拐卖之案,经族长老大人"判断",郑志镛(即郑社元)只得在祠堂当众认罪。为求族长"免送官府究治",郑社元写下了一纸"甘服据",内称"不合悖律枉法、无所不为、不听族诫","将本家侄媳江氏有妇之夫活拆生妻,卖与异乡,私得身价","自知理缺,再三哀求族保免求官究,愿甘家法"(见《同治元年四日歙县郑天高投诉状、同治元年歙县郑志镛甘服据》)。同治五年(1866)四月,支丁郑老文"欺公藐法"做下坏事,也被族众扭往"文肃祖祠"执行家法。其母郑汪氏因仅存此一子,当众立下保约,恳求族长和司事们格外开豁,令其痛改前非,循规蹈矩(见《同治五年歙县郑汪氏保约》)。在这里,徽州宗祠成了徽州乡村的土法院,有对族众的执法功能。

  在文肃祖祠这类文书中,有三份祠里执行祠规族法革除支丁的"告白",分别为:

  支丁正来即新启紊乱伦常,公议逐出永不得入祠!

  革出不肖支丁根林之子壹名,因为民国拾叁年九月二十日理主之需,而本房下不知处(去)向,祠长追索不及,祠命难违,是以革出,永远毋许入祠,尔自甘心贻后悔。

告白 六分公具
民国十三年

革出不肖支丁一名,郑观富嫂,今因祠内理主,应出人丁,讵料该氏年轻恐难守志,故意违命。本祠警一儆佰(百),是以法不宽容,特此革出,永远毋许入祠。此告。

本祠告白

在徽州宗族社会,被开除"族籍"是非常严厉的惩罚,族丁将无法在社会上立足。这三份革除族内支丁族籍的处分"告白",第一份郑正来因"紊乱伦常",为宗族族规所不容,被开除出祠堂,尚可理解;第二份则是因对父亲和族长的"不肖"被开除出祠的。祠里"理主",父亲要儿子到场是不可违抗的,而其子此时竟"不知去向",有点大逆不道,是"不肖(孝)"之举,祠长"追索不及",这更是触犯了宗祠的威严,必须将其从祠中除名,"毋许入祠",以后后悔也没有用。由此可见,当时在徽州农村,宗族祠堂威风十足。第三份"告白",祠里"理主"的时候,寡妇郑观富嫂户未派支丁到场,祠里即以"该氏年轻,恐难守志,故意违命"的理由,将该户祠籍开除,"永远毋许入祠",透露出徽州宗族对孀妇控制的苛刻。因"年轻"就"恐难守志",未派丁到场是"故意",就要"警一儆百""法不容宽",在封建社会宗法制度下,革除族籍,赶出祠门,是一种很严厉的处罚,无异于在徽州农村被判处政治死刑,不仅生前会孤立无依,为人不容,死后也成为孤魂野鬼,无祠可进,无权享受有关祭祀。近些年来已有一些徽州学专家专门探研过徽州宗族祠堂的执法情况,对徽州宗族祠堂一些"家法大于国法"现象有过一些论述。"文肃祖祠"的这部分文书,为人们了解当时徽州宗祠在乡村的权威提供了又一实证。

徽州宗族祠堂,把族人遵祖宗遗规、服族长管教、任祠规处置看作天经地义,其执法曾威风一时。

徽州宗族祠堂的第四个功能,是竭力支持族中人外出经商谋生,壮大宗族经济基础。由于徽州"八山半水半分田"的现实生存环境,徽州宗族一般并不反对族众以经商为业,虽坚持儒家"耕读为本",但也认为"四民虽异业,仕必登名,农必积粟,工必作巧,商必盈资,苟日日佚游不事,匪僻不由,便为孝子贤孙"。① 不管做什么,包括经商,只要努力去做,不游手好闲,无所事事,便是族中好子孙。要"继士、农、工、贾之新传,敦崇本业"②。不少徽商在创业之初,家境贫寒,缺少经商资本,徽州宗族祠堂和族众都努力凑本集资,为此出过大力。徽商研究者在归纳徽商经营资本七个方面来源时,就指出徽州宗族祠堂资本是其重要来源之一。明代休宁人程锁就得到族中十位"贤豪"帮助,每人出钱三百缗作为起步资本,才走向吴兴新市,开始了商贾生涯。③ 许多徽商当初走上弃儒为商道路,都是因为家族祖上就是经商世家,在宗族祠堂的支持下,需继承和壮大祖业。明朝初年休宁人汪濡,早年学识深厚,为人守信,处事公道,两次被举为秀才都极力推辞,回归家乡。他的先祖留下了巨额资产,汪濡以此为资本从商,竭尽心力,细致谋划,节约浮费,终于以富豪闻名乡里。也有的宗族祠堂在族众需聚集经商资本时,凭祠堂丰厚的祠产财力,用低息借贷、委托资本经营等方式,助族众闯荡商海。有的宗族祠堂通过田地买卖交易,为族众筹集经商资本。清嘉庆年间(1796—1820),歙县十五都五图汪灿封,为了凑集经商资本,和宗祠相商,将自己历年所购置的田24.49亩、塘0.949亩,全部出售给唐模"许荫祠"为业,得银640两,从事商业贸易。正因为徽州宗族祠堂对族众经商的支持,徽商一旦致富,总是将巨额资金回报家乡宗族,热心建祠、修谱。著名的徽州大盐商扬州"二马"马曰琯、马曰璐两兄弟,为支持祁门家乡修造宗祠,一次就捐资白银10万两。

绩溪北乡宅坦明经胡氏宗祠"亲逊堂",其民国二十四年(1935)的宗祠会议记录簿上录下了9月10日徽商兼任"亲逊祠"代理执年的胡昭培的一份声明,"萍向来在外经商,民国廿一年回里休养,民国廿一年宗祠派别列入四班,主席昭万助理管祠。第一次会议议决:大众等筹款修理祠堂后进,八月定办材料,九月廿一日开工,十月终告成,计修后进及钟鼓楼,添换栅十一根、梁二

---

① 王茂荫:歙县梓里王氏"承庆堂"宗祠对联。
② 绩溪上庄胡氏"继述堂"支祠对联。
③ 汪道昆:《太函集·名处士休宁程长公墓表》卷九一。

根、全进番盖,又中进西进门上一间、中进两廊番盖、全祠修漏。所有款项由萍挪移来者。原议修好再收丁口捐。后因故及年关关系丁口捐未收。自廿三年至廿四年春连荒三季,数十年未见遇之大荒年。廿四年八月宗祠会议提议种种条程无赞成者。又届一年交替之期,收租在即。萍经手所佃(填)之款,归萍个人捐入宗祠,尽派下子孙一点义务。此次后进之丁口捐不收者。所有修祠未用完余存之木料,查点计数交下班。廿四年九月十日子萍启。"这段文字告诉我们,当时宅坦的经济状况已极其艰难,宗祠无法按常规向族人收取丁口捐以充修祠费用,只得求助于经商族人借垫。祠堂修好,但费用仍无着落。徽商胡昭培回报宗祠往年的支持,宣布借垫之款捐入祠堂。

第三节 徽州宗族祠堂的励学

徽州宗族祠堂的第五个功能,是努力弘扬徽州宗族崇文重教传统,鼓励族众重教向学。"一本《朱子家礼》"规制营构运行的徽州宗族祠堂,其"励学"的功能表现得尤其普遍而突出。徽州宗族祠堂在大教育家朱熹夫子理学思想的浸润中,全面突出"尚文重教",通过陈设中的熏染,祠规中的训导,祭祀中的奖惩,祠产中的学田等多个方面的多种举措,对族众倾力灌输"要好儿孙必读书"的人生之道,对于徽州乡村宗族社会向学重教习尚的形成,对于徽州教育历史兴盛的产生,都有着很大的贡献。

一、陈设中的熏染

徽州宗族祠堂是宗族各类活动聚会的主要场所,为了鼓励族众向学重教,徽州各氏族祠堂在建筑装饰陈设布置上,对向学重教的内容都有突出的表现。徽州宗族祠堂砖、木、石雕装饰艺术,其中有大量的宣扬向学重教的内容。绩溪龙川胡氏宗祠享堂的20幅隔扇木门裙板,有精美绝伦的20幅荷花木雕,通过对荷花各种形态和虾、蟹、虫、鱼、鹭鸶禽鸟等动物的生动刻画,除寓意宗族兴旺和睦族昌隆等美好祝福之外,还通过谐音、隐喻、类比等方式,表述"登科及第""金榜题名""连连受封""一路连科""一甲一名""高榜中元"等宣扬读书做官的企望。许多大族的祠堂里,都高悬着"状元及第""进士""举人""翰林""文献"之类的金色大匾,向族众宣扬先祖读书科举的历史荣耀,营造"唯有读书高""勤学苦读"即可"一举成名"的重教氛围。至于遍挂祠堂中的各类楹联,则直接向族众灌输向学重教理念:"万石家风当唯孝悌,百年世业乃在诗书"(婺源汪口俞氏宗祠对联)、"十四世本源深远赖前人教孝教忠俎豆常新春祭秋赏崇典制,五百年枝叶繁茂愿后嗣学诗学礼簪缨弗替左昭右穆肃成仪"(呈坎罗氏宗祠楹联)、"才比辛阳十五支簪缨显世,学宗邹鲁千百代诗礼传家"(绩溪瀛洲章氏宗祠楹联)、"教子有遗经《诗》《书》《易》《礼记》《春秋》,传家无别业解会状榜眼探花"(罗东舒祠仪门对联)、"五百年教沐新安,家礼秉成编,俎豆馨花先正范;四一世派延唐室,明经始受姓,诗书遗泽后昆贤"(绩溪上庄胡氏宗祠"叙伦堂"楹联,刘熙载撰)、"礼乐传家绳祖武,诗书继业翼孙谋"(呈坎罗氏宗祠楹联)、"入户问家规孝悌忠信,趋庭崇世业礼乐诗书""光前须种书中粟,裕后还耕心上田"(歙县小川临家坞李氏宗祠"修爵堂"楹联)、"惟诗书可以传家,能读得富文遗篇,才算鉴湖真派;必忠孝乃堪名世,须各尽纳常大节,无惭正学后人"(祁门赤桥方氏"仁让堂"宗祠楹联)、"崇祀千秋兄弟相关惟孝友,流芳百世子孙根本是读书"(祁门王家大屋王氏"肇庆堂"宗祠楹联)。宗族祠堂这种明明白白的训导,对族众的影响是深远的。许多徽州宗族还规定族中取得科举功名的,可在宗祠大门口树立旗杆,光宗耀祖。不少徽州宗族祠堂前,非常气派地排列着各个朝代的竖旗石墩,有六角型的,有八角形的,高大的石旗杆墩上,有的还写着科举获得的荣耀。祁门诸口倪氏大祠堂前,就在两边排开18对旗杆墩,十分壮观。族中子弟为祠堂前飘扬的旌旗所震撼,激扬起发奋读书的意志。

表 5-11　祁门渚口倪氏宗祠前旗杆墩代表宗族的历史荣耀。

图 5-12　歙县上丰鲍氏宗祠前的旗杆见证
　　　　 鲍家历史辉煌。

图 5-13　黟县西递敬爱堂的"孝字匾"

二、祠规中的重教

　　徽州宗族修建祠堂后，几乎都要订立祠规祠训，规定宗族族众的行为道德规范，以维系封建宗法制度，维护宗族利益。这类祠规祠训和宗族族谱制定的族规祖训互为补充，互相强化，有的族规祖训即为祠规祠训。这些祠规祠训,除强调崇祖敬宗、为国尽忠、孝悌人伦、敦邻睦族等内容外,最重要的就是规定族众必须敬儒向学、崇文重教。呈坎罗东舒祠中享堂里挂着八块祠规粉牌,规定族人必须"妥神灵、严非族、戒妄婚、勉右文""敦本业、勖长厚、警人祀、议综理"。其中第四条就是"勉右文",要求族人习诗书,知礼乐,向学重教。休宁《茗洲吴氏家典》中专门制定了家规八十条,其中就有设家塾、助膏火,帮助族中子弟读书的内容。① 绩溪涧洲许氏,其宗谱规定了"祖训"十二条,里面第四条专门规定"重诗书",认为"诗书所以明圣贤之道,本不可不重",应读书知礼。休宁宣仁王氏族谱的《宗规》讲到"蒙学当豫"时说:"闺门之内,古人有胎教,又有能言之教;父兄又有小学之教,是以子弟易于成材。……吾族中各父兄,须知子弟之当教,又须知教法之当正,又须知养正之当豫。"歙县东门许氏宗族的"家规"也强调"蒙以养正",要求族人重视族中童蒙教育,选好塾师,多设塾馆,随地有馆,以迎塾师,要尊师重道。祁门《方氏宗谱·族规》有"重斯文"条,强调读书人是宗族所赖维持者,"宗族所赖维持而勿替者,斯文而已。重斯文则族日盛,薄斯文则族寖衰,此古今之明验也。今族中子弟苟有出人头地者,富则优以礼节,贫则资以钱财,名曰灯油。此皆作养養之意,切不可自己无人读书遂生妒忌。盖诗书不负三代,其人敬重诗书人,其家即生诗书子也"。

　　徽州宗族祠堂在族规、祠规中还特别提出要重视教师的选聘,对族中学子要严格要求,强调"要好儿孙在读书",还专门规定资助族中学子攻科举的"膏火"。歙县东门许氏宗族的"家规"规定:"士之肆举业者,有志于科第者也。……其聪明俊伟而迫于贫者,厚加作兴。……每月给灯油、笔札之类,量力而助之。"休宁商山吴氏宗族的"宗法规条"称:"凡在学,家事贫乏,有志向上,勤苦读书,每岁祠中量给纸笔、灯油之费。"后岸柯氏《族训》中有:"奖励科贡诸生,有花红银两等事。"② 歙县潭渡黄氏《家训》规定:"子姓十五以上,资质颖敏、苦志读书者,众加奖劝,量佐其笔札膏火之费。另设义学以教宗党贫

---

① (清)吴翟:《茗洲吴氏家典·家规八十条》,合肥:黄山书社,2006年。
② 民国《新安柯氏宗谱·后岸柯氏族训》卷二四。

乏子弟。""广储书籍于济美祠中黄山楼上以惠宗族。"①歙县潭渡黄氏德庵府君祠祠规还规定:"俟本祠钱粮充足之时,生童赴试,应酌给卷资;孝廉会试,应酌给路费;登科、登甲、修入庠、入监及援例授职者,应给发花红,照例输资。倘再有余,应于中开支脩脯,敦请明师开设蒙学,教育各堂无力读书子弟。"②婺源芳溪潘氏在修建宗祠以后,"诸废并兴,聚书千家,择善而教,弦歌之声,不弛昼夜"③。

歙县《方氏族谱》卷七"家训"中也规定:"对族中贫寒学子要'资其诵读'。"《绩溪胡氏龙井派祠规》规定:"凡攻举子业者,岁四仲月,请齐集会馆会课,祠内支持供给,其学成名立者,赏入沣贺银五十两,仍为建竖旗匾,甲第以上加倍。"徽州宗祠制定祠规、祠训之后,不仅将其书之于族谱,张挂于享堂大厅,刻石立碑,而且要经常聚集族人,进行宣讲教诲,使族人能知道祠规、祠训的内容,以之约束自己的行为。绩溪华阳《邵氏宗谱》卷首"新增祠规"就写道:"祠规也,所以整齐一族之法也。然徒法不能以自行,宜效王孟箕《宗约仪节》,每季定期由斯文族长督率子弟赴祠择读书少年善讲解者一人,将祠规宣讲一遍,并讲解训俗遗规一二条。"就是在这种"每季"都进行的强力灌输中,族众对"重诗书"这些祠规耳熟能详,宗祠向学重教的理念在族众心里扎根。

三、祀祭中的励学

徽州祠堂的祭祖议程是"展宗大礼","报本之礼,祀祭为大"。在肃穆、盛大、极其隆重而又极为繁复的祭祖大典中,向祖先依次进行献茶、献酒、献供、敬礼等繁琐的仪式,有的祠堂祭祖仪式有130多道程序。在宣讲祠规、祖训之后,有一个程序是"分胙",分丁饼,分胙也叫散胙、颁胙,就是宗族在祭祖之后,参与祭祀的族丁领取供奉祖先的胙肉,共享祖宗的福气。这种"分胙",所有族丁都有份,只有那些违反祠规、祖训或不参加祭祖的,才会受到"革胙"处分。对于这种"分胙",几乎所有的徽州宗族都有优待高龄族丁和奖励科举功

---

① 歙县《潭渡孝里黄氏族谱·家训》卷四。
② 歙县《潭渡孝里黄氏族谱·祠记·附康熙己亥公立德庵府君祠规》卷六。
③ 歙县《璞溪潘公文集·芳溪潘氏宗祠记》卷五。

名有成就的族人的规定。绩溪县城西周氏宗族祠堂《办祭颁胙例》明确规定：一般15~59岁支丁，只有包子一对，胙肉半斤；而努力读书得到贡生、廪生科举功名的，则给包胙四对，猪羊胙肉三斤，外散福（即在祠中会餐）；恩拔副岁贡给包胙五对（当官还可照出身加倍）、猪羊胙四斤，外散福；举人给包胙七对，猪羊胙八斤，外散福；进士给包胙十四对，猪羊胙十六斤，外散福；鼎甲及翰林送包胙二十八对，鼓乐送猪羊胙各二十四斤；出仕州县以上的送包胙十二对，猪羊胙十二斤，科甲出身者外照本身给胙；出仕府道以上送包胙二十四对，猪羊胙二十四斤，科甲出身者外照本身加胙；三品以上毋论出身，通用鼓乐送猪羊胙全副（各一头）。①歙县桂溪项氏宗族为了奖学，在祭祖分胙时规定："凡支丁入泮者，无论文武，给猪胙一斤，祭饼一双；科贡廪生、举人、进士，依次加倍给胙。"民国以后，不少徽州宗族是按初中毕业、高中毕业、大学毕业标准依次加倍分胙的。徽州宗族祠堂通过祭祖分胙对勤奋读书求得科举功名的族人进行褒奖，教育全族子孙，要重视教育、培育人才，为宗族争光，作为宗祠的一种激励机制，非常直观和实在地激发族众向学重教的热情。所以，在徽州乡村社会，百姓"喜读书，虽十家村落，亦有讽诵之声"，"应童子试者，常至千数百人"②。族众特别是经商成功的徽商都慨然捐资助学，建书院、义学，支持族人考科举。"朝为田舍郎，暮登天子堂"的向往，"三间茅屋书声响，放下扁担考一场"的豪迈壮志，就是在宗族和祠堂的这种励学氛围中孕育出来的。

四、祠产中的学田

徽州宗族祠堂为了正常的运行和维持，几乎都拥有祠田祠产。作为祠堂生存的经济基础，这些祠产、祠田、祠地、山场等，有的是祠堂购买的，有的是族丁捐献的，有的是众存族产。在这些族产祠田中，除出租生息用于祭祀的祭田、照应族中鳏寡孤独贫穷的义田之外，还专门设有用于助学的学田。徽

---

① 绩溪《城西周氏宗谱·办祭颁胙例》卷首，清刻本。
② 《婺源乡土志·婺源风俗》，清光绪三十四年活字本。

州宗族在徽州之域遍建义塾、书屋、书院、文会，其经费大多来源于宗祠学田的租息。祠堂的这些学田，大多由族中富室和徽商们捐献。不少祠堂的这类学田数目可观。像婺源考川明经胡氏宗族创办明经书院，就有胡淀和胡澄捐赠的学田三百五十亩；①黟县黄村黄氏宗族兴办集成书院，就有黄真元捐助的六百三十亩学田；②歙县西溪南吴氏宗族，竟设有学田数千亩，全由吴之骏捐赠；③绩溪城西周氏宗族，周槐堂也捐给祠堂二百数十亩作为学田。不少徽州宗族，其祠堂的学田大多包含在义田之内，像黟县艾坑余氏宗族子弟余延椿在苏州发达，乾隆十四年（1749）他捐赠祠堂1800金，让祠堂购置义田一千二十六亩，就是为"宗祠祭祀，族童延师及赡给孤孀费"④；休宁商山吴氏宗族吴继良"购义屋数百楹，买义田百亩，建明善书院，设义塾"⑤。歙县东门许氏宗族的《宗祠新置义田规约》规定："义田对所设的经学馆、蒙学馆支付束脩、入学族人的饭火、纸笔、赴考盘缠⑥。"其置义田目的都包括学田内容。

宗族祠堂有了"义田""学田"租息，对于奖学就有了经济基础，许多徽州宗族对于族人读书攻考科举，都有资助的规定。绩溪上庄明经胡氏宗族在祠规中规定：族中学童每年四月中齐集会馆会课进行作文比赛时，"祠内供给赴会"之费，还分别奖赏科考获得功名者。对于参加省试、会试的族中子弟，祠规规定：参加省试的"各给元银二两，设酌为饯荣行"；参加京城会试者更是"每人给盘费十两"⑦。族中弟子特别是贫寒支丁，科举赴考有了祠堂的经费支持，自然少了后顾之忧，在"儒风独茂"的古徽州，一个宗族"一门九进士"，"连科三殿撰"之类的佳话频出就不是偶然的了。

---

① 《徽州府志·学校》卷五，上海：上海古籍书店，1982年，"天一阁藏明代方志选刊"。
② 《嘉庆黟县志·人物志·尚义》卷七，清同治九年刊本。
③ 《歙县丰南志·艺文志下·行状》卷六。
④ 《绩溪城西周氏宗谱·十三都遥遥田产》。
⑤ 《康熙徽州府志·尚义》，清康熙三十八年万青阁刊本。
⑥ 《歙县东门许氏宗谱·宗祠新置义田规约》卷八。
⑦ 绩溪《上庄明经胡氏龙井宗谱·祠规》卷首。

五、功用中的扩展

徽州宗族祠堂场所的功用,前已有述,主要是祀先祖、族众聚会议事、宗族执法。而为了族中子弟教育、培育族中人才、光大宗族门楣,徽州祠堂除了以上多方面励学举措之外,其祠堂场所的功用方面,也大多作了很大意义的扩展,这就是徽州祠堂场所的又一个功用:许多宗族祠堂平常又兼作族学、族塾的教室、课堂。徽州山区,山多地少,寸土寸金。徽州宗族办族塾、义学、学校,要有教室课堂容纳学生,宗族祠堂在春秋祀祭、节庆聚会之外,平时大多空置,而且宗族祠堂一般又建在乡村较好的地段,得到宗族的较好维护,于是成为族中各类学校的施教场所,还节省了另辟场所的资金。祠堂兼为校舍在徽州乡村最为普遍。仅以徽州区潜口镇为例,塾师在祠中设馆、设学校的就有 17 例:[1]

徽州区潜口祠堂兼校舍情况

校名	祠堂名	学生数	年代
汪伯宣塾师设馆	潜口漕门厅	10～15	
汪尔嘉塾师设馆	潜口漕门厅	10～15	
汪佐文塾师设馆	潜口乐善堂	15～20	
许克甫塾师设馆	唐模金家祠堂	6～8	1934
鲍鸣皋塾师设馆	蜀源惇木堂	18～20	1925 前
鲍莜田塾师设馆	蜀源惇木堂	18～20	1925 前
鲍汉章塾师设馆	蜀源石德堂	18～20	1925 前
鲍刘五塾师设馆	蜀源孝经堂	18～20	1925 前
汪邵武塾师设馆	澄塘六顺堂	30	1923－1931
张子良塾师设馆	澄塘六顺堂	30	1932－1936
吴秋水塾师设馆	澄堂上门厅	30～35	1932－1935
敬宗小学	唐模许胤祠		1905
为公小学	潜口金紫祠		1931
昙华小学	蜀源鲍氏宗祠		1937
紫霞小学	潜口金紫祠		1948
潜口公立小学	葛山王氏宗祠		1932
初级中学	潜口汪敦本祠堂	724	1973

---

[1] 汪大道:《徽州文化古村潜口·教育》,合肥:安徽大学徽学研究中心编印,2001 年,第 68～76 页。

这种祠堂兼作校舍的现象,从明清至民国以至今天,有的徽州乡村一直延续了五六百年。这些设在祠堂里的族塾、义学、学校,其塾师、老师的伙食、束脩,有的就是祠堂支助。许多徽州学子,从懂事时开始,就是坐在祖宗牌位边的课桌前开蒙的,徽州祠堂宗族活动和所在环境,学子们耳濡目染,亲身体验。朱熹夫子那些通过宗祠体现的教育理念,就这样潜移默化,对徽州人产生了深远的影响。笔者所在的村庄小学,就设在方氏"世德堂"宗祠里,祠堂享堂是教室,全村1~4年级学生四五十人,四排课桌,后进寝殿在学生多时也摆上课桌,老师办公室兼宿舍在祠堂的东厢木板房内,寝殿右阶梯搁上砖头搭个烧饭灶就是老师的厨房。记得我上小学时,有一个高我一年级的堂兄读"蔡小,蔡小家里四口人……"时声泪俱下,老师还表扬他读书入神认真,给我留下了深刻印象,在祠堂木板壁刷成的黑板上,语文老师、算术老师工工整整、一丝不苟的板书,恍如昨天。

历史上徽州的这些宗族祠堂,作为徽州宗族社会的标志性物态载体,是徽州宗族制度、宗族血缘关系、宗法理念的一个物化。综上所述,徽州宗族祠堂的主要功用,就是祀奉先祖、聚会议事、教化奖惩、助商励学等。

徽州宗族祠堂,不论其形制建筑如何标新立异,甚至不惜冒险犯上,担逾制的风险,也不论别出心裁,纷纷另建女祠,创出徽州宗族祠堂的特色,其实都反映了徽州宗族对先祖报本感恩、诚表孝思的一种现象,都是突出宗族祠堂慎终追远、崇祖敬宗、弘扬祖德的思想。

随着社会政治变革,1949年新旧社会更替,宗族制度成为历史,宗族祭祖被当成封建迷信,宗族祠堂被没收为公产,乡村管理宗族的士绅、族长之类大多成为专政对象,徽州宗族祠堂的功用也发生了大的转换:许多徽州宗族祠堂建筑成为生产队、农业合作社的会议室,有的成为村中小学、中学教室,有的成为供销社百货店、社队的粮仓。这些被利用的宗族祠堂,由于有人活动其间,不时加砖添瓦,做点维修,客观上保护了其砖木建筑。还有一部分宗族祠堂,原先的宗族管理机制被冲垮,名为公产,却无专人管理,各家在其中占点空间堆积杂物柴火,直至自然倒塌消失。也有的宗族祠堂,里面的楠木、白果木的屋柱大梁早就被盯上了（可以打家具），逐利之徒伺机拆毁（像潜口金紫祠）。在十年动乱时期，破四旧，毁文物，徽州宗族祠堂作为封建的代表性建筑，遇到了一次最全面、最彻底的破坏和清扫。徽州宗族祠堂中的砖、木、石雕大多是这时被损毁的。到了近二三十年，硕果仅存的部分徽州宗族祠堂，有的由于其建构特色，遗存相对完好，有幸得到国际友人和文物部门的看重，被列为各级文保，此后又被开发成了旅游景点并加以利用。有的则在自然损毁、风雨飘摇中被文物贩子、有钱老总收入囊中，成为私产，打着异地搬迁保护旗号，搬离了原来的生存环境，修复重建后，或改头换面，成了"会所"、欧式游泳池、家具展示馆，其功能转换，竟是千奇百怪，让人感慨不已。在徽州文化生态保护中，徽州宗族祠堂因其历史文化内涵最为丰厚，徽派建筑特色最为集中，其建筑装饰三雕艺术最为精彩，因而最值得特别关注，而人们对它的保护却最为艰巨。作为公产，在农村，这类无人管理的宗族祠堂，至今仍有不少在自然消亡，它们是文物盗贼偷盗的重点目标，是宗族里不肖子孙想发财的"唐僧肉"。在徽州古建的保护中，徽州宗族祠堂的维修又是最费工本、最需要传统技艺的难事，还有就是宗族祠堂维修以后作什么用，一直是一个大问题。几十年的斗转星移，在年青一代心中，宗族传统的慎终追远、敬宗崇祖、祭祀先祖观念已十分淡薄，原来宗族祠堂的那些主要功能，大部分已失去能够恢复的社会人文环境。虽然有的乡村宗族祠堂修复后，继续供奉着逝者牌位，但祖祭则早已消失。有的乡村宗族祠堂修复后，成了村民活动中心，村中老年协会活动中心，"非遗民俗"表演中心，村民社区的"农村书屋"，其功能转换较具时代特色。但有些宗族祠堂则被当作文物，关门净场，仍未走出霉烂、重修、霉烂、重修的怪圈。

已故安徽省副省长、两度主政徽州的魏心一先生，一直十分关心徽州宗族祠堂这一文化生态的保护利用问题。他经过数次对徽州宗族祠堂的专题调研，曾专门给省里写了调研报告，他主张应将徽州宗族祠堂还给民间，让百姓祭祖和追念先人有一个场所，甚至可以是村民逝后骨灰盒的存放之所。

去年南京某大学王丹丹、黄皓明等二十多位大学生在徽州学专家唐力行教授等人的指导下,专门就徽州宗族祠堂功能嬗变及对新农村建设的影响问题,在徽州绩溪的冯村、宅坦、瀛洲、余川、湖里、墈头等十几个村庄,对徽州宗族祠堂的现存状况和保护情况进行了实地调研。社会变革之后,朱熹理学特别是《家礼》中关于宗族、宗法、宗祠的理念,在大多徽州乡村里的人们的脑海里已烟消云散,仅剩的徽州宗族祠堂的保护情况也就千差万别。在他们的调研报告中,大学生们做了一些有意义的分析探索。多少年来,人们在摈弃封建伦理道德时,朱熹理学在承传中华儒学时阐扬的尊老敬贤、崇祖报本、不忘祖根等美德也被弃之如敝屣,不少人,特别是一些年轻人对老人缺少孝敬观念,对祖祭已较陌生,对于徽州宗族祠堂的保护维修基本没有多大积极性。朱熹理学的忠孝节义之类,一般已不知所云。在新农村建设中,如何实现传统和当代的对接,延续中华文化的血脉,使徽州宗族祠堂的某些功能得到新的发挥等许多问题还需要深入探究。

第六章 徽州宗族祠堂建筑艺术

第一节 徽州宗族祠堂的建筑风格

徽州宗族祠堂是徽州古代建筑技术和艺术的典型代表,是中国古代木结构建筑的精华。徽州是程朱理学之邦,封建宗法制对当地历史产生了重大影响。民国《歙县志》谓"邑俗旧重宗法,姓各有祠,支分派别,复归支祠","岁始则咸聚其中,彬彬然序长幼而揖让焉,四时则聚族以祀先人而报本焉"(《黟县三志》)。尊祖是宗法制的首要原则,祠堂的兴建正是为了尊祖,申述报本返始之心,尽子孙的孝情。对一个宗族来说,宗祠是他们的圣殿,许多大事都要在此议决和进行,具有神圣不可侵犯的地位。祠堂是祭祀的圣坛,是维系宗族团聚的纽带,也是正俗教化,宣扬封建礼教和伦理道德的地方,同时还是执行家法宗规的场所。徽商致富后,多回乡捐资修祠堂、续宗谱,这已成为一种传统,大部分祠堂即兴建于徽商鼎盛时期。如徽州区呈坎村罗东舒祠、绩溪县龙川村胡氏宗祠、歙县郑村郑氏宗祠、休宁县溪头村"三槐堂"、婺源县汪口村俞氏宗祠、歙县大阜村潘氏宗祠、歙县北岸村吴氏宗祠等明清祠堂无不建造精美,气象雄浑。

徽州祠堂的分类,就型制而论,有从祖先故居演变而来的,有以朱熹《家礼》为蓝本的，有单独立于居室之外的，还有祭祖于家的。就祠堂与宗族的关系而论，可分为宗祠和支祠，以及统各分迁他乡宗祠的统宗祠。如就祠堂的建筑风格而论，则大致有天井式和廊院式两类。

一、天井式祠堂

天井式祠堂，其平面、外观、梁架和装饰与徽州"四水归堂"式住宅几乎相同，有些祠堂本来就是住宅。天井式祠堂一般为家祠和较小的支祠，主要有三种：一是祖堂，一般设于楼层明间。二是《家礼》之祠，朱熹《家礼》规定祠立于正寝，设四龛。其形制是：前为门屋，后为寝堂，寝堂兼作祭祀之所。堂为三间，中设门，堂前为二阶，东曰阼阶，西曰宾阶。元末明初时，徽州都如《家礼》之制立祠，这种平面形式与当地"四水归堂"式住宅十分相类。三是故居之祠，即由祖先故居演变而来的祠堂，它在徽州较《家礼》之祠更为普遍，主要祭祀各分迁始祖及各门别祖。这种形式的祠堂不论是子孙以祖先故居为祠，还是按《家礼》祠堂之制兴建，死后以宅为祠，都与住宅类似。天井式祠堂由于由住宅演变而来，或原来就是住宅，所以其型制介于住宅与祠堂之间，且更多地接近住宅。这类祠堂大多位于村中，与其他建筑相同。正立面大多简洁，山面砌出混水博缝板，从外观上看，与住宅很难区别。祠堂平面与"四水归堂"式住宅相同，仅由于功能不一样，导致天井、堂的比例和尺度有所不同。另外住宅有楼层，祠堂则多为一层，因此在结构、装修等方面两者表现出一些不尽相同的特征。

坐落于"潜口民宅"博物馆"明园"内的"乐善堂""司谏第""曹门厅"是天井式祠堂的典型代表。

【乐善堂】

建于明代中叶，是汪氏宗族的一座支祠，又名"耄耋厅"，原坐落于徽州区潜口镇下街。1985年9月迁入复原。"乐善堂"二进三开间，厅堂式建筑，气势宏大，华而不奢，是当年专供老人娱乐和商议大事的场所，既体现了宗法制的严峻又象征着家族的融合。堂内楹联有"乐善是图施诸人忠以作所，守成有道职其事实而行之","和气致祥晨起百书公艺字,遗经在抱闲来三复君陈篇"。该厅一式平房建筑,抬梁式木构架,采用彻明造做法,青砖小青瓦,瓦下铺望砖,徽派马头墙。厅内木构架用料硕大,梭柱、月梁断面大,柱础覆盆状。明间缝采用减柱造,金柱与金柱之间置五架梁,以扩大厅堂空间。瓜柱下有莲瓣形平盘斗。檐柱与金柱之间用月梁,梁上设驼峰,上置栌斗,瓜柱承单步梁,梁外端雕饰云纹。大方砖铺地。小厅水池。"乐善堂"既有厅堂建筑的庄严感,又具有家族融和聚会所要求的亲切感,是明代厅堂的一个典型范例。

【曹门厅】

位于明园最高处,原坐落于徽州区潜口镇上街,是明弘治前遗留下来的厅堂建筑,还有一说是明嘉靖年间的遗构。1986年1月迁入复原。"曹门厅"原属潜口汪氏"敦本堂"的支祠,仅剩门厅5间及廊庑。通面阔19.75米,进深12.5米,平面呈凹形,中间为天井水池。高高的门槛,气派的大门、抱鼓石,门廊前依次排开八根粗大的廊柱,使曹门厅的通面具有九开间的气势。门厅内有联为"文经武纬甲第,忠君爱国名家"。现存建筑,砖木结构,悬山屋顶,山面饰博缝墙。阑额上置有补间栌斗,出双抄五铺作,一跳出45度斜拱承接,拱头券分瓣苍劲有力。丁字拱眼雕花。大方砖铺地。该厅不但在覆盆础、梭柱、斗拱、雀替等构造方式上体现了明中期的特点,而且在一些构件上沿袭了宋元以来的"禅宗样"古法,如把大斗凹角刻作凹入的海棠瓣,宋法称作"讹角斗";有的在大斗下加垫板,古称"照板"等等。该祠享堂屋毁于"文化大革命"期间,仅存部分柱础和阶沿条石,此部分现作为遗址处理。1964年中央文化部祁英涛工程师曾作过考察,并记录:曹门厅祠建筑——

梁架:中五架,前(抱缓)二架,后(金柱外)一架。悬山顶。

斗拱:两跳,45度斜拱后尾出秤杆。

补间雀巢式二,有三幅云。

丁头栱,眼雕花。

地面:方砖斜铺。

水池:小厅水池。

匾额：正厅中匾额有"忠爱"二字，弘治七年(1494)，另一方署嘉靖十六年(1537)。左次间有一方，署万历壬子(1612)。右次间有一方，署乾隆二十二年(1757)。

"曹门厅"的价值和"司谏第"一样，在徽州明代古建筑群中，属早中期遗构，保留着宋元营造古法的韵味，是目前国内稀有的明代民间建筑物。

【司谏第】

原坐落于徽州区潜口镇中街，始建于明弘治八年(1495)，一说建于弘治十三年(1500)。1986年10月迁入复原。"司谏第"为砖木结构厅堂形制，三间两进，是江南明代现存古遗构中较早的建筑之一，保留了浓厚的宋元建筑风格。系明永乐初进士、吏部给事中汪善的五位孙子为祭祖所建之家祠。祠堂碑记有云："此非汪氏通族之祠也，一家之祠也。"汪善为人正直、清廉，"弹奏不避权贵，缙绅惮之"。深得明成祖的赞赏。宅第门前原悬有弘治十三年"司谏第"枋额一块。明间阑额上刻有"劲节高标"四字匾额。享堂上高悬着永乐四年(1406)明成祖敕谕匾额，上书："……特命尔归荣故乡，以成德业，副朕所期……"有楹联"祖宗虽远祭祀不可不诚，子孙虽愚经书不可不读"。"司谏第"遗存享堂三间，通面阔8.2米，进深8米。五架梁，加前后单步。设廊，未用卷。该建筑木构架用料硕大，梭柱、月梁、荷花墩、叉手、单步梁和斗拱都有精美的雕刻。廊柱间加施乳栿、札牵，同宋厅堂侧样"十椽屋前后乳栿用四柱"相仿。乳栿中央以"驼峰"垫于栌斗之下，栌斗十字出拱，上复札牵，梁头单幅云与补间上昂铺作同。"司谏第"的斗拱，式样古拙，具有鲜明的时代特征和等级色彩。外檐补间铺作位于月梁阑额之上，外跳五铺作出双抄，二跳头出二缝斜拱承枋，一跳头横向施枫拱，里转七铺作重拱出上昂。昂尾自栌斗心出，昂首翘起，直抵四跳交互斗下皮，上承罗汉枋，交互斗十字开口，横向亦出瓜子拱，纵向四跳卷头挑以单幅云"耍头"，耍头与四抄华拱尾部相交。一跳头横向出"枫拱"。枫拱的使用，始于唐代，宋元沿用，都素无雕琢。该宅枫拱宛如流云飞卷，显示出明代的营造风尚。上昂铺作，在江南明代大木作中极为罕见，宋代建筑的节奏和韵律清晰在目，是研究宋、元以后斗拱演化的珍贵实物。该祠后进保存较为完整,前进木构架在"文化大革命"中被拆除,墙体和柱础尚存;天井水池栏杆和拱桥也被拆掉,池底和池壁尚存。上述两部分在迁建过程中经过反复调查访问、发掘考证后按原样复原。

二、廊院式祠堂

廊院式祠堂主要是较大型的支祠和宗祠。与徽州"四水归堂"式住宅不同的是,它较多地保留了四合院式建筑的格局,接近廊院古制。徽州廊院式祠堂独立于居室之外,基本部分采用四合院式。祠堂结构、装修做法与当地大型住宅大致相类。唯梁架用材更加硕大,前檐柱还采用木石组合柱。结构普遍使用草架,以及覆水椽和卷。斗拱类型较住宅复杂,插拱可达三跳,并使用平身科。除砖雕门楼、木雕梁架外,在栏杆等处还大量使用石雕,也为住宅所不及。一些祠堂在梁枋、檩等构件上绘有精致淡雅的包袱彩画。

徽州区呈坎村的"罗东舒祠"、绩溪县龙川村的"胡氏宗祠"、婺源县黄村"黄氏宗祠"等各自从不同的角度反映徽州宗祠的建筑风格和特色。

【呈坎罗东舒祠】

图 6-1 徽州宗族祠堂是徽派建筑的精华。

"罗东舒祠"全称为"贞靖罗东舒先生祠",坐落在黄山市徽州区呈坎镇呈坎村北首,坐西向东,面灵金山,临潨川河,俗称"新祠堂"(因前罗族家庙俗称老祠堂)、"贞靖祠",系前罗一支祠。祠堂按文庙格局兴建,占地面积3300平方米,通面宽 26.5～29.6 米、长 79 米,建筑面积 2200 余平方米。包括照壁、棂星门、左右碑亭、仪门、南北两庑、甬道、左右丹墀、露台、享堂、后寝、宝纶阁、女祠、杂院、厨房等。整座祠堂四进四院,气势恢宏。

"东舒祠"是前罗十三世祖罗东舒的后裔为祀罗东舒所建。罗东舒名荣祖,字仁甫,号东舒,是宋末元初的著名学者。据前罗族宗谱记载:"自少颖异,以才俊称,文章鸣世,长隐居,义不仕元,惟耕读是业,署所居为乐堂,矜式甘心泉石,以一善字持身,其教子孙,欲其家传世守,宝而勿失,修族谱,收族属,凡先世茔墓逐一稽考,后代亲疏续其支派宗族,皆德其仁……有黄鲁直之才,欧阳永叔之贤。元皇庆癸丑(1313),谢廷兰称其与渊明同调,登啸自高,良有以也。"罗氏后裔对他如孔子一般敬重,谥为"贞靖",特建祠推崇其德。"东舒祠"始建于明代嘉靖间,系二十一世祖罗洁宗(1494－1553)主持首创。原先只是一个三开间宗庙式的平房,1542 年遇事修建中辍,因循垂 70 年。延至万历间二十二世祖罗应鹤(1540－1630,隆庆进士,都察院右佥都御史,诰封嘉议大夫、户部侍郎,享受开府仪同三司的殊荣)有感于仕途的险恶,中年致仕返乡,于壬子(1612)秋主持续建"东舒祠",将原来的"东舒祠"作为全祠的主要部分——后寝,木结构未动,改三道阶梯上堂。工程由二十三世祖罗邦耀(1546－1628)综理监督,历经五载于丙辰(1616)底落成。祠堂全部竣工后,后寝反为中进大堂遮蔽,有失对祖宗的尊敬。为此,二十三世罗人忠(1572－1638)主持在后寝屋顶加盖一阁,使整个祠堂形成后高前低的格局,更显气势巍峨。

(1)照壁

照壁紧邻溠川河,略呈弯弓八字形,砖砌,长 26.5 米,高 4.5 米。照壁又称影壁、屏风墙,是依据传统风水理念砌筑的,起到"藏风聚气"的作用。

(2)棂星门

棂星门宽 26.5 米,为五间牌坊式木制黑栅栏门。间隔处 6 根立脚方石柱高过瓦顶 1.2 米,上刻精致的云纹,顶部各立一只石雕异兽"朝天吼"。五间瓦顶花雕水磨青砖座上有 12 只砖雕异兽"哮天犬",脊南北两端各置一只

"哺鸡兽"。每根石柱前后各衬一块上弧形、下长形的夹耳石。檐内外是12个铺作如意斗拱和挑檐枋。棂星门两侧各有一高5米的斜格图案边墙与高6米的南北院墙垂直相交。高耸的南北院墙各有一个高3.75米、宽1.5米的券门。照壁、棂星门、南北院墙围合成"罗东舒祠"第一个院落。由于自北向南的沿河道路穿院而过，该院落不是封闭式的，而是开放式的，所以俗称为"门坦"。门坦均为花岗岩条石铺设。门坦上原有8对硕大的旗杆石。

(3) 左右碑亭

过棂星门为第二个院落，院落由棂星门、仪门、南北院墙围合而成，中间是4米宽的甬道。左右碑亭位于院落的南北两端，亭内有碑。左边碑亭内为呈坎罗氏二十二世罗应鹤撰写的《祖东舒翁祠堂记》，右边碑亭内为记录呈坎罗氏族人捐资修建"罗东舒祠"的《建祠考工记》。

(4) 仪门

过甬道是宽敞的前7间、后5开间的仪门。草架硬山顶，纵深10.3米，开间26.5米，脊高9.5米。前方8根立脚方石柱，后方6根立脚方石柱。门分三间，中门非大事不开启，平时仅开左、右边门供进出，中门两侧有抱鼓石分列，下有上马石一对。门上枋有四个木质门簪。左右门两侧的稍间和尽间砖墙砌筑，朝内开隔扇门，形成左右厢房。当时是用来堆放稻谷的地方，因为祠堂有"祠田"，租给族人耕种，每年收租，用以维系祠堂管理和活动开支。中门上悬"贞靖罗东舒先生祠"横匾，原为明代万历年间大司马江西泰和郭子章题书。现为我国已故著名文物专家罗哲文所题。

过仪门是一个面积达400平方米的大庭院，为"罗东舒祠"第三个院落。院落由享堂、仪门、两庑围合而成。庭院中间有一条长16米、宽4.77米，略高于两边地面的甬道。过甬道上二级台阶是一个68平方米的露台。甬道是行大礼的大道，在祭祖、迎宾、进神主或其他重大活动时，仪门开启，从棂星门一直到享堂的庄严道路。平日族人有事进入祠堂一律由两庑走廊通行。甬道两侧是左右丹墀，各130平方米。左右丹墀中原有银桂、月月桂、紫荆、碧桃、绿萼梅等古树8株，现仅存左边丹墀一株400余年的银桂，被誉为"江南第一桂"。

(5) 南北两庑

丹樨两侧是左右两厢,各五开间,进深 4 米,脊高 7.5 米,两庑外墙南北突起,单坡屋面向院内倾斜,两墙相距 30 米,两庑地面高出院落 60 厘米,檐廊中间各有一个仅有 2 个台阶的石级甬道与院落相通,台阶两侧均有雕刻精美、无一雷同的"夔龙戏灵芝"石雕栏板各 5 块,共 20 块。昔日两庑是摆放祭器和杂物以及族长、房长、管事人员议事、接待来访、处理日常事务之所。南庑今陈列幸存的罗氏古匾额 20 余块。

(6) 露台

俗称拜台,顾名思义,即祭拜祖宗的露天场所。露台位于享堂正前方,高出甬道 2 个台阶(40 厘米),低于享堂一个台阶(20 厘米),宽 16 米,深 5 米,面积 80 平方米。露台平整宽敞,位置显要,是旧时"前罗"家族祭祖时供奉整猪、整羊和香火,以昭示天地之所。露台南北两端也有石级甬道与院落相通,露台三面都有雕刻精美、各具风采的花鸟石雕栏板,共计 18 块。传说"罗东舒祠"内的 38 块石雕栏板系绩溪县胡氏族人所赠,原来准备的一套栏板则埋在院内。石级甬道两侧均有雕刻精美、小巧玲珑的倒立小石狮一对,作为石级甬道护栏收结装饰,使院落显得宽敞、庄重、气势、典雅。

(7) 享堂

沿两庑依两厢廊,或由甬道上拜台,进入宽敞庞大的大厅,即为享堂。享堂五开间,十步架,十一道檩,纵深 21.6 米,面阔 25.83 米,脊高 13.6 米,草架硬山顶,采用减柱造和彻上明造,山面为穿斗式。前檐是方形石柱,圆木柱是珍贵的金丝楠木,粗壮硕大,需两人才能合抱。前檐和屏门皆为 5 米高的大隔扇门,共 22 扇。正间格子门上枋,原悬挂一块由明代大书画家董其昌为罗应鹤题书的蓝底黑字"大司徒"横匾,现不存。门前阶沿石是用长 6 米、宽 1 米、厚 15 厘米的花岗岩巨石铺成。享堂正面南北山墙两端各有一道耳门,北耳门进去是个平行于享堂山墙的露天过道与厨房,与后天井相通。南耳门进去是个杂院。大堂檐上正脊高耸,瓦顶部三路雕花水磨青砖坐脊,脊南北两端各置一只鳌鱼。大堂后以门隔开为前后堂,门代替屏门,为后寝的照廊,以示尊严。屏门上枋悬挂董其昌题书的"彝伦攸叙"金字横匾,字径约 1 米见方,堪称古匾之最。"彝伦攸叙"四字源于《尚书》,"彝"指法度、常规;"伦"指人伦、伦常、五伦(仁、义、礼、智、信);"攸"指永远、长久,即代代相传之意;"叙"义同"序",意为有条不紊。因此,"彝伦攸叙"的意思是罗氏子孙应严格按照伦理道德来规范自己的行为和人际关系。巨匾下是一面可以开启的板壁,神主入祠时,板壁门可以打开迎接。享堂两侧板壁挂有罗应鹤制定的"八大宗仪"即《新祠八则》,以传教子孙。南壁四则是"妥神灵、严非族、戒妄婚、勉右文";北壁四则是"敦本业、勖长厚、警入祀、议综理"。大堂是该祠子孙祭拜祖先、执行族规、举行庆典、宴请功名成就者之所,昔日各间梁上遍挂匾额,气氛庄严肃穆,气魄恢宏轩敞。

享堂后面南北山墙外侧各有边门一个,分别与南边并置的女祠和北边并置的厨房相通。

(8)后寝

后寝又名寝殿、寝堂,由享堂进入后天井,分左、中、右三条甬道各 7 台阶进入后寝。后寝是整座祠堂建筑群中最精华、最光彩夺目的组成部分。后寝崇阁两层,巍峨挺拔,高逾 16 米,进深 10 米,开间 29.6 米,高出前进享堂 1.3 米。中为正堂,左昭右穆,由三个三开间加两个楼梯间计十一开间组成,为民间祠堂所罕见。后寝走廊前 12 根立脚方石柱一字排开,石柱四面向内凹进,形成讹角,使得高耸在台基上的寝殿分外轻盈挺拔,有效消减了大木构架重置带来的滞重感。柱基石为十六角形。走廊前沿和三道台阶两边用 26 块青石板筑成护栏。板上精刻各种图案,笔触细腻,疏密有致。屋面穹圆形,木构架为抬梁式,檐角、梁斗拱、梁头、柱、平盘斗等构件均雕有各种精致的云纹、花卉图案,令人目不暇接。雀替"鳌鱼吐水"透雕细腻、生动、传神。梁柱和额枋上的木构彩画吸收了波斯、阿拉伯等国的几何工艺图案,形成具有江南特色的"包袱锦"图案,采用了当时最新的颜料,历 450 余年至今仍鲜艳如初,令人称奇叫绝,堪称民间彩绘中不可多得的珍品。

(9) 宝纶阁

"罗东舒祠"完工后,后寝由于早已建成,显得低于前进享堂,与整个建筑群不相称。因此罗氏二十三世罗人忠于1617年在后寝草架顶上加盖了一层楼阁,阁楼因珍藏历代圣旨、黄榜、诰封等恩纶,故名"宝纶阁"。此阁特请徽州名孝子吴士鸿题"宝纶阁"横匾,以崇孝恩。阁楼全部木构架安放在后寝檩条上,楼板高出天井地面9米,同时在左右两侧外加两个楼梯间,各有32级木楼梯上楼,使后寝的面阔由原来的26米增至30米,开间也由原来的9个增加到11个。在底层与楼层之间,多了一个草架隔层,楼上也是11开间,12柱并列。屋顶阁栅外露,外衬雕花水磨青砖。屋面为普通坡屋顶,脊高达16米,屋脊南北两端各置一只"哺鸡兽",从而把整组建筑群推向高潮。凭栏而望,对面享堂顶部青瓦鳞次栉比、苔藓斑驳,远山近水尽收眼底,令人心旷神怡。伫立享堂后侧抬头仰望后寝及"宝纶阁",倍感气势恢宏、美轮美奂,一种庄严、肃穆、神圣、崇高的感觉油然而生。

(10) 女祠

女祠并置于享堂南侧,小巧的券门框上方的门额为"则内"二字。女祠建筑面积约160平方米,不及"男祠"的十分之一,呈不规则长方形,由上堂、下堂和天井院落组成。朝向也与"男祠"相反,即坐东朝西,后寝在东,出入口在西,且没有正门,只有两个边门,一个通"男祠"第四天井院落,一个通南面小巷。女祠的社会功能是赈济族内孤苦贫寒、生活无依无靠,尤其是抚恤守节完孤、侍奉公婆的妇女,以保障她们的生活。呈坎村除"罗东舒祠"附设女祠之外,还有始建于明弘治年间的"文昌祠"女祠、建于清乾隆年间的"一善祠女祠"。这三座女祠的建设年代都比歙县棠樾村"清懿堂"女祠要早,"清懿堂"女祠建于清嘉庆六年(1801)。

(11) 杂院

杂院并置于祠堂东南侧,院墙东道前街,南到小巷,西到女祠,面积300平方米,为祠堂堆放砖瓦、沙石、木竹等维修用建筑材料之所。院内还有旧时看护祠堂人家住房,住家前院与前街相通。

(12)厨房

厨房并置于享堂北侧,中间隔着一条露天过道,面积约50平方米,为祭祖和议事时备餐、加工供品之所。农历正月初一,子孙入祠拜祖时,便每人领取一份胙(胙为一串肉、一挂面、一杯酒)和寿桃(一种用面粉做成的山字形馒头,每个半斤,俗称"元宝")。过年时,凡前罗儿女无论老小均可领取1份寿桃,每份有3斤共6个,初中生加1份,高中生、大学生、留学生又依次再添加1份,官升一级也加1份,到70岁又加1份,80岁加2份,90岁加3份,以此类推。女儿在这里也有享受1份"元宝"的待遇,出嫁之女由娘家代领转交。这是其他宗族中绝无仅有的不忘女裔的规定。清明时节祭祖,人人可以领取1份清明粿(用米粉和野紫苏和青蒿做成的食品,里面包有馅),也都在厨房制作,然后通过过道把供品、食品分别送到大院、享堂和后寝。

"罗东舒祠"前后四进,结构合理,布局紧凑,装饰精美。虽建筑密集,但庭院开阔,既庄严肃穆,又典雅华丽。与古徽州同样列入全国重点文物保护单位的歙县郑村镇"郑氏宗祠"、绩溪县瀛洲乡龙川(大坑口)"胡氏宗祠"相比较,"罗东舒祠"独特的文化内涵和精湛的建筑技艺表现在以下几个方面:

一是祠堂主题独特。罗东舒(约1220-1299),是呈坎罗氏第十三世祖。他不是什么达官显贵,一生也没做过惊天动地的大事——但罗氏后人如此推崇他,单独建造祠堂来纪念他,而且这个祠堂的建筑规模,在古徽州是绝无仅有的——究其原因,主要有四个方面:一是罗东舒有才学。"自幼聪颖,童蒙中以俊秀称",学识渊博,通晓古今,"以文章鸣世",被誉"有黄鲁直(北宋词人黄庭坚)之才"。二是罗东舒有德行。"动止常循礼度,不尚浮华",以一"善"字相传子孙。筑室为"最乐堂",且为之说曰:"无人不自得,乐其在天;不愧不怍,乐其在我;与人同乐,乐其在人。"且大有隐德,隐居不仕,唯耕读是业,甘心泉石,与陶渊明通调。其自号东舒,来自渊明句"登东皋而舒啸,临清流而赋诗"。三是罗东舒有气节。元朝是蒙古人统治,他义不仕元,多次拒绝了元朝廷要他出仕的邀请,且自谥"贞靖",秉持汉夫子的纠纠气节。明朝是在推翻元朝统治的基础上建立的。历代朝廷总是倍加褒扬那些与前朝不合作的人物和行为。因此,罗东舒更加受到明朝政府的推崇和褒许。四是罗东舒有大功于宗族。为了家族的繁昌,他笃行耽书,续修族谱,凡先世茔逐一稽考,续其支派,把始祖罗文昌迁到徽州 400 余年的家族历史梳理清楚,"无不系图载籍,灿若列眉"。修族谱是一个家族的头等大事,罗东舒为呈坎罗氏宗族作出了巨大的贡献。

二是祠堂规模壮观。"罗东舒祠"占地面积 3300 余平方米,面阔 26~30 米,进深 79 米,建筑面积 2200 平方米。从前到后分别由照壁墙、外广场、棂星门、内广场、碑亭、正门、庭院、甬道、两庑、露台、享堂、穿堂、寝殿、女祠、厨房组成。在古徽州现存的祠堂建筑中,其规模是数一数二的。其建筑规格仿孔庙建制,后进寝殿达到十一开间,也是其他祠堂所不能相提并论的。

三是建筑结构用料硕大。"罗东舒祠"建筑用材非常讲究,无论是砖材、木材、石材,均采用上等材质。砖是民间俗称为"三六九"的古法制作。木材粗大,特别是享堂内的圆立柱,需两人才能合抱。由此可见古徽州建筑所保留大木结构的"隋唐遗风"。石材质地优良,石质立柱均雕刻成凹面,且四角雕成"海棠纹",一点也不显石材的笨拙,反而透出一种灵秀飘逸之感。

四是木构件雕刻工艺精美。"罗东舒祠"寝殿木构配件包括了丁头栱、平盘斗、蜀柱、蝴蝶木、叉手、托脚、替木、栌峰等,在可视部分都做了精细的雕琢刻镂,刀法娴熟,工艺尽善尽美。前拱轩的蜀柱采用圆雕技法,雕琢成一只只富丽花瓶,秀丽典雅。平盘斗高浮雕,有的荷瓣形如烈焰飞卷,有的雕琢成麒麟,表面饰以红艳或者金灿的粉彩。尤其是梁柱间"鲤鱼吐水"雀替,图形寓意深刻,希望罗氏后人鱼跳龙门,科举及第。同时鲤鱼安放在建筑当中,含驱除火宅隐患之意。"鲤鱼吐水"雀替采用高超的透雕技法,从两面看是倒挂的鲤鱼吐水,水流从鱼口中一串串喷出,带着气泡,向上翻滚出一团团浪花;从侧面看,又如一只如意玉拂尘。玲珑剔透,叹为神工。

五是石构件雕刻特色鲜明。"罗东舒祠"的石雕构件集中在后寝前檐、庭院回廊及露台栏板上。据说绩溪胡氏家族在"罗东舒祠"主体建筑完工后,为感激主持修缮的罗应鹤曾经给予胡氏家族的帮助,特地雕好组件一起送过来。其石材的质地,既不是黟县青大理石,也不是新安江中游的茶园石,应是靠近宁国、宣城、泾县一带的石材。这些栏板,大小共计60块。其中庭院36块分两组,沿两廊过道石栏板各10块,大堂前檐及露台三面缭以石栏板16块。两廊石栏板宽140厘米,高60厘米。四面环以交泰纹,中间主题为双螭翔云图,螭是有角的龙,四足。雕刻手法采取汉画像砖的减地平雕,线条双钩阴刻,螭龙尾分两叉,且雕刻有祥云。栏板雕刻立意古雅,造型活泼,线条流畅,气韵飞动。板下承托的小石柱雕琢成如意式。望柱头雕刻八宝葵相花纹。露台栏板内容则全为花鸟树石,布局疏朗。寝殿前檐栏板,有的为连续万字锦,有的锦地开光、折枝花卉,踏步两边垂带则内外均为相同式样的如意云纹。与庭院相比,风格简洁,与寝殿内华丽的木雕和彩画形成对比。

六是梁架彩绘独领风骚。寝殿内梁架上绚丽的彩画,虽历经400余年,仍艳丽如初,令人赞叹不已。徽州包袱锦彩画不同于他处,做法独特,在明代建筑中也属少有的遗存。"罗东舒祠"大面积保存如此众多的包袱锦彩画,弥足珍贵。其绘画颜料的配方至今仍是未解之谜。事实说明,"罗东舒祠"的彩画可以保持400余年不褪色,确实是一个奇迹。完美的彩画对梁架木质构件还起到了很好的防护作用,不腐蚀,不霉变,防虫蛀。

七是女祠建筑精巧。呈坎女祠,是呈坎罗氏家族顺应时代潮流在后来增建的,既体现了罗氏家族对女性的尊重,也体现出男女之间还是有区别的,和歙县棠樾村的女祠"清懿堂"相比,可以说是小巫见大巫。但是,呈坎女祠仍具备自身特色。一是女祠位于男祠右方——右方在中国古代属于小方,而且没有大门,出入必须经过男祠,可以说只是个配角,属于附属位置。二是女祠建筑规模比男祠要小得多。其建筑面积不到150平方米,不及男祠的十分之一。女祠上下对堂,只有一个享堂和一个临时摆放祭品的小厅。建筑高度也不及男祠的二分之一。三是对女主入祠有着极其严格的限制。再婚妇女或者有罪妇女的灵位不得入祠堂。这种状况到清嘉庆年间才发生改变,翰林罗廷梅为死了丈夫后再嫁到罗家的生母建了"懿善堂",与男祠"一善祠"并肩而立,规模相仿,已呈分庭抗礼之势。

八是牌匾文化内涵丰富。"罗东舒祠"内原有牌匾70余块,悬挂在各进。现在祠内仍保存有牌匾29块。大体可以分为四类。一是悬挂于寝殿的"宝纶阁"和享堂的"彝伦攸叙"巨型匾额,是原物遗存。其中"彝伦攸叙"匾长5.51米,宽2.55米,为明代大书法家董其昌手书,如此巨制,殊为珍贵。"宝纶阁"为徽州著名孝子吴士鸿所书。二是正门"贞靖罗东舒先生祠"匾额。原匾为"太和郭大司马题识",已毁。现匾额为1997年新制,由已故中国文物学会原会长、国家文物局古建专家组组长罗哲文先生题写。三是南庑和正门南厢内展览的18块元、明、清、民国时期的牌匾。其中最早的一块"大司成"匾,是元朝高官李孟于至大四年(1311),题赠国子监祭酒罗绮的,距今已有700年的历史。有清代民族英雄林则徐题赠的"累世簪缨""观察河东"匾额;还有喻英才盖世的"经文纬武""鹰扬发轫";喻文识渊博的"文献""耆年博学";喻官职爵位的"农科举人""黄堂少府""文元""进士"匾额等。这些历经劫难保存下来的历史真实遗存,和祠堂建筑一起,共同反映了罗氏家族历史上的显耀和荣华,是徽州文化难得的实物资料。四是享堂两边板壁垂挂的文字牌八块。那是主持"罗东舒祠"续建的罗应鹤等制定的"中丞公宗仪八则",是罗氏家族的祠规,共八条,分别墨书在八块粉牌上,挂于祠内。每到祭祀族丁集中时,则请一学童少年高声朗读,并逐一讲解。务必使其中内容,人人领会知晓,奉行不悖。

【绩溪龙川胡氏宗祠】

龙川"胡氏宗祠",始建于宋,明嘉靖二十五年(1547),胡宗宪进行扩建,历代都有修葺,清光绪二十四年(1898)大修。宗祠建筑纵深84米,宽24米,占地面积1729平方米,总建筑面积1564平方米。民初被辟为学校,1988年定为全国重点文物保护单位,国家文物局拨款全面整修。

"胡氏宗祠"坐北朝南,位于登源河和龙川河相交的河口处,砖木结构,三进七开间,由影壁、龙川河(代替泮池)平台、门楼、天井、廊庑、祭堂、厢房、寝厅、特祭祠等十大部分组成。宗祠由前至后,依次递增高度,墙基都用花岗岩条石砌成,其上是高大矗立的风火墙,风火墙角两侧,施以彩绘。梁架抬梁、穿斗两式并用,明栿、草架各尽其能。建筑格式采用中轴线东西对称的严谨布局手法。

(1) 影壁

位于河对面,在建筑功能上不仅具有阻挡灵气直线外流和邪气侵入的作用,还将宗祠门楼前的地域规定了一个固定的范围。从环境上说,将自然河流纳入宗祠建筑范围之内,显示出一种博大的胸怀。这种处理方式在古徽州的祠堂营造中是绝无仅有的。

(2) 泮池

由龙川河形成。祠前有泮池,风水学说用以聚气,谓之"朱雀"。

(3) 露台

露台面积 84 平方米,高 1 米,它实际上是整个宗祠台基的一个部分。其地面、阶墀、望柱、栏杆全用花岗岩砌成。

(4) 门楼

门楼为重檐歇山式建筑,面阔七开间,进深两间。建筑面积 145 平方米,由 28 根立柱和 33 根月梁组成主体结构。前后 16 架斗拱,将三个层次、五个屋顶屋檐前挑 1 米多。前后 8 大戗角,呈凤凰展翅腾飞之势。所以,门楼又称五凤楼。

第一进大门为全开式栏栅门,五间十扇门全都能打开。而第二进则只有三对六扇门,中间两扇称为仪门,两边为侧门。平时,只开中间栏栅门和二进的侧门,举行重大的宗族活动时,才大开中间仪门,同时两边侧门和十扇栏栅门全部打开。石鼓相对,石狮蹲峙。仪门上画的门神是大唐帝国的开国功勋秦叔宝、尉迟恭两位大元帅。

(5) 天井、廊庑

天井的功能在于采光和通风,门和正厅之间与左右两廊庑连接,廊庑的前沿柱一律采用方石柱,上架木层架。门楼、正厅、廊芜构成了 13.7(米) × 13(米)的方形天井,绩溪人称为明堂。天井中央有一排条石,称甬道,平时是不许走的,只有在重大活动中,大开中门(仪门),宗族上层人物、高龄长辈、贡献突出的成员和各家家长,才可以由仪门进入,由这条甬道走上正厅。

(6)正厅

正厅,亦是祭堂,是宗族祭祀祖先和议决族中大事的厅堂,是祠堂的主体部分。它由48根立柱和54根梁枋构成,明间采用减柱造。厅堂中间隔扇门,内是祭坛,里壁悬挂上始祖容像。现在所搁的两块大额匾,"世恩堂"是明代著名四大才子之一的文徵明书写的,另一块是清朝的吏部尚书奉乾隆皇帝的旨意,撰文叙述胡宗宪抗倭功绩而非与严嵩同流合污之辈。清朝的皇帝为明朝的官恢复名誉,可见胡宗宪功绩非同一般。隔扇门外,有摆供品、香烛的大供案。

正厅,面阔七间22.16米,进深五间17.47米,建筑面积387平方米,顶高9.3米。主体结构由48根立柱、154根梁枋组成。中间这四根大金柱,由围达1米66公分的银杏制作而成。下面的柱质用枣木横刻成莲瓣纹。金柱上挂了二副木质群青底金字楹联。一副曰:"春谛秋赏泱泱乎其犹在,祖功宗德荡荡乎其难名。"另一副曰:"毓秀钟灵彩焕一天星斗,凝禧集祉祥开历代名人。"

(7)厢房

东西两厢房天花板施以彩绘,富丽华贵。厢房隔扇门上有精美木雕图案。

(8)寝楼

寝楼上下两层,中设暗阁。两边厢房有转折式楼梯上下。寝楼不是族长与管理祠堂的人员住的,楼下是胡氏列祖列宗寿终正寝的寝室,说得更通俗一点,是放祖宗牌位的地方。楼上则用于存放祭祀用具和宗族典籍、谱牒。寝楼楼上保留了宋代建筑格式和原貌,柱、枋和美人靠也还是宋代原物。

(9)文昌阁

文昌阁既表明宗族对教育的重视程度,又体现宗族的文化层次。胡氏宗祠的"文昌阁",就在这房子前面,民国后改为民居。

(10)特祭祠

特祭祠,顾名思义是特别祭祀的祠堂。在封建宗法中,"不孝有三,无后为大"。一个人没有后代是最大的不孝,死后的牌位是不能进祠堂的。即使是大官富贾,或是有巨大贡献于家族者,或是德高望重的善士侠客,这些人到中年以后没有亲生子的,也必须从本族至亲中过继一位子侄,或收养一位孤儿为螟蛉子。但是,由于战争,或者天灾人祸等突发事件,来不及过继和收养,就死于非命的,那怎么办?家族就考虑了这种情况,盖了这个特祭祠,专门供奉这部分人的绝户神主牌位。

【婺源黄村黄氏宗祠】

黄氏宗祠,又名"经义堂",位于婺源县黄村村东头。其门前有个方院子,围着墙,两侧有圆拱门,前沿逼近溪流,只隔一条石板路;其背则靠着树木郁郁森森的珠山,映衬出马头墙轻快而活泼的轮廓。宗祠布局由门屋、享堂和两层的寝室三部分组成,前后严谨地排在一根纵轴线上;三开间的门屋为"五凤楼"式,歇山顶,中央一间高起,前檐一共有四个翘角;祠堂外墙体粉白、明亮。"经义堂"的西面,是沿河布局的村落住宅,小小的村子有40多幢房子,有马头墙的天井院不多,三楼加一个后披是其住宅的主要型制。

"经义堂"前院里,列有八棱旗杆石4对,是清代乾隆年间的旧物。祠堂大门结构较为复杂,为了正面和背面都有适当的形式、和谐的比例与正确的尺度,它以门阀为界,内外两半分别处理,外半是华丽的三间"五凤楼",内半是简单的一个三间单檐歇山顶。因为其巧妙利用了门屋内板门和墙的屏障,故而使内外两部分虽形式不同,但并不伤它的完整统一。大门的梁、枋和花板,有浅浮雕,也有深雕;有几何纹样,也有人物场景。明间门槛两端的石板和抱鼓石的基座都作浮雕;前檐4根方形石柱的柱础,四面作"搭巾",搭巾内的浮雕分别是"鸳鸯戏莲""凤戏牡丹""仙鹤凌云"和"喜鹊登梅",构图极富装饰性。大门左右梢间前有青砖影壁,壁身大面贴水磨"富贵万字"砖。上部仿木结构,作上、下枋和垂花柱;枋子表面满覆薄薄的绵纹和"万字不到头",上面再点缀仙鹤、云头、卷草等。"兜头"作人物高浮雕;雀替为灵芝。站在大门前南望,祠堂的轴线不偏不倚正对着一座叫"金字面"的圆锥形小山,这正是风水上的文笔峰,以它作为宗祠的朝山,有利于宗族在科第上的发皇成功。

但因文笔峰是"火形"的,所以,"经义堂"虽然已与它隔了一条溪流,可还是小心翼翼地在前院再加了一遭围墙。享堂五开间,明间宽5.80米,次间4.05米,梢间2.10米,总面阔18.10米;享堂前檐廊深3.40米,前后金柱间距6.15米,总进深13.10米;从大门到寝室后墙长52.60米;总面积为952平方米。享堂太师壁上方悬挂着一块横匾,匾额上书"经义堂"三个浑厚大字。享堂前后檐都作卷棚轩,雕饰繁复。享堂柱子周长1.5米有余,柱础有八棱仰莲、锦袱方础、高覆盆、素方础四种,棱角锋锐,线条雕刻丰满且有张力;明间两根前金柱的柱础,左边的用青石,右边的用白石,大约是象征青龙白虎。木柱支撑的梁枋上满布雕刻,有"鹿鸣幽谷""狮子滚球""鳌鱼吐云""龙凤呈祥"等图案。享堂后天井有一道墙,中央开着拱门,门前七级台阶,门洞上做青砖门头,雕饰与大门影壁相仿,以锦纹和"万字不到头"作地。字牌上刻着"寝室"二字,进门隔一个狭窄的天井便是寝室。寝室亦为五开间,中央三间全部敞开,后金柱与后檐之间作神橱供先祖神位;两个梢间用橦板隔出,前檐作通间隔扇。梢间并有夹层,有楼梯,是储藏礼器、祭器、祖像、灯笼、幡、帐等用的。梢间前接廊庑,廊庑内又有洞门,下台阶通向享堂后天井的廊庑。整个祠堂,包括享堂前的两翼敞廊,都安装吸壁橦板。除享堂和寝室的中央三间以及门屋和敞廊地面铺青石板和青砖外,其余都用木地板;享堂前沿的一块青石板,竟有6.4米长、0.4米厚。院落、天井和道路也都铺青石板;享堂和寝室等处金砖墁地。由此能基本证实这座祠堂是明末或清代早期的建筑。

【婺源汪口俞氏宗祠】

位于汪口村东端的俞氏宗祠,是婺源县现存宗祠中较完整的宗祠之一。其形式之精巧,雕饰之富丽,堪称婺源之最,在古徽州祠堂建筑中也是极具特色的。祠堂进深44米,砖墙外包通面在大门处宽为15.7米,在寝室后檐为16.2米,这种做法出于堪舆风水的要求,前小后大,形如口袋,利于聚财。宗祠前是一个铺着石板的广场,直抵溪边,紧靠二水汇合处,正对宽阔深远的"大明堂"。宗祠由大门、享堂和后寝组成,型制倒也普通。大门五开间,中央三间高起,成歇山顶三楼牌楼式,当地叫"五凤楼";明间最高,用网状斗拱,次间用斜向的五跳插拱密密层层叠压;稍间向前突出,作青砖八字影壁;前檐柱之间设签子门;明间上、下花枋之间悬挂"俞氏宗祠"字牌,上花枋高浮雕"双龙戏珠",下花枋是"双凤朝阳",合而为"龙凤呈祥"。大门的背面与正面相同,只不过是稍间接两厢;正中字牌上书"生聚教训"四个字;上花枋雕刻内容是"福如东海"和"万象更新",下花枋亦雕"双凤朝阳";明间骑门梁中央的开光盒子里、次间的花枋以及两廊的花枋,满雕有主题情节的人物,均以园林为场景,有花有树,有亭台楼阁,有小桥流水,也有飞禽游鳞,构图变化丰富,又多浪漫情趣。其虽为作背景的园林风光,却成为雕刻中引人注目的部分。两廊各三间,前檐用通长的过海梁,长达 8.6 米。在左右侧廊与享堂前交接处的阴角上,向院子挑出一个高翘的翼角,角梁下悬一个垂花柱,构架雕刻得很华丽。据当地人介绍,这两个翼角之下的小空间分别叫钟楼、鼓楼,当年造宗祠时,财大气粗的商人们很想造一对钟鼓楼,但有点顾忌,所以就造了这样一对翼角做表徵,东侧的钟楼下现存放有一口铁钟,钟四面铸的字是"皇猷建极""运会昌明""箕裘叠衍"和"科甲连登",在它们之下,各有一个圆圈,里面又分别铸"福""寿""双""全"四个字,钟上历铸的祷词和吉祥语都应宗祠的主题。这钟是"永川信士俞广发敬献"的,铸于"龙飞乾隆五十一年岁在丙午秋中月谷旦"。享堂三开间,明间的前檐柱移向外侧接两廊前檐柱,骑门梁长达9.6 米,使享堂开间显得十分宽阔;享堂前檐作卷棚轩,前后金柱间有七檩,梁架为川斗式和抬梁式结合,刚柔相济、轻盈疏朗,七架梁以上部分,与《鲁班经》里的"正七架屋格式"完全相同;梁皆作月梁。曲线柔和精致、轻快舒畅,梁插入柱身而在另一侧出榫,榫头呈卷曲的象鼻形装饰构件,配上深雕花卉的花篮形柁峰,十分和谐;梁底面中央作通长薄浮雕带,题材是构图十分丰满紧凑的花卉,既加强了月梁横越空间的动势但又丝毫不乱结构逻辑,令人赏心悦目;后寝为五开间,前檐做得很华丽,构图类似大门,中央高起,用网状斗拱;次间前檐枋上各雕一龙一凤的"龙凤呈祥"图案;楼上通间花隔扇,神主供于内。据《明史·舆服志》,民间禁用斗拱,按官阶定间架,并且"明初禁官民房屋不许雕刻古帝后圣贤人物及日月龙凤狻猊麒麟犀象之形",后代也屡申前禁,可是在婺源民间,不仅宗祠有用斗拱、雕龙凤的,连民居中也有,宗祠也不乏五间七架的。

"俞氏宗祠"两侧都有2米宽的小弄,从前,东弄外侧是义塾,西弄外侧是花园。过去,宗祠附设义塾是常例,宗族一般都设有学田,以田租收入供族中子弟读书的膏火费和科考用等。现在,义塾里仍存的两棵月月桂,长得又高又大。

【歙县棠樾鲍氏支祠】

图6-2 歙县棠樾鲍氏支祠"敦本堂"厅院

棠樾鲍氏支祠始建于明嘉靖四十年(1561),位于村东,经历220余年后,鲍志道见祠宇摧残剥落不堪,就与儿子鲍漱芳发起重建。祠堂建设工程于清嘉庆二年(1795)动工,六年后全部竣工,称为"敦本堂支祠"(俗称"男祠")。"敦本祠"坐北朝南,三进五开间,五凤楼门厅,通进深47.11米,通面阔15.98米,砖、木、石结构,硬山式。享堂大厅构筑宽敞,宽五间,明、次间深用四柱,稍间五柱,山面六柱,前后檐用方形石柱,全堂彻上明造,抬梁和穿斗构架结合,前檐步架做成船篷轩,明、次间后金柱上装有灰漆屏门16扇。后进天井为深池式,寝堂地坪高起,沿两庑石阶而上,寝堂五间深七檩,檐下置青石栏杆,后部做有木主龛座,须弥座式。整座建筑辉煌伟丽,甚为壮观。

祠内屏门上,刻有邓石如所书《鲍氏五伦述》全文。《鲍氏五伦述》是鲍逢仁于乾隆三十三年(1768)写下的。这时候,他已经是八十高龄的老人了。《鲍氏五伦述》对历代鲍氏族人在君臣、父子、夫妇、兄弟、朋友这"五伦"方面的事迹极意标榜,认为"千古以来,能尽此五者盖罕,求备于一姓之中,则尤难"。然而"考先世行事于五伦,各有造其极者,不禁欣幸,向慕而敬述之"。对于明成祖赐诗"鲍家父子全仁孝,留取声名照古今",更是倍感荣耀,无比自豪。鲍逢仁撰写《鲍氏五伦述》的目的是使"吾宗人既得诵先人之清芬,又将启后人之则效,所以交相砥砺,嗣家声以绵世泽,斯不愧为鲍氏子孙矣"!

祠内寝堂左右两壁,嵌有书法刻石数十方。其间主要有刘墉、梁同书、黄钺书写的《鲍氏义田记》三种书帖体式。这些文字,主要是对鲍氏家族义田制度的颂扬。寝堂内还有徽州府《义田禁碑》榜文两块,《公议敦本产规条》《公议体源户规条》刻石五块。这是今天难得的反映时代的"村规民约"的实体。"义田"的设置,始于宋范仲淹的"义庄"。明清以后,官府和宗族都意识到了义庄、义田的重要性,把它作为一条最高道德准则来看待。清乾隆时礼部侍郎沈德潜认为"尊祖、敬宗、收族,莫善于此"。清雍正皇帝《圣谕十六条》也鼓吹"置义庄以赡贫乏",要求基层社会通过宗族设置义田来解决社会贫困,以达到安定人心、维护封建统治的目的。义田的收入用于祭祀、助学、举办宗族公益、赈济贫困宗人等。鲍氏义田,是由鲍启运在清嘉庆十年(1805)捐献田地500亩而设立的。义田入敦本户,归祠堂收租,每年以年粜的方式卖给族人赈灾。此外他还先后以体源户的名义,捐义田700亩,为祠堂作为赡养族内鳏、寡、孤、独四种穷人及残疾人之用。

祠内享堂前正中是一块镌刻清嘉庆皇帝三道上谕的"感恩碑"。碑文记载了当时的一起盐务公案,是我们今天研究徽商的宝贵资料。鲍启运,是鲍志道的弟弟,为盐法道员。嘉庆九年(1804)被令派办理淮北盐运,受命之后又称病告退,被当时的巡盐御史佶山向皇帝告发,认为鲍启运"抗令误课",请求朝廷"革去道衔,严行审办"。对此,嘉庆皇帝表现得很慎重,于当年三月初八到四月十三日,连发三道上谕,责令两江总督陈大文"传讯明确,再行办理"。陈大文与鲍志道、鲍启运兄弟关系很好,曾为鲍氏家族撰写"义田论",自然会加以关照,反咬佶山"婪索不遂,勒逼金派"。根据嘉庆皇帝第二道上谕的精神,陈大文深知已将佶山镇住,但要解决问题,还必须让鲍启运作出姿态,自愿"输银五万两,代完淮北退商未运壬戌纲盐一万余引"。陈大文的复查报告及处理意见汇报上去后,嘉庆皇帝欣然照准。鲍启运虽花去白银五万两,但免去了一场大祸,还保住了职位。他认为这都是"运世世皇恩浩荡",所以感激涕零地在祖祠内将三道上谕勒石立碑,"俾启运世世子孙,仰戴殊恩厚德,以图报称于万一"。

【歙县棠樾清懿堂】

女祠的建造,是封建社会宗法制度的一大突破,具有一定的历史意义和研究价值。女祠在徽州并不少见,如歙县潭渡黄氏、休宁县黄村黄氏、徽州区呈坎罗氏历史上均建有女祠。然而,棠樾鲍氏女祠更是面积宏大,气派非凡,甚至超过了男祠的规模,是徽州女祠的典型代表,也是古徽州现存规模最大的女祠建筑。

棠樾女祠名"清懿堂",清嘉庆年间,鲍启运因"家祠旧奉男主,未附女主,遗命其子有莱重建女祠"。女祠与"世孝祠"斜对,坐南朝北。一般认为该朝向是取阴阳相悖之义。但也有人认为女祠的取向意在颂扬母恩母德。依据是《诗经·卫风·伯兮》篇中有"焉得萱草,言树之背"的句子。"背"与"北"通,而北堂是古人称母亲居住的地方。女祠五开间,三进二天井,通面阔16.9米,通进深48.4米,祠外观为硬山式,但不作博缝板,在前院的正面墙上原开设有大型漏窗,现已不存。原入口建在西北角,为水磨青砖砌成的拱门,其后有歇山顶阁楼。入院正对漏窗的门厅外,有栅栏门一排,门厅五开间,深四步梁用三柱,檐柱俱为青石质,中柱间装有抱鼓石的大门,门扇上绘门神。大门两边八字墙上饰以精致砖雕,损坏部分在20世纪90年代中期修复。门厅梁架皆穿斗式,前部做有轩顶。享堂天井青石板铺就,四周有排水沟,中间留有过道,边上有过廊,中进深八步架,明间后金柱间原装有照壁。梢间要比常规做法多一柱,在其上原装有板门。梁架除稍间山顶为穿斗式外,余皆为抬梁式。前后檐梁架都做成船篷轩顶。寝堂天井为深池式,两旁有廊庑,通过石阶可上寝堂。寝堂高出享堂1.08米,面阔五间,深八步架,明、次间用四柱,山面用五柱,除山面作穿斗式外,余为抬梁式梁架。堂后有须弥座式青石龛座,高1.2米,其束腰处刻有如意纹样。"清懿堂"整个建筑平面布局合理,功能分区明显,梁架结构紧凑,构件用材匀称,造型洗练流畅,外观雄伟壮丽,装饰工艺精湛,堪称古徽州清代祠堂建筑的典型作品。

【歙县棠樾世孝祠】

棠樾鲍氏家族,是一个以"孝悌"为核心,严格奉行封建礼教,倡导儒家伦理道德观念的宗族群体。特别是元代鲍寿孙父子遇盗争死的事迹,得到后来历代皇帝的赞扬,棠樾村被皇帝赐以"慈孝里"之名。鲍氏家族为了维护既得的荣誉,除了通过建造牌坊的形式对突出的孝行进行表彰,施以教化之外,还建造了专门供奉历代孝子的"世孝祠",来对子孙后代进行教育。"世孝祠"建于清乾隆年间,由鲍氏二十四世大盐商鲍志道所建。祠三进,现尚存门楼及后进寝堂。大门为水磨青砖牌坊式门罩,四柱三楼式。正中字牌上书"世孝祠"三字,系当时著名书法家邓石如手笔。寝堂五开间,明间抬梁式用四柱,稍间穿斗式用五柱。寝堂后部有须弥座。结构含柱、月梁、雀替、斜撑、平盘斗、童柱、梁柁等,装饰简洁。

【黟县南屏祠堂群】

黟城西南4公里的南屏村,因村西南有山势宽平犹如屏障的南屏山而得名。自元朝末年叶姓从祁门白马山迁居此地后,曾名叶村,村庄迅速扩展,明代已形成叶、程、李三大宗族齐聚分治格局。特别是清代中叶以后,由于三大姓之间的相互攀比,竞争进取,促使南屏村步入鼎盛时期。全村一千多人丁,却有36眼井,72条巷,300多幢结构奇巧、营造精美的古民居。尤其是作为各姓之间相互炫耀的封建产物,村中至今仍保存有相当规模的宗祠、支祠和家祠,仅从横店到"真公厅"不足200米的一条轴线上,竟依序排列着"叙秩堂"等八座代表宗族势力的大小祠堂,组成了一个全国罕见的古祠堂建筑群,被游客誉为"中国古祠堂建筑博物馆"。

位于轴心的是叶氏宗祠"叙秩堂",据《叙秩堂建造记》载:"我始祖季明公祠,自成化年间三世祖思聪公派建于南屏村心,宗祠基地坐东朝西,系经理称字号,重修数次,于嘉庆二十三年兴工至二十五年告峻,乃十五世孙有广监造,气象完固,永垂久远焉。"依上述可知,最后一次修建至今,也已有200年历史,现仍保存完好。"叙秩堂"占地1000多平方米,歇山重檐,气宇轩敞,典雅大方。大门楹联为"石林派衍家声远,武水澜回气象新"。大门两侧配有一对用黟县青大理石精雕的巨形石鼓,圆滑乌亮,威严端庄。祠堂分为上、中、下三厅,进入大门为下厅,系族人举办宗法活动时击鼓奏乐之场所,也可搭台演戏,下厅两侧还设有厢房,供有关人员歇息或存放器具之用。下厅与中厅之间,两侧有宽阔的明廊相连,中有宽大的四方形天井相隔,且天井四周的屋檐被十几个四层斗拱高高挑起,伸向天空,使中厅和下厅的光线充足。中厅又称正厅,系祀堂,可容纳数百人,便于举行祭祀仪式。上厅为寝堂,置放祖宗牌位,供族人瞻仰祭拜。上厅与中厅之间亦有天井采光,但天井较小,光线较阴暗,据说是为了体现寝堂的神秘威严而特意设计的。进入寝堂,可从中厅左右两侧穿堂门而入,寝堂天井两侧还设有类似太平门的边门。这座由80根粗大的圆柱支撑起来的恢宏建筑,当年大门及厅内还悬挂有"钦点翰林""钦赐翰林""钦取知县""经魁""进士""贡元""松筠操节""津逮后生"等金字匾额,与祠堂顶部粗大壮实的月梁、童子柱、额枋上的莲花六柱托及香花、瑞草、祥云等精美木雕相映生辉,使整座祠堂富丽堂皇,庄严肃穆。

南屏村的支祠与家祠,大都由做官、发财者建造。始建于明弘治年间的叶姓最大支祠"奎光堂",系当年叶姓祭祀其四世祖叶奎公的会堂。奎公名文圭,字天瑞,号南屏,明成化二年(1466)岁贡。曾两任福建泉州训导,河南卫辉县教授署辉县事,后升至山西太原府岚县知县,"奎光堂"由六世祖廷玺等筹建而成后,于清雍正十年(1732),改建祠堂门楼和大门,乾隆五十二年(1787)又重修祀堂和门楼,现成为南屏村保存最为完好的祠堂。

"奎光堂"位于"叙秩堂"北侧,占地近2000平方米,门前原有高大的照壁形成护垣。祠堂门楼高大,气势飞扬,4根40厘米见方的黟县巨大青石柱,撑托着粗壮的额枋和曲梁,构成四柱三间三楼式门楼。明间三楼近10米宽的额枋上,并列着四攒九踩四翘品字斗拱,次间二楼各列二攒半九踩四翘品字斗拱,各斗拱又分别托起流线优美、结构相称的飞檐,更显得参差有致,别具一格。大门两侧配有一对高大的黟县青石镜,雕刻技艺十分精湛。大门联为"西川声教流岚谷,南岱簪缨嗣石林"。祠堂也分上、中、下厅,下厅悬对联"北海鲲腾万里搏风舒云翮,南山豹变一朝披雾蔚全斑"。全祠由86根硕大的白果木柱,支撑着数百根大小不一的梁枋,雍容典雅,充分体现了明清民间木质构造建筑的特点:坚实、恢宏、庄严。

位于村中程家街的"程氏宗祠",又名"宏礼堂",是为了祭祀南屏程姓有名望的祖先,如宋元符庚辰进士、官至显谟阁学士的程迈及其侄孙、绍兴壬戌进士、抗金名宦程叔达等所建。当年程姓在南屏村曾先后建有7座祠堂,以"宏礼堂"最具名气。虽然现今祠堂内享堂毁损严重,然大门门楼保存较为完好,且以石雕的精美绝伦令人叫绝。

"宏礼堂"的石雕,集中分布在祠堂大门两侧并排对称的石镜及基座和护栏上。两组石雕在造型上完全一致,但在图案的选择上却富有变化。右侧石镜由"三龙腾云"相衬,而左侧石镜却由"五凤朝阳"相托,隐喻"龙凤呈祥"。两侧石镜的基座由两块硕大的长方体黟县青石雕琢而成,左右两面各雕有"高山流水""苍松飞鹤""亭台楼阁""宝塔城郭"4幅山水画,并按照我国传统绘画风格,将题头、落款、印章等依次雕上,别出心裁。两侧护栏石则分别雕有"八骏""十鹿"图,只见八匹骏马在柳树下、流水旁或驰或卧,形象生动,使人不禁联想起传说中周穆王的八匹名马;十头梅花鹿在苍松翠柏的掩映下,各具形态,栩栩如生,取谐音"食禄"之意。过去祠堂的门联为"伊洛渊源传北宋,湘湖德业纪南屏"。

程氏宗祠下首为"李氏支祠",系祭祀晚清徽商巨贾李宗煝而建。李宗煝生于1827年,卒于1891年,别名金榜,字辉亭,号爱得。李氏虽然出身低微,然靠其营运淮盐发家,成为闻名大江南北的百万富翁,被推为"江南十二家"

之一。他发财后,乐善好施,尤其是"刻印前哲遗书,不下万金",为古徽州出版印刷业的兴盛作出不朽功勋,曾获京都御用石坊镌刻的"生塘志铭"之殊荣。昔日祠堂门联为"南山为屏,万里祥云天外起;佛池金鉴,一轮明月水中悬"。现支祠虽破损较重,然那层层高耸的马头墙和根根矗立的方石柱仍在告诉世人当年李氏支祠的恢宏、肃穆。

南屏村基本保存下来的祠堂还有"尚素堂""慎思堂"等,作为行使封建宗法势力的最佳载体,祠堂的发展在明清时期达到极致,可谓无姓不祠,一姓多祠。此外,族人在祠堂内祀神祭祖名目繁多。据南屏邻村关麓汪氏长老所言,仅汪氏宗祠的祀会名目就有数十种,如致中文会、观音会、汪公会、清明会、关帝会、添灯(丁)会、灿公会、冬至会、兆公会等。各种祀会均置有一定的田地产业,出租给佃农耕种后,收取的谷租便作为祭祀用的基金。每年由各房支丁轮流值年,俗称"做头",负责办理祭拜礼品、酬劳分胙等。在关麓汪氏建于康熙年间的"树德堂"大厅板壁上,今仍保留有"双鲜鸡一盆、冬笋一盆、米团一盆、软糕一盆、肉圆一盆、鸭子一盆、枣一盆、菱一盆,咸丰三年光尝办"等字样,这无疑是当年开列的祭礼清单。为了光宗耀祖、训导后裔、凝聚家族人心,每次祀会均煞费苦心,尽力办得隆重而又热烈,除备有丰盛的祭礼,举行集体团拜外,还张灯结彩,悬挂联对,并搭台演戏,特别是"分胙"这一物质刺激,使得各种祭祀活动更为长盛不衰。

【休宁梓坞宋氏宗祠】

梓坞宋氏宗祠坐落在休宁县板桥乡梓坞村,这幢象征祖先和传统、代表权力与荣耀的辉煌建筑自明朝末年就雄峙于村子中心,是宋氏宗族议事聚会和操办婚庆喜事的场所。梓坞祠堂原先叫梓里"敬德堂",是明末思昭公的家庙。当时,思昭公是村里的精神领袖,后来,大气的思昭公索性将家庙作为宗族的祠堂,供公众使用。

梓坞祠堂坐北朝南,三进五开间,总建筑面积近700平方米。墙体青灰色,显得朴素大方,错落有致的山墙采用徽州传统的马头墙形式;门楼是精美的砖雕,推开两扇厚重的大门,梓坞祠堂的核心便呈现眼前,正中是门厅、天井、享堂、寝殿，两旁则是走廊、厢房、耳房。从大门到后进寝堂起楼，进深40多米。

梓坞祠堂的建筑风格平实而大气，青石与树木这两种采自自然的材料，构成了与自然和谐熨贴的基调。整座建筑木结构严密，梁架用料硕大，月梁曲线优美，雀替、象鼻、梁托、撑拱等构件无一不是雕刻精美，栩栩如生，充分展现了古徽州建筑的特色与精髓。祠堂内所有木结构均不刷油漆，以显木材自然纹理的精致。

清康熙年间，梓坞人宋德根被赐进士，家道殷富。他生有三子，宋朝淦、宋朝顺、宋朝兆，因为教育有方，后来均功成名就，为官一方。宋氏三兄弟的美名四乡传扬，曾被当时的官府赐赠一块大大的匾额，红底白字，上书"三凤齐鸣"四个大字，予以褒奖。梓坞祠堂的大门两旁分列着八方旗杆石，高近1米，一人尚不能合围，这威风凛凛的旗杆石便是为宋德根父子四人而设的，旗杆石左右对称的一对象征其中一人，旗杆石四对稍有大小之别，表示官位有所高低。碗口粗的顽长杉木插在旗杆石上，扯起八面鲜艳的大旗，高高飘拂在祠堂的上空，八面旗帜寓意"八面威风"，宋氏宗族给了宋德根父子极高的荣誉。

第二节　徽州宗族祠堂的建筑规制

祠堂一般一层，由三、四进院落组成，有的横向还有跨院。轴线上有大门，院内有碑亭。过仪门，为第二进大院，甬道达露台、享堂。第三进有天井，寝堂建在高台基上。从仪门到享堂、寝堂以过厢或廊连接。祠堂规模宏大，空间层次丰富，享堂前院尤其宽敞。廊院式祠堂多置于村镇出入要冲或中心地带，与生活空间间隔一合适距离，位置突出，环境优美，"坐下龙脉，有形势，有堂局，有上砂，有结构，有明堂，有水口"。祠堂大门前建牌坊或照壁，形成广场。有的祠堂在此处还设有池桥。祠前的空间序列设计使人们产生压抑心理，增强了肃穆、敬畏的感觉。廊院式祠堂正立面颇豪华，门屋至清代发展成五凤楼形式,有的还在大门前置石狮。

一、几个代表性的徽州宗族祠堂的建筑规划

(一)潜口金紫祠

潜口汪氏"金紫祠",属潜口下"市"汪族,又称"下祠堂"。其建筑特征是模仿北京故宫保和殿。该祠具有很高的建筑艺术价值,是研究徽州古建的珍贵范例。

从翼峰塔沿 205 国道向北走 100 余米,折而向西,便到了誉满徽州的"金紫祠"。据碑文记载,"金紫祠"是汪族八十一世祖汪一诚承父兄之志(其父"文显",兄"一中"),捐地千亩,捐银三千两,加上汪士明捐银三百两,于万历壬辰(1592)奠基修建。该祠于 1601 年竣工,1666 年和 1936 年两次大修。

祠前有一座四脚石坊,上有汪文显题写的"金紫祠"三个醒目大字。四脚石坊的两边各有一座两柱石坊。由四脚石坊北进,有"三源桥"横跨矩池(按古代规矩设计的矩形池塘)。越桥过一段石板路进入棂门,经甬道到戟门。戟门上方挂有"汪氏家庙"匾额,门外两边置石狮一对,戟门前檐下还有三块直匾。进入戟门后,甬道两边天井里,各有一个四角亭,亭内分别由赑屃驮着两块大石碑。抵议阁,上有"越国世家"匾额,匾额背面有左钟右鼓悬吊。经甬道登露台抵大堂,大堂肥梁楠木硕柱,堂内挂有 10 多块匾额,还有董其昌书写的对联和 3 个龙亭(亭内有圣旨)。由大堂经两边回廊或中间驰道至寝殿,龛座中间供汪氏先祖汪叔敖像,左昭右穆供历代先祖牌位。自棂门至龛座面积为 3810 平方米。祠的后面有一幢上下两间的"汪公殿",内挂"保障六州"横匾。此乃纪念汪氏四十四世祖汪华在隋末动乱中,保障杭、睦、歙、宣、饶、婺六州立下大功而建。

(二)祁门渚口贞一堂

倪氏宗祠"贞一堂"坐落在祁门县渚口村中,坐北朝南,占地 1267 平方米,有屋柱 108 根,取三十六天罡星,七十二地煞星之意,以示世系绵延流长,发扬光大。祠堂由"道士巾"和前、中、后三进组成,气势开阔。"道士巾"为清

初兴建，古朴大方。有人说，祠堂建"道士巾"是表示对道士出身的"贞一堂"堂祖倪伯玉的崇敬；也有人说，建"道士巾"是为了"以道降魔"，因渚口正南方向有"五鬼峰"（五座山峰起伏相连），只有镇住鬼魔，渚口才能欣欣向荣。

祠堂大门有一对黟县青的抱石，质地坚硬，青光发亮，雕有龙凤呈祥、麒麟送子的图案。朝门紧贴大堂主体，两头各向中间收缩一丈，像虎头，祠堂两旁有两个门，下方上圆，像虎耳。通体看来，"贞一堂"好似一头猛虎，雄踞于绿林碧水之间。

进祠堂正门为前进，一坡向北，左右两厢，中为通道，遇节日或庆典，就在前进搭台演戏，以娱祖宗。由前进到正厅，有大道穿越大天井又有两廊可达正厅两侧，东廊一坡向西，西廊一坡向东。正厅为南北两坡大屋，这是建筑中心和主体，有特大木柱十根，须二人合抱才能合围。梁的两端各雕有图案，下有承拱，依柱承梁。梁的中央上有侏儒短柱，还在梁上雕上"方巾"，自上覆盖，相对两角在梁上指向两端，另两角向梁心两侧下垂。"方巾"上有精雕细刻的衬托，形如花盆，上承侏儒。正厅高敞轩爽，是春秋两祭和举行庆典的场所。"贞一堂"匾额高悬厅堂上方，让人一望而生肃穆之感。正厅两侧有厢房各一，储藏祭器如钟磬之类。

正厅厅堂两侧有通道可达后进天池、寝堂。天池为长方形，中有石拱桥，将天池一分为二，登三石级可入寝堂。天池两侧也各有三石级。东西天池各有石柱十根，栏板十块。中间六根石柱，夹四块栏板为桥栏。石柱上方刻狮子各一，有的抚弄幼狮，有的戏弄绣球，形象逼真，意趣横生。其余石柱上端刻有莲花。东西天池北侧各有栏板三块，中间一块刻颂词一篇。颂词两侧各有石刻两块，分刻鲤鱼喷日、雁落荷池、松鹤延年、松柏常青的图案。天池四周还饰有精致的花鸟、鱼龙、龟鹿等圆形石刻图案。天池两侧的东西墙，也各有一个侧门，但侧门被后人封堵。

过天池，登三石级便是寝堂，这是供奉祖宗神位和陈设供品的场所，寝堂两侧有厢房各一，东厢储花桥，西为楼厢梯，登楼可远眺。

1999年，安徽大学徽学研究中心测定，"贞一堂"为民国年间修建的徽州最大的祠堂,安徽省人民政府将之列为省级重点文物保护单位。1996 年,八一电影制片厂《大转折》电影剧组在踏破铁鞋之后,寻找到了"贞一堂",并在此拍了半个月的戏。

"贞一堂"始建于明初,它是倪氏家族宏大思维和深厚经济基础的体现。然而命运多舛,清兵入关,"贞一堂"毁于兵火。康熙十二年,倪思辉的儿子倪宗维发起重修"贞一堂",康熙十四年,重建的"贞一堂"落成。宣统二年,厄运再次降临"贞一堂"。正月十六,族人在祠堂内大闹灯火,燃放鞭炮,引发"贞一堂"火灾,除"道士巾"外,全部烧毁。民国初年,倪尚荣捐资重修"贞一堂",然"贞一堂"尚未修建完毕,倪尚荣不幸病逝,待大堂主体修毕,尚荣捐款及家产也几乎全部耗尽,后进天池已无法继续修建,族人一时无所适从。尚荣副室金氏等商议后,再次举义捐资,变卖金银首饰,拿出私房钱,修建"贞一堂"后进两个天池。天池修毕,族人为表彰尚荣公及其副室金氏等,在祠堂两个天池的北侧各刻一块颂词碑,颂扬他们捐巨资重建祠堂的义举。

金氏死亡后,族人将其牌位安置入"贞一堂",不过,在金氏牌位与其他牌位之间微妙地增加了一个纵隔间。

在"贞一堂"东侧建有"庶母祠"。"庶母祠",顾名思义,是专门用来祭祀如金氏一般的妾人的祠堂。"庶母祠"坐北朝南,占地约 400 平方米,清末修建,祠堂大门开阔,上方写着"庶母祠"三个大字。入祠,是一个清静幽雅的庭院,院内东西两边分别栽植一棵柳树和柏树,取"百(柏)年和好,流(柳)芳千古"之意。庭院中间有一条宽宽的石板长条路,路直通大堂,大堂地面为方砖拼成,大堂轩敞空旷。东西两边各有厢房一间,大堂甬壁为封闭的木板,木板可以活动,木板内安放着众多"妾"的牌位,寓意了女性相对封闭的一面。20 世纪 80 年代,"庶母祠"被拆除。

(三)祁门珠琳余庆堂

坐落在祁门县西部新安乡珠琳村的祠堂"余庆堂",除了宗族的教化功能外,它还是全村的娱乐中心。也是因为如此,珠琳村中的"余庆堂"和古徽州别的祠堂相比较,则多出一个专门提供演出的场所,那就是戏台。

明代中叶,赵友善迁居珠琳村后,在村后的来龙山脚建了一个香火祠,后人又在祠堂前建了厅屋,这样便成了赵氏支祠。约建于咸丰初期(1851—1853),廿六世祖赵昌阳、赵昌准二人负责新建祠堂,经过三年努力,新祠堂终于建成,取"积善之家,必有余庆"之意为"余庆堂"。祠堂前原有庭院,后因不吉利改建为照墙。

新祠建成时,珠琳村处于最兴旺阶段,村中有男丁 500 余口。祠堂大门春联道出了赵姓木本水源"龙溪源流远,天水世泽长"。祠堂挂满了各种各样的牌匾、堂匾、功名匾、寿匾、贞节匾、灵匾、戏匾等。祠堂内有祖先牌位、先祖遗容、宗族支谱、对联牌匾、祭祀祭具、香炉花瓶,最有名的是祝枝山的四幅书画和两幅龙虎画。过去七月半和腊月二十八,全村男丁到祠堂祭祖都要张挂,现在那些珍贵的文物在文革期间都付之一炬。

"余庆堂"古戏台为赵氏宗祠"余庆堂"一部分,"余庆堂"与其他宗祠一样,分前、中、后三进,所不同的是其前进建成戏台,天井两侧是观戏楼,与主戏台连成一体,建筑工艺讲究,雕梁画栋,金碧辉煌。祠堂坐西朝东,戏台则坐东朝西,祠堂面积 504.08 平方米,其中戏台和观戏楼占地面积 136.72 平方米。

古戏台台面距地面 2 米,分前台和后台,前台又分正台及两厢,正台为表演区,两厢为乐队,锣鼓伴奏所用,戏台正立面制作工艺讲究,饰有装饰性斗拱,内外额枋、斜撑、月梁部位均雕刻着各种精巧的人物、戏文、花鸟图案,戏台天花为藻井式,两列观戏楼上也雕刻或绘有精美纹饰,整个戏台装饰性很强,富有感染力,是目前保存最完好的古戏台之一。

"古戏台"建在徽州祠堂的前进,与享堂相呼应,其目的是能够与祖宗同乐,祠堂的基本平面布局一般为三开间或五开间,10 至 15 米,进深三进两明堂(天井),天井为门厅部分,中进享堂,后进为寝堂,天井两边为廊庑,部分前进廊庑建成观戏楼,楼上部分被今人称作包厢,进深总长 30~43 米左右,木结构、外围砖墙封护,内部基本为对称布局,天井作采光通风用。两侧有耳门通街巷。戏台做工讲究,台面挑檐,额枋间布满了装饰的斗拱或斜撑,尤其是额枋上雕刻着各种人物戏文、花鸟图案。两侧看台长廊是由石柱或木柱擎起的,观戏楼饰以精巧的木雕花板及花鸟虫鱼油漆彩画,整个戏台蕴意丰富,构架完美。

"余庆堂"古戏台又称"万年堂",戏台建在门厅里,推开门就是戏台,村人告诉我们,过去演戏的没有地位,被人看不起。但是,只要你看戏,不管你是当官的,还是经商的,在珠琳村,你都得从戏台下穿过,才能到达天井或享堂看戏,这些反映了戏班子自我价值的体现和追求心理平衡的一种心态。

在徽州各个区县都存在着大量祠堂古戏台,由于历史的原因这些精美绝伦的古戏台被当作"腐朽的封建文化"被彻底地摧毁了。而地处皖赣边的祁门县完好地存有11座古戏台,这些明清时期的古戏台,虽经文革改造成了样板戏的场所,但作为一种历史遗存,仍然有着不可估量的研究价值。

古戏台在结构处理上,戏台主体建筑基本上采用栏杆式,梁架结构为穿逗式、硬山搁檩式,并最大限度地利用地方上的一些做法,使各部分的组合相当完美,发挥不同建筑材料的物理性能。立体造型上采用徽派建筑的惯用手法风火山墙,这种呈跌落式的台阶形式,外轮廓线横平竖直,它突出封住木构架,拥有防风和防火的功能,屋顶形式分歇山式(当地称"五凤楼")。戏台以木质材料为主,与祠堂大门紧密相连五开间或三开间,分为前台和后台,前台明间为演出区,次间为文场、武场乐间,梢间为回廊,两侧廊庑设有观戏楼,有的在挑檐额枋间饰以装饰性斗拱,这些视等级、地位、财力而定。应用雕刻工艺作为建筑中某些部位、某些构件的装饰手法,是徽派古建筑风格的重要组成部分。在戏台的梁架、额枋、月梁、斜撑、平盘斗、雀替等构件上均雕刻精美的纹饰,纹饰以传统戏文剧目为主,间以人物、花卉、走兽;还有的以彩画绘制在戏台天花、观戏楼的走马板上,彩画木地俱作淡灰色,不捉麻提灰,设色清丽绝俗,使人感到优美、恬静。值得注意的是藻井在徽州古戏台上的运用。从现存情况来看,清中期以后的戏台中央天花都设有圆形藻井,明代及清早期戏台均无藻井。所谓藻井,原为宫殿、坛庙、寺庙建筑中庄严雄伟的帝王宝座上方或神圣肃穆的佛堂佛像顶部天花中央的一种"突然高起,如伞如盖"的特殊装饰。汉时《风俗通》就载有"天井,井者,束井之像也;藻,水中之物,皆取以压水灾也"。最初的藻井,除装饰外,有避火之意,后人们在使用过程中又发现了其物理特性:吸音和共鸣,这种发现,自然而然地被运用到戏台当中。徽州古戏台的藻井,分为上、中、下三层,剖面呈倒置的喇叭形,束腰,S状轩蓬,层层里收至顶部。藻井的设置可以起到吸音、共鸣的效果。顶部中央有雕刻成莲状的垂头,这同北方的官式建筑的藻井大相径庭,用途也有所不同。其作用不仅在于装饰美观,更主要的是穹井所形成的回声能造成强烈的共鸣,使演员的唱腔显得更加珠圆玉润,观众在远处也能听得清楚。戏台前部,设有雕刻栏板,既起到装饰效果,又达到安全之目的。两侧廊庑上设置的观戏楼,小巧玲珑,内设形同美人靠,观戏窗上组合有几何形纹的窗棂,不但美观,而且不挡视线,透过窗棂可观看戏台上的整个演出活动,非常惬意,是当地有名望、有地位的大户小姐观戏之所在。考虑到防水的需要,有的观戏楼的前檐柱采用石柱,可防霉、防腐。天井下的地面均采用青石板条铺砌,设置散水及排水沟,廊庑地面则采用地砖或卵石铺地,颇具地方色彩。

在古戏台上,当年戏班们信手写来的题壁为我们留下了宝贵的文字资料,为我们研究徽州戏剧的演出提供了直接可靠的根据。这些题壁或多或少记载着时间、戏班、角色、剧目、管理、场次等一些内容。珠琳村"余庆堂"古戏台就留有这样一些题壁。"光绪十年十月二十日进门乐也,新同广理","光绪二十五年九月初三日□□也,黄邑同光班,□□松箱,夜丑□本《赶子图》","光绪二十六年栗里复兴班又二十二日到乐也,目连戏彩班□合旺新同兴","光绪二十九年□望月进门,《天泉配》","秋浦郑同福班,民国十六年小阳月进门,《解宝》《逼生》《看女》《十八扯》,夜《芦口河》《黄鹤楼》《长河打刀》,十一日《乾坤带》、二十六日《跑城》《走广》,夜《青宫册》《章台》《三司》《开店》","安徽省望江县新坝四门业余黄梅戏剧团八五年新正月二十六在此演出"。

二、几个徽州宗族祠堂勘察个案

(一)歙县金村敦睦堂

"敦睦堂"位于歙县西北部距县城 20 公里处的许村镇金村。许村古名溪源、任公村,唐末(930)许姓徙居于此,遂改名许村。隋末,歙州郡守汪华开辟跨越箬岭至黄山的通道,许村成为歙北要冲,是重要的物资转运集散地。历史上一直是古徽州府通往安庆、池州的必经之地、歙北重镇。金村许姓是许村"十八门派"之一,"敦睦堂"是金村现存最早的祠堂,2006 年列入歙县重点文物保护单位。

(1)概况

"敦睦堂"坐西朝东,进深 48.7 米,面阔 13.7 米,四进五开间,单层,砖木混合建筑结构,占地面积 667.53 平方米。

(2)历史沿革

"敦睦堂"始建于嘉靖十五年(1536),前后历时 30 余年,分三次建成。该祠为金村许安童后代所建,建成后,祠庆那年(1578),正巧当朝大学士许国回家省亲,许国特地带儿子前来认祖,并由次子许立功书写"惇睦堂"三字挂于敦睦堂正厅上,此牌匾现为金村一村民保存。1934 年,"敦睦堂"进行大修,由许承尧亲自出面主持理柱,许承尧先祖从"敦睦堂"迁到唐模。1984 年,由金村村委会主持,做简易补漏维修。

(3)建筑型制

"敦睦堂"由门廊、门厅、享堂和寝堂以及联系它们前后檐的两侧庑廊共同合围成的三个天井组成,与其他徽州地区一般祠社建筑相比较,多出一门廊,这种平面与立面的布置形式亦不多见,外墙为徽派传统建筑印斗式马头墙。门廊和门厅月梁两端梁眉上弯弧度较大,近乎满月,下设雀替,檐口挑头梁下设斜撑,无斗拱,檐柱间月梁上置梁袱,这种做法正是清代中晚期的形式。享堂梁柱粗硕,大梁绘包袱锦,立柱为梭柱,披麻捉灰,髹漆,月梁两端梁眉上弯较平缓,下用丁头拱,脊蜀柱下端作鹰嘴状,叉手奔浪形,枋贴雕花替木,双步梁上有成对柁峰,月梁间用斗拱琵琶撑托起小梁,小梁上雕有双龙戏珠等吉祥图案并饰有彩绘,上接轩檩,整个轩下雕饰精美,蔚为壮观,这些表现形式和构造为徽州古建筑较典型的明代做法。

寝堂已整体毁圮,现只留下了石柱础遗物。

【门廊】 门廊由内外两部分组成,中间砌有一道隔墙,明间设入祠大门,内外门廊皆为单坡水屋面,外门廊屋脊与中间隔墙墙脊为同一立瓦脊,隔墙在祠内立面墙顶部作清水砖三线拔檐,而内门廊屋脊则收于三线拔檐下。

外门廊进深2.03米,五开间,木构架为两檩一步架,12根立柱分东西横向分布。各檐柱间由月梁连接,月梁梁眉与徽州明代遗构中梁眉的那种平缓的曲线相比较,上弯弧度较大,月梁两端安装有雀替,雀替上雕有精美的十二生肖图案,月梁上置有梁袱,梁袱上承檐枋。明间和次间的檐柱与脊柱之间由月梁和一直枋相连,梢间则是两道直枋拉结。上一道直枋穿过檐柱并出挑,出挑部分为挑头梁,挑头梁下装有斜撑,枋上置一平盘斗,斗上立一蜀柱,蜀柱顶端二侧装有象鼻,蜀柱上置一方檩,由该檩向西又有一坡水的覆水椽,椽上皆铺有望砖。这样的屋架结构从立面看去是一坡水屋面,而由外门廊内仰视则是人字轩形式。各脊柱间由两道枋连接,上面一道枋又为覆水椽的承椽枋。脑椽与檐椽为一根通椽,檐椽上置飞椽,屋椽上铺有望砖,屋面为青瓦,檐口花边为勾头滴水瓦,出檐1.25米。外门廊明间和次间地面均为花岗岩石板铺地,梢间则是青砖铺地。

内门廊主木构架为六根落地立柱,柱顶架一脊檩,柱上设有挑头梁,挑头梁下一斜撑,上挑撩檐枋,一坡水屋面,无飞椽。现状北梢间撩檐枋插入山墙,南面因该部位山墙已坍塌,所以用一临时斜撑支于立柱上,内门廊整体结构用料较小,屋面瓦亦有松散破损情况,地面为花岗岩石板铺地。

【前进庑廊】 由内门廊梢间屋面向后延伸形成两侧前庑廊,现在前庑廊已全毁,在内门廊梢间立柱和门厅梢间前檐柱上留有原前庑廊结构榫眼,庑廊地面铺有方砖。

【前进天井】 门廊与门厅以及两侧庑廊合围成前天井,该天井设置的是南、北、西向"U"型排水沟,花岗岩石板阶沿,阶沿石用料规整,天井中间及沟底为石板铺地,门厅前檐阶沿石下有一条较窄花岗岩石板走边。

【门厅】 门厅主木构架为八檩七步架,五开间并将次间脊柱、前金柱、后上下金柱向次间作了平移,使该部分的梢间扩大用作厢房,木构架形式为抬梁式与穿斗式相结合的形式,并在前檐步架设置卷棚轩,其余皆为露明架,轩椽及屋椽上铺望砖。

明间和次间前檐四根落地立柱为方柱,并抹角40毫米,其余立柱均为圆柱。前后檐柱除了梢间边贴立柱,其他檐柱都有挑头梁和斜撑,斜撑上雕有精美的卷草龙纹。次间前檐柱上斜撑高度低于前檐其他檐柱上斜撑并且为斜角,与前面所述内门廊两次间立柱上斜撑形制相同,高度一致,而门厅两次间和梢间立柱上也遗留榫眼,位置高度皆与内门廊次间和梢间立柱上榫眼一致,都是原前庑廊的结构遗存,由此也可推断原前庑廊檐口与内门廊檐口水平交圈,而低于门厅前檐。

前后各檐柱间由月梁连接,月梁的梁眉上弯弧度亦较大近乎满月形,月梁上设有梁袱,上承檐枋。明间及两次间的前金柱和后金柱之间也是月梁连接,而两次间后金柱间月梁截面为半圆,月梁两端下为雕有卷草纹的雀替。明间两边列前下金柱与后金柱间为抬梁式结构,之间为一大月梁连接即五架梁,五架梁上设两蜀柱即上金蜀柱,上承上金檩,蜀柱下都置有平盘斗,两蜀柱间又设三架月梁,并在此部位穿过蜀柱分别装有一象鼻,三架梁上置一平盘斗,平盘斗上为脊蜀柱,上承脊檩,蜀柱两侧设有象鼻抱梁云,其余柱间穿插都是直枋,次间和梢间纵向列柱间都是穿插式结构。后檐柱与后下金柱间为一穿插枋,该枋穿过檐柱并出挑,出挑部分作挑头梁,挑头梁下设斜撑。门厅屋面为青瓦,檐口有勾头滴水瓦。门厅地面铺地,梢间厢房部分为三合土地面,后檐廊步为方砖铺地,其他空间皆为花岗岩石板铺地。

【中进庑廊】 门厅两梢间后檐屋面向后延伸至享堂梢间前檐柱形成中庑廊,现状中两侧庑廊亦全毁,门厅梢间后檐柱和享堂梢间前檐柱上留有与庑廊相连接的结构榫眼,庑廊地面亦为方砖铺地,靠山墙部位遗留下两个柱磉石。

【中进天井】 门厅和享堂以及中进两侧庑廊合围成中天井,开间方向宽8.62米,进深方向为5.05米,排水沟宽400毫米,口字形布局,天井中间为花岗岩石板铺地,且铺地样式较为考究,由中心向四周以坡面铺设,中间稍稍隆起,四周略高于沟底,天井四周为花岗岩石板阶沿。从阶沿石和铺地石板可以看出中天井用料规整,铺设样式也很考究,四边阶沿均为三块石板组成,开间方向石板间断缝位置分别与门厅明间两后檐柱、享堂明间两前檐柱相对,进深方向石板断缝分别与两侧庑廊中间两立柱相对,四边相交处作斜角对缝处理。

【享堂】 享堂部分是"敦睦堂"中最大单体,为典型的徽州明代建筑结构形式。共有34根立柱,其中明间前金柱为包柱形式,两次间前金柱、脊柱、后金柱、后下金柱以及明间后金柱、后下金柱都是梭柱形式,现状中两梢间边贴草脊柱、脊柱、后金柱及后檐6根檐柱全部缺失,所缺失立柱相应位置的柱磉石尚存。

享堂前檐廊步作"人"字轩,檐柱与前金柱间为五架月梁,月梁两端有梁眉,梁眉上弯弧度平缓,且两端下装丁头拱,为典型明代做法;五架月梁上有两个荷叶柁峰,荷叶柁峰雕刻精美,面饰彩漆,柁峰上为卢斗,斗上设重拱,上承金檩;金檩做成月梁形式,底部有雕刻并饰以彩漆,卢斗外侧装有托脚,分别与檐柱和前金柱相连接以固定卢斗及上部结构,两卢斗间为三架梁,三架梁上置一斗三升,拱上为脊檩,脊檩下设替木,替木雕刻精美,拱两侧装有枫拱。

前檐柱除了两梢间边柱,其他檐柱均设有柱头五铺作斗拱,该斗拱出双抄,一耍头,瓜子拱外出麻叶头,壁内慢拱上为柱头枋,慢拱上承罗汉枋,令拱上置撩檐枋。檐柱之间为额月梁,月梁两端有梁眉,梁眉上弯弧度平缓,下设丁头拱,其中两次间月梁上置一补间铺作,明间月梁上为两个补间铺作,明间和次间月梁上补间铺作形制相同,都是五铺作重拱出两抄、一耍头,里转四铺作出单抄并计心上出一琵琶撑,撑上为令拱,不同的是两次间斗拱卢斗下加设了一个莲花座斗,这是因为次间额月梁比明间额月梁小,而月梁底部高度相同,所以次间月梁顶部至檐枋间的距离就大于明间,故加设一莲花座斗。补间铺作壁内慢拱上为柱头枋,慢拱上承罗汉枋,令拱上置撩檐枋,该部分结构与柱头铺作相似。前面所述前檐廊"人"字轩轩金檩做成月梁形式,在两次间轩金檩分两段,明间则分为三段,而明间与次间补间铺作正设于每段轩金檩交接处,由里转琵琶撑上令拱支撑,撑上令拱有四升,顺轩金檩方向有三升分别撑托两段轩金檩及中间接缝处,另一升与轩金檩垂直撑托前后轩金檩间的小月梁,该月梁上为轩脊檩,月梁底部有雕刻精美的木雕贴面装饰;在琵琶撑正上方,轩金檩与前檐檩间装有一托脚。

享堂各前金柱顶部南北侧装有一重拱,上承金枋,各前金柱之间也由月梁相连,在与檐柱间额月梁上补间铺作相对应位置也有补间铺作斗拱,该斗拱为四铺作出单抄计心上出一麻叶头,里转四铺作出单抄并计心上出一琵琶撑,撑上为令拱,里转部分与檐柱间补间铺作里转结构和功能相同。在琵琶撑正上方也装有一托脚,壁内慢拱上承金枋。两次间前金柱间补间铺作与次间檐柱间补间铺作相同,卢斗下加设一莲花座斗。从地面仰视前檐步人字轩,该轩结构形式十分优美,加之所有装饰雕刻都饰以彩漆,色彩炫丽,具有极高的艺术价值。

明间两前檐柱、两前金柱间以及两前金柱与后金柱间的四根月梁用料硕大,且月梁上都绘有包袱锦图案彩绘。其中,明间前檐柱间月梁彩绘中间还绘有"福、禄、寿"三仙吉祥图案,明间前金柱与后金柱间月梁彩绘中间分别绘有"八仙过海"中的四仙,这四根月梁上彩绘图案优美,人物描绘生动,可与呈坎"宝纶阁"中的彩绘相媲美。而"敦睦堂"包袱彩绘上加绘人物图案,则为古徽州祠堂建筑中所仅见。

明间南北前金柱与两后金柱间为抬梁式结构,前后金柱间为五架月梁,月梁两端有梁眉,下设丁头拱。五架梁上立两蜀柱即前后金蜀柱,蜀柱为梭柱形式,两蜀柱下分别有一平盘斗,蜀柱上承前后上金檩。前金蜀柱与前金柱间及后金蜀柱与后金柱间都有一小月梁相连,以稳定两蜀柱。两蜀柱间为三架梁,三架梁穿过两蜀柱并出头,出头部分作云头样式,三架梁上再立一蜀柱,该蜀柱即为脊蜀柱,也是梭柱形式,下端作鹰嘴形式并咬住三架梁,上承脊檩,两旁分别装有一叉手支于二金蜀柱顶部,用以稳定脊蜀柱。

明间开间方向,相对应的前后金蜀柱间为月梁连接,该月梁与享堂其他月梁做法相同,月梁上中间位置为一斗三升拱,斗拱上承前后上金枋,枋上为上金檩。相对应的脊蜀柱间也是月梁连接,梁上也有包袱锦彩绘,月梁上为脊枋,枋上脊檩。所有檩条上皆设有椽椀木,以固定屋椽。明间后金柱间为直枋相连,柱上端为后金檩,檩下设后金枋,从后金枋和下面两道直枋上遗留榫眼可以推断,原枋间应有装饰夹堂板,从下至上第一道枋下部所留榫眼以及后金柱底端榫眼遗痕上不难看出,该部位原设有屏门,下设地栿石和木下槛,现已全毁。而从下至上第二道枋背面可以看到枋上遗留一段破损的椽椀木,结合明间后金柱和后下金柱间的空间结构,可以看出,原结构该部位应有一卷棚轩。再从南北后金柱与后下金柱间上部穿插枋位置、形状,以及结合南北次间该部位结构可以推断,仅明间设有卷棚轩。由于明间南面后下金柱现已缺失,导致与之相连的南北后下金柱间的另一轩椽椽椀木及其他构件全毁。

南北次间为穿斗式梁架结构,前金柱、脊柱及后金柱间自下而上有三道直枋,下面二道枋穿过后金柱并连接后下金柱,后金柱与后下金柱间第三道枋则作月梁形式。前金柱与脊柱,后金柱与脊柱间第三道亦为双步梁,两双步梁上各立一蜀柱,下置平盘斗,该蜀柱与明间前后金蜀柱形制规格相同,亦为次间前金蜀柱和后金蜀柱。两蜀柱与脊柱间也有上下两道枋,该枋称为单步梁,上一单步梁作月梁形式,分别穿过两蜀柱并出挑,出挑部分作云头状。前金柱与前金蜀柱间,以及后金柱与后金蜀柱间各有一枋相连,以稳定两蜀柱,该枋亦作月梁形式,脊柱与金蜀柱顶部之间各装有一叉手。次间前、后金蜀柱，脊柱与明间前、后金蜀柱及脊蜀柱间也作月梁相连，月梁形式与明间相同，不同的是因为次间开间小于明间，故次间金蜀柱与明间金蜀柱间月梁上未作一斗三升，并且次间脊柱与明间脊蜀柱间月梁上没有脊枋，月梁上也没有彩绘，而是直接紧贴月梁上部作一脊檩。两次间后金柱间是一月梁连接，这与明间两道直枋相连结构有所不同。次间后下金柱间有两道直枋，因为明间南面后下金柱缺失，所以南次间该部位直枋亦毁。南北次间前金柱至后金柱距地面 3.4 米处装有蝴蝶木，而脊柱距地面 5 米处又增设一蝴蝶木，享堂立柱上的蝴蝶木只用作装饰，并无连接其他构件。

享堂南北梢间开间较小，实为边廊，两梢间除前檐步"人"字轩结构尚存外，边贴列柱全部缺失。梢间各檩条于山墙位置皆为悬挑，现状中部分檩下替木尚存，檩端下部遗留原立柱榫眼。由于享堂后檐六根檐柱全部缺失，以至各后下金柱与檐柱间穿插枋及各檐柱之间的连接结构全部损毁，现只遗留下各檐柱柱磉石。

享堂明间和两次间前檐步"人"字轩轩脊至享堂脊檩之上设有草架，从每根前金柱顶部立一短柱即草金柱，柱上为草金檩，草金柱与脊柱间架一直枋，枋上立短柱为草脊柱，草脊柱两旁各有一简单叉手支于草金柱和脊柱顶部。各草金柱间加设顺身串，各草脊柱间加设顺脊串，由于明间开间较大，顺身串用料偏小，所以中间又加设二支撑。

享堂屋面为青瓦，作立瓦正脊，檐口有花边瓦、勾头瓦和滴水瓦，现屋面瓦破损缺失十分严重。

【后进庑廊】 享堂南北梢间后檐屋面向后延伸至寝堂廊墙形成后庑廊。现状中两侧庑廊已全毁，廊墙亦破损严重，墙中开设的门洞现已封闭，现南北两侧山墙上原庑廊屋脊痕迹依稀可见，与原庑廊立柱相对应位置山墙上的铁牵尚存，南面山墙开设一侧门，庑廊三合土地面亦破损严重。

【后进天井】 享堂和寝堂以及两侧庑廊合围形成后天井。后天井现状破损十分严重，天井铺地全毁，阶沿石也严重缺失，天井中间堆放有破旧砖瓦以及该祠破损糟朽的部分梁枋构件，四周滑落的泥土已严重堵塞天井排水沟。天井中间通向寝堂的石台阶尚在，但台阶踏步石板均松动移位，有待整修。

【寝堂】 整座寝堂木构架已全毁，现仅存方砖铺地和石柱础以及后金柱柱础间石地栿。铺地方砖保存较好，部分有破损，石柱础除了明间南面前金柱柱础缺失，其他柱础都保存完好。因为铺地方砖长期日晒雨淋，表面已有风化现象。

(4)勘察结论

"敦睦堂"为歙县重点文物保护单位，是全国历史文化名镇许村现存为数不多的明代宗祠之一，具有很高的历史价值。

"敦睦堂"建筑是反映徽州古建筑不同时期建筑形制、建筑材料、装饰工艺、修缮技术等各方面信息的载体，具有很高的科学价值。

"敦睦堂"中精湛的木雕和炫丽的彩绘，既有时代性，又有特色性，具有很高的艺术欣赏和研究价值。

"敦睦堂"修缮后，可以申报成为全国重点文物保护单位"许村古建筑群"的成员。

随着许村古村落的保护利用工作全面展开，对"敦睦堂"采取有效的保护措施，并加以合理利用，必将为当地带来社会效益和经济效益。

(二)祁门新安洪家村敦化堂

"敦化堂"位于安徽省黄山市祁门县新安乡洪家村，原为洪氏宗祠，始建于清道光年间，坐东朝西。民国元年，由洪荣生主持重修"敦化堂"，洪乾坤、洪佰祺、洪盐坤、洪田生四人协助并承办有关事务。据村老介绍，早在民国初期，村里就已组建"雍睦堂"戏班，该戏班演出场地在祠堂内，现戏台隔扇门上尚有"雍睦堂"字样。2006年8月，国务院公布祁门古戏台群为第六批全国重点文物保护单位，"敦化堂"为其中之一。

(1)建筑形制

"敦化堂"占地面积307平方米，建筑面积338平方米。自西向东依次为仪门、祠前广场、前进门屋、中进享堂、后进寝堂。

【仪门】 砖木结构,位于主体建筑西北侧,面阔 7.06 米,进深 5.57 米。三开间,五檩四步穿斗式构架,12 根立柱均为方柱,用料较小,檐柱和脊柱之间设双步梁,梁出檐柱为挑头梁,梁底不设斜撑。

【祠前广场】 东西长 12.2 米,南北宽 10.8 米,为不规则多边形,总面积约 110 平方米。柳叶人字纹卵石墁铺。北侧院墙与仪门山墙相接,南侧为菜地。

【前进门屋】 砖木结构,三开间,五檩四步穿斗式构架,双披水屋面。明间地面为花岗岩石板铺成宽约 1 米的便道,其余均为素土夯实。门屋共有 14 根立柱,明间后檐柱向南北两侧平移,使得明间扩大,既增加戏台演出区域空间,亦不阻挡观众视线。明间后檐柱设挑头梁,下有木雕斜撑。后金柱与后檐柱间斜向设月梁,月梁雕刻图案。后檐缝两次间,后金缝两次间,明间脊檩和后金檩间均设有隔扇门,门上花格雕刻有"雍睦堂"字样。门屋后檐直枋和撩檐枋间设弯弓椽,椽上覆望板,望板顺弯椽构造定形锯取、铺设,形成卷棚。

"敦化堂"戏台为活动式,高 1.4 米,有独立支撑立柱及构架,戏台为南北对称布局,明间为演出区,演出区上有天花。两次间为文武乐房及准备间。戏台共设 12 根短柱支撑台面,均有柱础。戏台于门屋明间脊缝南北向增设 2 根垂柱,柱下设平盘斗,斗下 2 根方柱落地,柱下设柱础,两方柱间装有活动屏门,为戏台背景。由于祠堂主要功能为宗族祭祀场所,故戏台明间做成可拆卸楼板,屏门亦可拆卸。

【天井及前庑廊】 天井南北长 7 米,东西长 4.33 米,为花岗岩条石铺地,南北侧天井沟宽 440 毫米,西侧宽 340 毫米。天井南北侧阶沿石延伸至门屋明间后檐柱柱磉石。

前庑廊脊檩与门屋后檐檩同高,脊檩下枋与撩檐枋间设弯弓椽,结构与门屋后檐相似。庑廊各柱间与门屋后檐、享堂前檐边列柱间均设下枋互相拉结。天井檐柱一周均设木雕斜撑。

【中进享堂、后进天井及后庑廊】 享堂砖木结构,面阔 9.82 米,进深 10.

9米,三开间,八檩七步穿斗式木构架。前檐缝和前上金缝间设轩梁,梁背施雕花平盘斗一对,两童柱立于平盘斗上,童柱间设蝴蝶木,置象鼻梁头,次间结构同明间,仅边间步梁雕刻图案。明间前金柱和后金柱间为五架梁,梁背施雕刻平盘斗,斗上立童柱,前童柱延伸出复水椽至草架脊檩,两童柱间设平梁,出象鼻梁头,梁中上背设平盘斗,斗上立童柱承明造脊檩,檩间均施雕花叉手和托脚。明间梁下两端均置丁头拱,雕刻拱眼,梁眉椭圆。次间前上金缝、后下金缝和后上金缝间为双步梁,梁上平盘斗,斗上立童柱,童柱间设异形雕刻剳牵,剳牵上置雕花叉手和托脚。次间梁下两端均设木雕雀替,梁眉圆润。

享堂南北边列柱间均安装固定皮门,两次间后下金缝为固定皮门;明间后檐缝两侧安装活动皮门,明间后下金缝设6扇双面活动屏门。享堂除阶沿用花岗岩石板铺设外,其余均为素土夯实地面。

后进天井:南北长4.86米,东西宽1.47米,花岗岩石板阶沿、沟底及天井中间均为石板铺地,天井中间铺设甬道,直至寝堂前沿台阶,明间台阶有三级,次间台阶用料不规整。

后庑廊:享堂次间后檐枋上立短檐柱,柱上架檐檩,向后延伸至寝堂明间前檐柱,庑廊脊檩与边列柱上檩条同高,脊檩和檐檩间架设屋椽,檐出飞椽,形成后庑廊。

【后进寝堂】 寝堂砖木结构,面阔9.2米,进深8.5米,为不规则四边形,三开间,八檩七步穿斗式构架。前后金柱、檐柱均为通柱,明间前步设月梁,月梁上置平梁,平梁上立童柱,童柱上置下金檩,前后上金柱间设上下枋和柱头枋,脊童柱由柱头枋和上枋支撑,次间梁架结构同明间。明间后檐步架设神龛,神龛木下槛和中槛间设有板壁,中槛和楼桁枋间有隔扇窗。南北侧为耳房,耳房置板壁隔墙,西侧设双开门。后檐柱和前上金柱间阁楼,柱间架楼板枋,楼板枋上承30毫米木楼板,无楼梯。

(2)勘察结论

"敦化堂"坐落于新安乡洪家村,该村为洪氏聚族而居之地,该祠亦为当地洪氏宗祠,是宗族祭祀场所。民国初期,本村戏班"雍睦堂"在祠堂戏台内演出。戏台承载了特定时期的历史信息,因此具有一定的历史价值。

"敦化堂"前进为增大戏台檐面视广角,采用了移柱形式,后进为增大寝堂明间间距,故减少了檐面次间间距,此做法类似移柱造形式。祠堂除大门外,还另设4侧门,满足疏散需要。以上做法既设计合理,又满足功能需要,因此具有一定的科学价值。

"敦化堂"门屋戏台木雕梁枋、前天井檐口一周斜撑、享堂内梁栿平盘斗、蝴蝶木、象鼻梁头及后步异形剳牵、叉手、托脚均雕刻各种纹饰、图案,栩栩如生,工艺和美术美轮美奂,具有极高的艺术价值。

(三)歙县郑村郑氏宗祠

郑氏宗祠位于歙县西郊6公里处郑村镇郑村前街,坐西北朝东南。南北两端为村中街道,北隔村道,与郑村镇政府(原"余园"旧址)相望,南边门口原为一个大平坦,东与血防站及郑禅户毗邻,西边则被一、二村民组库房及张清果、胡桂平二宅紧邻。郑氏宗祠是歙县气势最宏伟、规模最大的祠堂之一,1998年曾被列入安徽省文物保护单位,2006年郑氏宗祠被国务院列为全国重点文物保护单位。

(1)概况

郑氏宗祠,又名"忠贞祠""师山先生祠",是郑氏的祖祠,始建于明成化丙戌(1466)年间,是郑专美和郑继美父子为纪念元代著名学者、教育家郑玉(人称"师山先生")而捐资修建。祠堂坐西北朝东南,通面宽24.9米,通进深73米,建筑面积约1680平方米,占地面积1856平方米。

(2)历史沿革

据史料记载,"师山先生"。姓郑名玉,字子美(1298－1358),歙县人,元代著名学者。至正年间,朝廷授他以翰林待制、奏议大夫之职,郑玉拒不为官,隐居乡里,创办"师山学院",授业解惑,远近闻名,人们尊称"师山先生",明朱元璋攻克徽州时,遭人诬陷,以身殉节。明万历年间扩建门坊,命宗祠为"忠贞祠""师山先生祠"。祠堂于万历己卯(1615)大修并扩建祠前石坊,清康熙癸巳(1713)重修。建国后,辟为郑村粮管站粮库,故十年浩劫幸免于难,得以完整地保存下来,成为现在的一大景观。1994年10月,得中国(香港)文物艺术修复基金会和美国友人安思远先生捐资,进行了大修,竣工后,交县黄梅戏剧团,辟为"古徽州民俗风情馆"对外开放,但后剧团解体,祠堂现已空置。

目前该祠堂现状中的木构架、屋面、天井、地面、石坊等部位又出现大面积的糟朽和残损,亟待整治和维修。为使郑氏宗祠能长固久安地得到保存和保护,歙县文物局拟对该祠堂进行整体修缮。

(3) 建筑形制

歙县郑氏宗祠是国家重点文物保护单位,为典型徽州廊院式祠堂,规模宏大,在徽州古建中,仅次于徽州区呈坎"罗东舒先生祠"(又名"宝纶阁"),并与"罗东舒先生祠"、绩溪县龙川"胡氏宗祠"并称为徽州三大祠堂。而其地处小盆地的平原上,三进两名堂,腰廊缦徊,檐牙高琢,空间层次丰富,建筑古雅壮观,三雕优美,遍及全祠,又极有地方独特风味。

郑氏宗祠建筑历史悠久,风格典雅,保存完好,是研究徽州古建筑历史的标本,是保存徽文化内涵的载体,是名城中古建筑的典范,具有极高的历史价值和艺术价值。

祠堂主体的建筑风格亦完全体现该地区独特的明代建筑形制结构,构件用料硕大。梭柱、覆盆式柱础,其中斗拱形式就多达四种,雀替、平盘斗、柁峰、梁栿等木雕刻图案生动,雕刻工艺极为精美,而石坊上锦纹雕刻细腻丰富,典雅工丽。

整座祠堂由仪门前石坊、门屋、享堂和寝堂四部分组成。

【石坊】 石坊为四柱五楼式,宽9.86米,高12.5米,为明万历四十三年(1615)祠堂大修时加造,灰凝石质。梁柱用料硕大,与额枋之上都遍饰锦纹雕刻。此坊上无"圣旨""荣恩"牌,为民间私立,故称门坊。

【门屋】 门屋(前进):由门廊和门厅组成。门屋七开间,内柱纵向装修隔断,檐柱采用木、石组合柱。明间与次间较梢间与尽间高,悬山屋顶,为八檩七步架。梢间、尽间为六檩五步架。中门前置一对大贺青抱鼓石，左右厢墙设东西向边门，供下人日常出入。门屋前檐为抬梁式，上铺天花。后檐设"人"字轩，檐柱与金柱间用五架梁月梁，上置平盘斗托童柱支承三架梁月梁，梁上亦立童柱支承脊檩。门屋前后檐柱础为覆盆式，金柱为方柱础，明间与次间普拍枋上置七辅做四跳计心斗拱共 16 朵（前后各 8 朵），梢间与尽间月梁上置五辅作出两跳计心斗拱共 20 朵。门厅东、南、西边列柱间均安装了砖砌装饰隔墙（整座祠堂临墙处均采用了这种做法，所谓"见木不见砖"）；门屋明间大门入口处为条石地面，其余采用方砖地面。

【庑廊】 前进天井两侧庑廊，开间 2.68 米，进深 18 米，作双步架"人"字轩式，为三步架月梁抬梁式结构，三架梁上立一斗三升斗拱支承额枋，枋上立童柱承脊檩。檐柱月梁上置五辅作出两跳斗拱支承屋面出檐。两廊同时以披向天井的一披水屋面相对应设置。

后进天井两侧庑廊开间 2.4 米，进深 7.12 米，其屋面以双步架的形式分别搁置在门屋的后檐缝和后边享堂的前檐缝木构架上减去檐口落地柱，形成了开间进深为双步架的庑廊。西侧墙开有侧门，廊院地面为方砖铺地，前后天井地面为石板铺地。

【享堂（中进）】 享堂是此建筑中体量最大的分幢建筑，面宽五间，梁柱用材硕大，享堂共有三十二根立柱，其柱径均较硕大，明、次间四根前金柱直径达到 520 毫米，明、次间四根后金柱直径亦有 460 毫米，其他柱直径亦有 360 毫米、420 毫米不等；享堂悬匾曰"济美堂"。雀替、叉手、瓜柱、平盘斗与垫木等处，均施云头卷草雕饰。前檐柱与内柱间为轩，轩地面降一步，与两侧廊庑相连，形成廊院。为了彰显宏伟而将明间的前檐柱进行了平移，将明间檐缝的阑额月梁截面加大（达 560 毫米×560 毫米）；享堂木构架总计十二檩十一步架，前檐柱缝与前金柱缝间为五檩四步架；"人"字轩顶棚，明次间前金缝与后金缝间梁架，五檩四步露明梁架，梢间则为五檩四步穿斗式梁架；前金缝上立草架升至享堂正脊；明间后金柱与后檐柱乳栿相连，作"人"字轩顶棚；明间后金柱间、次间和梢间后下金柱间为双面活动皮门；梁及阑额均采用徽州月梁做法,形成一高敞的主空间,前檐木、石组合柱,石柱方47厘米。享堂前檐月梁上置六辅做出三跳偷心造斗拱12朵。享堂地面除阶沿用条石铺砌外,其余为方砖地面。

【后寝(后进)】 七开间,寝堂地面高于前面天井122厘米,设三踏道,各七级。明间、东西次间和东西梢间用以供奉祖宗牌位时活动场所,东、西梢间则为厢房,应该是储物或供护祠人居住所用,在柱础之上铺设地板,上铺天花;柱网除东、西边列与前面的建筑相通外,其余柱轴线与前两进不相通,自成格局。后寝进深7.38米,加上神龛进深2.2米,总进深为9.58米。后寝共有36根立柱,后檐柱及东西边列柱径均较小,直径200毫米左右,前檐普拍枋上立五辅作两跳计心造斗拱以承出檐。前檐柱与金柱间为四架梁上立童柱承双架梁的卷棚式结构,前后金柱间为抬梁式上铺天花。后檐柱与后金柱之间为神龛,于1994年修复,现保存较完好。后寝明间、东西次间、东西梢间为方砖地面,东西厢房为架空木板地面。

(4)勘察结论

经过对郑氏宗祠详细勘测后,从月梁满月形梁眉雕刻图案(明代遗构中的月梁梁眉舒缓,呈半月牙状)、月梁截面高大于宽的比例形制、斗拱形制以及木雕等装修手法上都充分体现了明代早、中期建筑形制和特征。

郑氏宗祠为全国重点文物保护单位,是在徽州古建中现存为数不多的较为完整的宗祠之一。郑氏祠建筑本身是体现特定历史时期建筑材料、修缮技术以及文物、艺术等各方面信息的载体。郑氏宗祠建筑历史悠久,风格典雅,保存完好,是研究徽州古建历史的标本,是保存徽文化内涵的载体,是国家历史文化名城中古建筑的典范。

图 6-3　歙县石潭吴氏宗祠雕梁画栋。

图 6-4　歙县郑村郑氏宗祠享堂轩昂。

图 6-5　祁门珠林"余庆堂"宗祠戏台建构华美。

图 6-6　祁门桃源陈氏宗祠"保极堂"厅院敞亮。

图 6-7　祁门珠林"余庆堂"精美雕饰

图 6-8　祁门桃源陈氏宗祠"持敬堂"天井

图 6-9　歙县昌溪吴氏"太湖祠"　　　　图 6-10　歙县昌溪吴氏"太湖祠"木结构

图 6-11　歙县昌溪吴氏"员公支祠"天井　　　图 6-12　歙县昌溪吴氏"员公支祠"大厅

图 6-13　歙县北岸吴氏宗祠享堂肥梁　　　图 6-14　歙县北岸吴氏宗祠享堂硕柱

图 6-15　休宁黄村"进士第"硕柱肥梁

图 6-16　休宁黄村"进士第"大天井

图 6-17　歙县北岸吴氏宗祠寝殿建构

图 6-18　歙县石潭吴氏宗祠"叙纶堂"木结构

图 6-19　歙县棠樾鲍氏女祠"清懿堂"大门

第六章　徽州宗族祠堂建筑艺术

图 6-20　歙县郑村郑氏宗祠轩昂的寝殿

图 6-21　祁门桃源陈氏宗祠"持敬堂"前进天井

图 6-22　婺源县黄村"经义堂"厅院

图 6-23　休宁溪头"三槐堂"木结构

图 6-24　歙县昌溪周氏宗祠"六顺堂"大厅

第三节　徽州宗祠的建筑装饰艺术

　　明清时期,徽商经济实力雄厚,许多宗族的族丁是驰骋商海的大富豪,他们为强固宗法制度,回报宗族对他们为商的支持,慷慨捐资,堆金砌银,为建祠堂出力,把徽州祠堂建筑装饰艺术发挥到极致,既是表示对先祖的孝敬之诚,也是一种财富的炫耀。其建祠用材考究,砖、木、石雕精琢细刻,庄重典雅、秀丽气派,祠堂建设体现了徽州建筑的最高水平。歙县呈坎罗东舒祠、绩溪龙川胡氏宗祠、婺源汪口俞氏宗祠、歙县北岸吴氏宗祠、绩溪周氏宗祠、黟县珠坑"文叙堂"、黟县西递"追慕堂"、黟县西递"敬爱堂"、黟县南屏叶氏宗祠、歙县大阜潘氏宗祠、歙县郑村郑氏宗祠、祁门历溪"合一堂"、祁门历口"贞一堂"、休宁溪口"三槐堂"、休宁黄村"进士第"、婺源豸峰"成义堂"、黄村和百柱宗祠等,其三雕装饰艺术都堪称代表作。

　　石雕装饰精湛端丽　徽州祠堂石雕的主要构件是石栏板、抱鼓石、柱头狮、石础等。明代嘉靖年间(1522—1566)建造的呈坎罗东舒祠的20块"夔龙戏灵芝"雕刻精美、无一雷同。其从纯佛教雕刻中摆脱出来广泛用作民间建筑的雕刻装饰,在徽州三雕艺术史上第一次放射其光彩,其勾阑的石华板雕刻也是徽州一绝。明代勾阑石望柱多作方柱抹角,石华板图案富于律动感和装饰美。罗东舒祠享殿前两庑20块勾阑板,用同一题材"夔龙戏灵芝",却雕刻出变化多端的画面。石栏板上20对浅浮雕龙,每块石华板图案均用太极图骨式,两兽回旋顾盼,作S形错合,其形象非龙、非虎,却略似虎头、龙身,雕刻极薄,刀刀分明,形象遒劲,构图饱满,S形骨式产生旋风般的律动感,四边围合的回纹又将流转的气韵收拢于长方形平面内,使之在强烈律动之中动、静、方、圆互补,绝不涣散,充分表现了中国传统石雕装饰构图以线造型、气韵生动的特点。石雕刻虽无斑斓色彩,但在日光月影下却显得宜素宜晕,光影绰约,变幻无穷,效果反倒略胜彩画一筹,是为徽州石雕华板中的极品。清光绪年间(1875—1908)建造的歙县北岸吴氏宗祠的中进,檐柱前由6块黟县青石板和八根石柱组成了一幅"西湖十景图",全长约 8 米。采用平雕、浮雕为主,刀法精致,古朴大方。从东往西第一块是"断桥残雪",第二块是"柳浪闻莺"和"花港观鱼",第三块是"曲院风荷",第四块是"平湖秋月"和"双峰插云",第五块是"三潭印月"和"苏堤春晓",第六块是"南屏晚钟"和"雷峰夕照"。随着画卷的展开,起首只见一座高岗,犹如文章的开门见山,继而山峦平缓、水波不兴;接着第二块图中湖水更加阔远;第三块是画卷高潮,山坡上的房舍占满了画面的大部分空间;第三、第四块是夏天;第四块转第五块时明显在推远,因为出现秋天的景,像繁华落尽的感觉,树叶脱掉了;第五块之后一路连续六座小桥如音符有节奏的跳动,犹如大的交响曲里面的一个无伴奏的大提琴,一个单音一个单音地接下去,看去虽平淡,但是却有着"无声胜有声"的笔法,使简略的景物蕴含连绵不绝之意。结尾处又是一座山岭陡立,与卷首呼应。整幅作品中,起伏的山峦形成自然的段落,水势贯穿始终,景物疏密有致,起承转合,环环相扣,引人入胜。布局疏密有致,变幻无穷,生动地展示了西湖的优美风光,可谓景随人迁,人随景移,达到了步步可观的艺术效果。宗祠天井水池后壁上方,镶嵌着一副石雕百鹿图,由 9 块石雕拼成,采用圆雕、透雕、浮雕技巧,立体感很强:栩栩如生、大小不等的一百只山鹿;石壁生辉,矮而粗壮的黄山松;重重叠叠、高高低低的奇岩怪石;淙淙流淌、弯弯曲曲的小溪;路旁溪畔,疏疏密密的小草;飞鸣啼叫、前后觅食的小鸟,构成一幅幅清新隽永的深山野趣图,可谓徽州石雕一绝。宗祠第三进寝殿天井栏杆,由 13 块栏板组成,望柱上饰石狮,栏板上镌刻博古图,亦极工丽。天井栏杆分东面、西面、北面三组。北面 7 块,每块内壁石雕上雕刻 5 件博古图,合计 35 块;东、西各 3 块,每块内壁石雕上雕刻 3 件博古图,合计 18 块,参照佛教五供供奉或祭祀用器雕刻,寓"太平有象、吉庆平安、香火不断、平安如意、一甲一鸣"等吉庆涵义。总计 6 块"西湖十景图"、7 块"百鹿图"、13 块"博古图"。歙县清光绪年间(1875—1908)建造的瞻淇汪氏宗祠,其 9 块石雕栏板最为精美。石栏杆光绪二十八年雕刻,从西往东依次是芙蓉、佛手、桃花、玉兰、松石、竹石、梅花、柏树、荷花图案,石雕图中佛手象征"福至"。佛手的枝干自上而下生出,长短疏密,粗细曲直合于自然,穿插生动。树叶阴阳向背,果实满压枝头,果皮的斑点以鏨鱼子地雕刻点出,从而生动地表现出佛手皮粗糙不平的质感,大小相同,有疏有密,望去真实可信。湖石中生长的野菊,径杆细嫩,绿色的花叶,顶端黄色的花朵,在微风中俯仰摇摆,有的展开笑脸,有的含苞欲放,千姿百态,争奇斗艳。地面杂草丛生,颇有野意。湖石用细紧柔劲的线条勾出轮廓,完密地皱擦出山石的质感。湖石点苔,空灵剔透,与菊花的繁茂形成对比,拉开空间层次,也更突出秋菊古拙艳雅的傲然之气。湖石在花丛中挺拔而出,颇有凌云之志,给人以蓬勃向上的精神启迪,衬托着佛手瓜的枝条,绿叶映托,一个个硕大的佛手瓜硕大、黄灿灿、沉甸甸地坠在枝头,给人以丰收的喜悦,与湖石的荒率形成鲜明的对比,产生一种动态的美感,上下交相辉映,美质倍增。民国年间建造的祁门"贞一堂",其后进有东西天池各一,天池四周石柱和栏板上,均刻有各式各样的花鸟图案,如鲤鱼喷月、雁落荷花、松鹤延年、松柏常青等,雕刻精细,都是徽州祠堂石雕出色的代表作。

徽州宗族祠堂石雕装饰,有的还饰有平板浮雕鱼化龙,寓意身份的变化带来运程的升腾。构图丰满,写实写意并存。灵芝云纹具有很强的装饰效果。

徽州宗族较大的祠堂,石雕狮子主要有柱头狮、祠堂门口的摆件对狮。歙县北岸的吴氏宗祠柱头狮、绩溪县城的周氏宗祠柱头狮、祁门县渚口"贞一堂"柱头狮、绩溪龙川胡氏宗祠大门对狮、隆阜戴氏"荆墩祠"大门对狮等,都是徽州祠堂石雕精品。歙县北岸的吴氏宗祠石雕栏板望柱上的石狮,如母子嬉戏,表现出工匠的乐观情怀和开朗的个性。胡氏宗祠仪门前,屹立着一对活泼可爱、神态祥和、极具人情味的石狮子,是用一整块茶园石料雕刻而成的。东边的雄狮脚踩石球,傲视远方,象征着权力;西边的雌狮蹄扶小狮,象征着子孙兴旺、家族繁荣。公狮、母狮都以卷曲的尾巴掩住有性别特征的那一局部,雕刻者有意削弱了不必引起关注的细节。这些,都是民间工匠的高明所在。

较之我国其他地方的石狮,徽州祠堂石狮不似皇家宫殿前的石狮那样威严凶煞,较少粗犷威武,更多地强调它的形体动势和装饰味浓郁的神似,亲和、吉祥。在圆雕技法中更注重浮雕技法的使用,以增强细部装饰效果。一反形体比例上的苛求,大胆采用了"大头""大腿""大嘴巴"的"三大"夸张艺术,有的作品甚至出现卡通化、玩具化的倾向,汲取了徽州民间传统狮舞艺术元素,刚柔相济、亲昵可爱,给人以喜气盈门、平安吉祥之感。徽州石雕对狮形象随时代不断演进。康熙时狮子张牙舞爪、具有杀伤力;乾隆时候的狮子,像哈巴狗,完全不一样。康熙时期的狮子,表明了社会的一种担心;而乾隆时期的狮子,表明了社会的一种放心。乾隆时期,总体上人们心态都比较放松,早晚街头都有载歌载舞的人,有踢毽子的人,整个社会形态喜庆。从整体风格上来看,徽州明清时期呈现出民族上升时期所特有的生气勃勃的艺术风格,其原因就在于徽州地区当时的强盛,这种热情的格调与地域经济生活的富庶是契合的。

不少徽州宗族祠堂大门前还摆放一对抱鼓石。徽州祠堂大门的抱鼓石,是徽州传统民居建筑的主要组成部分和建筑工艺的精华之一,也是古代标志宗族门第等级和族人身份地位的门庭装饰艺术品,与门簪、门槛、门扇、门框一起产生古朴典雅的整体艺术装饰美感,是吉祥、祈福、避邪之象征,并与祠堂建筑物相互辉映,和谐统一,起到门庭画龙点睛的作用,成为传统民居建筑中不可或缺的一部分。抱鼓石一般由3部分组成,下部为基座,中部为承托件,上部为抱鼓石。整个造型不对称,抱鼓石有向外突兀的起势,很像一只螺或蜗牛,抱鼓石就像是其所背负的厚重外壳。雕刻颇为讲究,选材考究,工艺精湛,雕刻物栩栩如生。为了让精美的石头会"说话",徽州工匠们便在这"鼓座、鼓面"上的装饰动心思、做文章,使之更加丰富多彩。黟县南屏叶氏宗祠大门前两侧抱鼓石与两旁石地栿均用黟县青石雕刻,鼓座高浮雕兽头,须弥座束腰高浮雕博古。石地栿高1米余,地栿束腰雕刻《八骏图》打磨精到、皮壳一流,为徽州祠堂之精品。最大的是绩溪县周氏宗祠大门前的一对抱鼓石,高达两米。而祁门渚口"贞一堂"的汉白玉抱鼓石则为徽州所少见。麒麟纹为北方石作风格。在整个明朝晚期到清朝康熙时期,麒麟纹中的麒麟经历了由卧到坐、到站的转变过程。明朝中晚期的麒麟都是卧着的,到了康熙时期,麒麟全是站着的,状态不一样。这是因为康熙时期,整个国家都呈现蒸蒸日上的状态,每个人也都是紧张的状态。祁门"贞一堂"的麒麟明代风格十分明显。

图 6-25 呈坎罗东舒祠厅院石栏上的石雕

图 6-26 歙县北岸吴氏宗祠享堂石栏上的石雕

图 6-27 歙县北岸吴氏宗祠寝殿石栏上的石雕

图 6-28 歙县瞻淇汪氏宗祠石雕

图 6-29 徽州宗祠石栏上的石狮

图 6-30 徽州宗祠门前抱鼓石

图 6-31 徽州宗祠门前抱鼓石上的麒麟

图 6-32 歙县瞻淇汪氏宗祠石雕

木雕装饰精美绝伦 在徽州祠堂建筑装饰中,木雕数量最多,艺术成就也最高。祠堂木雕主要构件有:格扇门、雀替、倒爬狮、撑拱、梁柁、平盘斗、童柱、额枋、花替等。

徽州祠堂的隔扇由一个门扇框组成,直的称"边梃",横的称"抹头"。它们被认为像人的身体,分为眉板、身板、腰板、裙板四部分。

安装透光的通花格子被称为"格子门心"或"格心",下半部实心木板称"裙板",裙板面积校大,格心与裙板之间称为"腰板",最上面的小块横板被称为"眉板",最下面的小块横板称"地脚板"。隔扇雕饰不仅具有透光与延伸的效果,多变的花纹组合更为单调平板的门面添了不少的趣味,是建筑物中最耀眼的地方。徽州工匠很懂得欣赏者的实际需要,隔扇中部的束腰与人视线持平,是观赏的最佳角度,因而往往用以刻画带有情节的民俗故事、戏曲故事的人物图案。在下部"裙板"上则一般是翎毛走兽、花卉、八宝奇珍等画面。"格心"以图案变化制胜,多榫合而成,也有镂空雕作。

明代到清代中期,格心大都流行简易朴素的直棂、方格,雕饰精美的较少。徽州区呈坎罗东舒祠宝纶阁隔扇门是徽州明代祠堂阁扇门的标本。

道光至光绪年间,格心形成两种风格:一类图案简洁大方、疏密匀称,给人以宁静雅淡之感;另一类繁缛细致、变化入微,显得华美精丽。

绩溪县龙川胡氏宗祠，其祠内装饰，尤以保存完好的各类木雕为最，有"徽派木雕艺术宝库"之称。正厅两侧各为高达丈余的落地隔扇门，每扇门上截有镂空花格，下截是平板花雕，内容以荷为主体，间以水禽。正厅20幅落地隔扇木门，裙板雕荷池胜景，镶装于胡氏宗祠正厅的东西两厢。东西各10幅，由南至北各分成3组，组与组之间各以2根圆木柱分开。隔扇门分大小两种规格，其中东三、西三组各2扇为大落地隔扇门（高410厘米、宽70厘米），东一、东二、西一、西二组各4扇为小隔扇门（高410厘米、宽60厘米）。胡氏宗祠落地隔扇的特点是强调文化内涵，讲究情趣，收敛含蓄。尤其图案化的隔扇格心，采用"书条海棠羊角"纹几何图案作为装饰主体，长处是对称、连续、旋转、排列等手段组合规律性强，因而富有节奏韵律；大面积整齐划一的装饰，视觉冲击强烈；大面积的浮雕与透雕的格心产生强烈的对比，装饰效果相得益彰。

落地隔扇门高410厘米，上夹堂板、中夹堂板和下夹堂板高度为20厘米双龙拱寿纹、如意纹、卷草纹。上部格心为木棍拼作"书条海棠羊角"纹，空灵剔透，底部为裙板荷池胜景。

隔扇门的腰板处于人眼的平视偏下的位置，但由于裙板面积较大，人们站在其前两米左右的距离，便可以清晰地平视观赏；又因为裙板比较薄，容易被破坏，所以采用了浅浮雕形式。

考虑到裙板的荷花图案姿态妍丽、仪质万方，为了不冲淡主题，于是腰板就雕刻成纯装饰的图案。隔扇门的格心、上下夹堂板雕刻亦为纯装饰图案，这既是为了室内的通风和采光，又起到烘托裙板和腰板的效果。

框架的线条装饰以不醒目为原则，不饰雕工，仅以打洼、委角、起线等简单工艺施做，好处有二：一是不易碰损，经久耐用；二是将装饰中心突出，避免喧宾夺主。

木雕章法上，主与客，动与静，开与合，聚与散，虚与实，有与无，相互结合，恰到好处，把一幅幅《荷花图》雕琢得精美绝伦。隔扇门的眉板立边委角长方形外框刻卷草纹，线型饱满肥厚有力度。卷草纹初为随佛教传入的忍冬纹样,唐代流传日本,日本人称"唐草",后世民间艺人将其广泛运用于建筑、家具、工艺品的雕饰。眉板在门的上面,在雕饰时十分注意欣赏视线,所以雕刻粗放,用镂空技法以适应远视,不仅具有通透空灵的视觉感受,而且具有仰视的艺术效果。隔扇门的地脚板立边委角长方形外框,如意卷草云纹仿石雕刻,圆浑健劲,刀锋圆活,剔刻干净,打磨光润。腰板尺寸,高20厘米、宽50厘米,平面薄浮雕,委角立边长方形外框。隔扇门的腰板为螭形龙又称"拐子龙",乳突眼,下斧唇,上唇翻卷,独角前弯,如意鼻,鬣前披,形象恐怖,不见经传,是清后期随意"创新"的龙纹。中为"圆寿字",亦称"团寿字"(以变体的篆书"寿"字构成吉祥图案),为"双龙拱寿",寓意吉祥康寿,线脚挺括,刀法圆熟,功力老到。门腰板在清中以后一改以前的高浮雕,逐渐向浅浮雕发展。一方面是风格的改变,另一方面是出于实用的需要,因为门窗腰板处于公共场所,位置适于人手触摸,如果雕得太立体容易损坏。另一种解释为,由于门窗较为接近地面,容易受尘,所以门窗雕刻一般采用薄浮雕装饰,使其便于保洁。

门窗上雕刻拐子纹图案,为什么不直接用龙呢?原来在古代,龙的图案是皇权的象征,除了寺庙里可采用龙纹装饰外,民间不得随意使用,于是民间艺人将龙的图案加以变化,由龙头和纵横曲折的几何纹或卷草纹组成,名曰"拐子",因为"拐"与"贵"谐音,又有"贵子"的涵义。拐子龙源于草龙,又脱胎于草龙,形成一种独特的表现形式。拐子龙的线条装饰显得挺拔、硬朗,转折处呈圆方角。龙的头部也呈方圆形,整体协调一致,简洁明快,又有一定的装饰意趣,常用在家具、室内装饰及建筑的框架上。

隔扇门的裙板,宽50厘米、高100厘米,平面薄浮雕。如意云头委角立边长方形外框。四角如同四只抽象的蝙蝠,遥相呼应,寓意:事事如意,四福齐至,代代相传。裙板上所雕荷花螃蟹图,荷塘一角,雕有三张荷叶。最上一张莲叶朝上曲卷,叶脉走向随之宛转,编织成一张有机网络,朝空中弥漫出无穷的张力;中间一张,朝左翻卷,舒卷有致;最下一张,莲叶朝下,低重若帽,叶片边沿略现蚀孔,似已泛黄,显示出时已临秋,形成一种极其自然的真实感,大卷小翻使得画面一下子活了。四朵荷花,底下一朵娉婷窈窕,秀挺独出,含苞而立;居中一朵盛开怒放;最上一朵花瓣已开始凋零脱落,结出莲蓬;右边一朵独剩莲蓬、莲子,一只喜鹊落于其上啄食果实,管钻圆圈饰莲蓬子,籽粒均匀整齐。喜鹊敛翅翘尾,短嘴尖喙,阴刻圆圈眼,神态生动,造型灵逸,瞬间的动态,刻绘得十分准确生动。荷叶之下,荷梗之后,水波潋滟,萍藻浮动。十三朵塔形水草极富装饰功能。两只螃蟹张牙舞爪,相对爬行,两螯一曲一伸,令观者似乎听到一阵阵"沙沙"细响。两蟹喻二甲,芦草中"芦"与"胪"同音。旧时科考一甲第一名为状元,二甲第一名为传胪,又金殿唱名亦谓之"传胪",寓科举中第之吉兆。此板整体造型疏密有度,既有柔美秀媚,又有清朗潇洒;既有轻刀皴琢,又有猛削渲染。

　　裙板上所雕莲池鸳鸯图,一株芦苇遒劲有力、率意地穿插其间,充分利用画面上部的空白,不仅意境高远,而且弥补了背景的动态弱势,构思非常巧妙。上面的一张莲叶朝右曲卷,中间一张肥大翠绿的荷叶翻卷过来,低重若笠,莲叶朝下,叶边内卷,叶脉双阴线刻,叶缘刻缺,裂隙严重,与下面一张向上曲卷的小莲叶彼此呼应形成对比。圆敦秀柔的茎秆再也禁不住硕大荷叶的分量,最终无奈地弯曲了。上面的一朵荷花带着最后的两片花瓣凋零着,露出已经结子成实的莲蓬,莲蓬向上的一面有许多小孔,里面睡着荷花的种子,饱满充实,给人以收获的喜悦和成熟的美感;中间的一朵花萼平展、花瓣密集、层次丰富、欲放还休;底下一朵在两张荷叶间,露出了一个花骨朵,紧裹花蕾如"生命之烛"。一对鸳鸯在花叶的庇荫下凫于水面悠然戏水,一派祥和的氛围,打破了一池碧水的宁静。鸳鸯翎毛清晰,尾羽灵动,一只缩颈凝视前方,另一只回颈俯视其伴,眼中更像有脉脉的情意,极尽亲昵之态,雌雄相互顾盼,仿佛在窃窃私语。徽州工匠仅在鸳鸯游弋处雕刻几笔水波纹,既表现出鸳鸯的动感,又反映出水面的荡漾。此板雕工工整细致,虚实相合。荷叶的脉络、荷花的三种姿态及荷柄自然伸屈都刻绘得极其生动,而水波、水草、芦苇以数刀刻就,使画面呈现一种空灵润泽的感觉。一枝一叶皆守法度,巧于安排,精心设计,给人以完美的艺术享受。

裙板上所雕荷花虾乐图，荷梗挺拔，承托着硕大舒展的两片荷叶，大得几乎塞满了画面，大胆的夸张强化了视觉上的冲击力。图中最上边的一朵荷花全开放了，那盛开的荷花中间，露出嫩黄嫩黄的小莲蓬，左边斜出一枝灿烂的荷花，紧紧依偎着碧绿滚圆的荷叶，右边一个花骨朵，胀得快要破裂似的，只开放了一点点。荷塘中水波涟漪，清澈明快，水中植物依稀可见，浮萍水藻飘曳，灵动洒脱；水草交插纵横，生机勃勃。一对大虾尖峭猛辣，追逐嬉戏，形象传神，手法夸张，野趣十足，意境萧远，尤其是虾的尾巴造型夸张、罕见。龙虾则在水下慢慢潜游，荷花、莲叶随风摇摆；水草在水波中摇动翻转，使观者有如置身于水族箱前。

龙虾、芦苇一组，古人寓"二甲传胪"。原因是虾为甲壳动物，取甲，即二甲；"芦"与"胪"同音，即"传胪"。寓意为"金榜题名"。

裙板上所雕荷塘蛙趣图，画上部的一张荷叶高擎如伞，在人们的视线外慢慢地舒展开了自己的心怀，摇曳着沁人心脾的清香。中间两张朝下低垂如伞，残败的荷叶，枯黄斑驳，其叶片边沿均已泛黄，显示着时已临秋。正反两朵荷叶，一朵用单阴线刻绘；另一朵背面用双阴线雕刻。用刀劲健流畅，生动自然。两朵荷花，一朵扭扭捏捏、羞羞答答地躲在绿色的"雨伞"底下；另一朵已经开了一些时候，花瓣尽情张开，向四外伸展，层层叠叠，将中央的花蕊暴露无遗，陶然欲醉。一只青蛙从荷叶上跳到塘岸土坡上，只见它弓着腰，撑着四爪，张着嘴，瞪着大眼睛，聚精会神，盯着面前的一顿即将到口的美味佳肴，欲跳跃，欲扑食；另一只离塘岸远一些的青蛙在水中，大约也想像同伴一样跳到岸上来，正奋力向它的同伴靠近。慌乱中，它的一只脚在泥里滑了，给画面平添了几许生机与野趣。几抹如皱阴线，勾出塘岸土坡，苔藓匍匐其上，花草依依。荷塘潺潺流水，飘浮着红蓼、蒲草、浮萍、水藻，与荷叶的颓势和青蛙的鲜活形成强烈的对比。人类的始祖为女娲，"蛙"与"娲"谐音，也与娃娃的"娃"谐音。蛙是益虫，民间视其为神灵之物，能降福于人，避邪镇宅，还能赐子。蛙与莲组合构图，称"蛙戏莲"，莲蓬和青蛙都是多子的，以此表达希期繁衍后代的愿望。寓意连生娃娃，或连生贵子。

胡氏宗祠享堂正厅上首也是一排落地隔扇门，雕刻画面以鹿为中心，衬以山光水色，竹木花草。后进是寝堂，上下两档，中隔一个狭长的天井。寝堂隔扇门雕刻的全是花瓶，采用浮雕和浅刻技法。隔扇门中间的腰花板上，分别镂刻着八仙道具、文房四宝、书案画卷、圆椅条桌等，小巧玲珑，立体感强。

北岸吴氏宗祠内有六块《山水人物》木雕裙板，竖构图。此花板给人的第一印象是苍茂寂静、雄厚深远，具有很强的整体感，房舍、杂树、渔舟、坡岸点缀其中，但丝毫不见琐碎繁乱。这些山水花板颇得新安画派苍润古秀的韵味，画面下部山丘之上的一片茂密的树丛，既是画面的起点又起到了稳定画面重心的作用。几间茅舍参差栉比，相继向画面上方伸延，承接着全画的气脉。山腰间围绕着的白云，宛如一条条飘舞的锦带，为作品增添了许多生机。远处山峦叠嶂，逐步向外伸展，大有江山无尽的气魄。画面上方留有大片空白，使作品更显高远，这种构图方式充分表现出新安画派构图中起、承、转、合的鲜明特色。其《溪山古寺图》近景的溪边土坡之上一株红枫，高大茂盛；两株苍松高耸直上，刻绘细致，将松树错落有致、繁缛茂盛的松针、老干的秀逸挺拔，乃至麟皮、结疤均表现得活灵活现。树下杂草丛生，树旁草屋被形如华盖的茂密树叶遮蔽。远景画面崇山峻岭，峰峦崔巍，高大雄伟，出入云表，山腰中烟雾笼罩，流云缥缈；峡谷中瀑流飞泻，自上而下曲折蜿蜒，山上山下树木林立，葱郁多姿，生机勃勃。山路小径崎岖曲折，隐现于山岩和高树之间，通向山谷中的野寺，使观者体会到"曲径通幽"的意境。山寺高顶飞檐，错落有致，令人恍然如闻悠扬的钟声在山间萦绕回荡，经久不散。全图重点表现山野的宁静、清幽，再现大自然的美丽丰茂，并为隐现在山间林木中的山寺营造出神秘清静的氛围。木雕取全景方式，以鸟瞰角度，采用自山前而窥山后的"深远法"构图布局，所绘山势呈纵向向画内伸展，蜿蜒曲折，愈来愈高，追求幽远。画中主体是山上的房子，宾体是高山。房子虽小，但刻画得较具体，位置也很突出。高山虽占据的面积较大，但没有给人以喧宾夺主之感。其《携琴访友图》远处三座山峰，比肩而立，相依相伴，其山形均为尖削瘦直，其势高耸挺拔，陡峭险恶。中景大块留白的湖面与繁密的山石、树木形成疏密对比,扩展了画面的空间感。近处山势崎岖,树木高耸,山间有一蜿蜒小路直通山下湖边,游山赏景的主人缓步策杖前行,意兴正浓,身后一书童抱琴相随。前行高士头戴巾帽,手拄拐杖,长袍拽地,神态和穆安详,凝视前方。画中人物似乎为春秋楚国之伯乐——伯乐,擅音律,琴曲《水仙操》即为所作,又传《高山流水》亦为其作品。画中人物虽然只是"点景"之作,但置身于如此幽雅怡人的自然环境中,自然增添了许多高雅气息,显得闲云野鹤,超尘拔俗。图中人物虽小但勾描工中带拙,形神兼备。山的地位远远超过人物,它显示了中国传统的宇宙观:大自然生生不息,亘古不灭,人类则如同山中行旅,只是一介短暂停留的过客。

徽州宗族祠堂木雕雀替,是徽州祠堂古建筑特色构件之一,由拱形替演变而来,置于屋架额枋下与柱相交处,以加强额枋和减少跨距,于明代后才广为运用,至清时成为一种风格独特的构件,其形好似双翼附于柱头两侧,极富装饰趣味,民间根据其形态常将其称为"雀替"。在漫长的中华建筑史中,雀替是一种成熟较晚的构件和制式。虽然它的雏形可见诸北魏,但是到了宋代,还未正式成为一种重要的构件。这个时候它还只是柱上交托阑额的一根拱形横木,只在上面雕琢一些简洁的浅雕,所起的装饰作用很小,并不受人注意,那时它也不叫雀替,而称为角替。雀替在数百年的发展过程中,经历了外形、工艺、装饰、色彩的多种变化,逐渐由一个单纯的力学构件变成了力学与美学的统一体。雀替以一种生动的形式,给徽派建筑物带来了力与美的碰撞,动与静的结合,舒缓与激扬的协调。雀替明代为丁头拱;清代又称雀替为插角或托木,安置在梁与柱交点的角落,实际上是檐柱与横梁之间的撑木,承受建筑物檐与檩之间的重力。这样就将屋顶的大部分重力传递到柱子上,让建筑物更加稳固。建于明嘉靖(1554)年间的潜口汪氏支祠"曹门厅",其丁头拱雀替,是放置于梁柱间的支撑物,呈不规则的三角形,好像一对翅膀在笔直的柱子上端舒展,既缓解了柱子给人的单调空旷之感,又填充了屋檐下的建筑空白,使整个建筑物充满无限的张力。呈坎罗东舒祠后进"宝纶阁"金柱柱顶左右各饰一镂雕云龙纹的圆形雀替,比檐柱左右三角形雀替更富装饰感。

这些雀替像张开将欲腾飞的翅膀,给静止的建筑带来动感和生气。从建筑学角度来看:建筑是构件的巧妙集合,任何构件,即无论是梁柱、雀替还是柱础,本可以极尽简易,只要能达到承重自身作用即止。而徽派建筑艺术却发展必要的构件作为局部审美对象,在不改变和影响构件的实用原则下,精心地加以雕饰美化。诸如同样是雀替,素身不雕与施雕美化,其实用功能相同,但若论赋予建筑的美感、舒适感,前者就大不如后者。绩溪龙川胡氏宗祠的雀替在"宝纶阁"圆形雀替的基础上又加了一个圆形开光,开光之内雕刻神话故事。

  雀替造型几乎都是"三角形",或不规则的三角带圆弧形。所雕的画面也有限,在整个建筑梁架的位置又较高,首先是附加大冬瓜梁的力学装饰。不仅要让人仰视观赏,而且要让人看清上面所雕刻的内容,从某种程度上讲是考验徽州工匠的综合水平和构思处理画面的能力,要求考虑到在有限的三角形里,人物不可过多,故事主题必须鲜明突出,对人物、故事或戏剧必须来一个"缩写",而且要让人一目了然,知道是什么典故,什么戏文。层次要上深下浅,镂空里面的人物;头部上身略微放大,并向前倾斜,下身收缩,这样才能使下面的人观之舒服;而梁垫外层的人物,一般雕刻全身,侧面或背面对着观众,与里面的人物故事起相互呼应的作用。屋宇和山石之间,处理也非常简洁,但另有讲究:往往屋比山大,人比屋大,通常屋宇、大树被安排在画面边框,山、石、树往往上半部精雕,下半部简易或被人物遮掩,以便更好地突出人物主题内容,但又穿插其中。雀替作为置于梁枋下与柱相交的短木,可以缩短梁枋的净跨距离,改善梁柱交接处的受力情况,防止横竖构件间的角度倾斜。黄村百柱宗祠雀替有三种,一种是设置在梁柱相连的九十度角上,作用有五:一、稳定;二、减小两柱净跨距;三、破九十度角,避免风水中说的"尖角煞气";四、破副空间,改变虚空间结构;五、承重。这种雀替相对比较厚实,因为有承重的作用,雕刻的内容大多为花鸟、松柏、飞云流水之类,而且只雕外向一面和下方一面,即目光所及之处。

  徽州宗族祠堂屋架上的撑拱,浙江叫"牛腿",呈三角状,苏南的撑拱细而柔曲,徽州的呈条状。史上民居建筑不许用重拱技术,促使大家广泛采用斜撑,斜撑后来发展为有各种内容雕饰的牛腿,从而成为木雕装饰的一道亮丽风景线。早期撑拱雕饰简单,其形状就像壶瓶的嘴。至明代中期,开始出现装饰性的曲线,用雕刀阴刻。继而慢慢出现花草纹,逐渐往卷草龙、凤形发展。随着浮雕、深浮雕、半圆雕等工艺的出现,内容更加多样化。清代中后期,撑拱的雕刻达到鼎盛,艺人们交错地运用浮雕、镂空雕、半圆雕技法将其雕刻得灿如锦绣,不仅形象雕刻得精美绝伦,而且雕出故事的连环情节,从而使撑拱成了徽州古民居木雕艺术中亮丽的一双眼睛。撑拱分为圆木和三角两种。圆木撑拱以透空雕、高浮雕、圆雕为主,题材有人物故事、花草树木、飞禽走兽等,如龙川胡氏宗祠撑拱木雕,黟县的狮子遍饰金漆,凤凰作展翅状,分外醒目。板式撑拱的题材则更为丰富,有花卉人物、动物、几何图案、云龙等,多采用透空雕和浅浮雕。用材多取香樟、柏木、银杏、杉及其他杂木。徽州宗族祠堂撑拱常见的题材有倒挂狮、福禄寿、和合二仙、八仙过海、渔樵耕读、刘海戏金蟾、魁星点斗、天官赐福等。狮是牛腿雕刻中常见题材。倒挂狮雕刻大胆夸张,构图饱满,气韵生动,线条流畅。横枋所刻人物众多细腻,与狮的造型形成对比。由于狮与人物活动有精神上的相契,所以并不突兀。狮在民间有辟邪镇歪的说法,又有"事事平安""师出名门""官登太师"等吉祥语之意。牛腿上狮子的形态已失去官家的威严,变得生动、活泼、可爱,它用波纹作毛发,卷纹作漩涡,向人们传递着吉祥瑞气。"狮"与"事"谐音,表达住户事事如意的愿望,牛腿的装饰富有深邃的文化意蕴,其题材多种多样,有动物、人物、山水风光等,其中最常见的是狮子和梅花鹿。狮子往往由大狮子和小狮子组成,大狮、小狮即"太师、少师",其寓意为官运亨通,爵位世袭。梅花鹿是珍贵的瑞兽,能给宅居者带来吉祥的前程、如意的生活。

清代时的撑拱,随着时间的推移,其"肚"部的曲线越来越缩减,"肚"的面积渐渐变小,而头部相应的越来越大,并且头部给人感觉突然间下垂,形象上的改变非常明显。歙县棠樾"清懿堂"女祠上的撑拱以卷云为饰,弧线流转生动,旋律松紧变化。如意纹样,纹样流动的曲线舒展自然,充分考虑到了正面与侧面的不同视觉效果,纹样疏密紧凑、巧妙得当。昌溪周氏宗祠上的撑拱

"刘海戏金蟾"木雕一米大小,神采飞扬,栩栩如生。绩溪龙川胡氏宗祠梁头倒挂狮雕刻内容丰富,有寿桃、石榴,寓多子、长寿。花瓶插牡丹寓富贵平安,另一面雕琴、棋、书、画。整狮雕刻极其细腻流畅,刀工老到,雕磨精到,绣球镂空雕就,里面还有一滚动的小球,小狮妩媚,大狮威严,镂雕玲珑,为清盛时徽州木雕的经典之作。倒挂狮乳突眼(眼突如球)黑眼睛嵌的是琉璃珠,在古徽州一府六县中只有绩溪和歙县一带的狮才有这种做法,浙江有些狮子也有这样做的。福建的龙眼木雕在人物、动物上也装配骨制牙和琉璃珠,这三地之间是否有什么联系还有待考证。

图 6-33、6-34　绩溪龙川胡氏宗祠享堂隔扇门木雕

图 6-35、6-36、6-37　绩溪龙川胡氏宗祠享堂隔扇门裙板荷花木雕

图 6-38、6-39　歙县北岸吴氏宗祠山水人物木雕

图 6-40　呈坎罗东舒祠宝纶阁圆形雀替　　图 6-41　绩溪龙川胡氏宗祠圆形雀替

图 6-42　婺源古坦乡黄村百柱宗祠雀替　　图 6-43　歙县棠樾棠樾清懿堂女祠撑拱

图 6-44、6-45　歙县昌溪周氏宗祠《刘海戏金蟾》《和合二仙》

砖雕装饰精致典雅　徽州宗族祠堂建筑三雕装饰中,砖雕工艺比较独特,其取用材质,从选土、烧制砖坯到构图开雕,都有特别的要求。徽州砖雕比徽州木雕、石雕都见出自由的创作意匠:有繁有简,有巧有拙;有的场面浩大,须眉毕现;有的寥寥数刀,略具情态,与其说是写实,莫如说是写意。清代砖雕尤为细腻繁复,精致典雅,楼台、亭、阁等局部透视表现十分精到,而它们与山水、花草、人物的比例又十分随意,只要抒情自由,只要画面圆满。砖雕工匠们艺术表现大胆自由。徽州砖雕工艺,明代尚存石刻之遗风,稚拙古朴,饰物常见莲瓣卷草、珍禽异兽。雕刻技法多以半圆雕、高浮雕、透雕,并借助线刻造型;忽视透视变化,但强调对称,富于装饰趣味。清代砖雕风格渐趋细腻繁复,以纹饰图案最为流行,构图严谨,一丝不苟,并讲究浮雕的挂光效果。清末民国初年门罩砖雕则融入传统画风,讲究构图,注重情节;场面安排气魄,雕刻层次加深。尺幅之间"楼阁映掩,山石森严,曲水湾环,亭柳依畔"。中缀"王公巨卿,车猎犬马,饮宴击乐;渔舟钓翁,驴驮樵客,机杼梨耕",展轴如画,美不胜收。砖雕的构思布局饱满工整,层次分明,

图 6-46　绩溪龙川胡氏宗祠梁头倒挂

错落有致。砖雕的刀凿功夫更臻绝妙,其兼融会木、石雕刻技法之长:娴熟变通,刚柔并蓄;以刀代笔,游刃有余。

徽州砖雕图案内容广泛,人物、山水、花鸟、走兽、八宝博古、几何形体、文字等方面,可谓无所不包。歙县棠樾女祠"清懿堂"门面的砖雕、北岸吴氏宗祠门面的砖雕、大阜潘氏宗祠门面的砖雕、昌溪员公支祠门面的砖雕等,基本都是清末雕刻,典雅精细,可作徽州宗族祠堂建筑砖雕装饰的代表。

图 6-47　歙县棠樾清懿堂女祠砖雕装饰艺术

图 6-48　徽州祠堂砖雕装饰细部

第七章　徽州宗族祠堂祠规祠训

第一节　徽州宗族祠堂祠规祠训的制定

地处徽州偏僻山区的徽州宗族社会,统治者的官府管约时常鞭长莫及。尤其是县级以下政权的构建,相对比较薄弱,无法对乡村宗族社会实施强力控制。明中叶徽商兴盛,商品经济的繁荣,社会风气的衍变,徽州宗族社会出现"风俗浇漓"现象。为强固徽州宗族和祠堂的统治,维持宗族社会秩序,保持乡村稳定,实现宗族兴旺,济"圣训"之莫及,补"国法"之不足,徽州各族姓在建立各类祠堂后,大多结合族谱、宗谱的修订,拟定各种祠规、祠训,对族众进行管理和统治。

图7-1　呈坎罗东舒祠祠规

图 7-2、7-3　徽州宗族的祠规、祠训石碑。

　　祠训一类文字,主要对族众用封建伦理道德进行家国观、公私观、义利观、荣辱观、人生观、自然观的教诲、训诫、宣传,强调应该怎么样,不应该怎么样。祠规一类条例规定,则对祠丁、祠众在封建伦理道德修身层面、为人处世层面、日常行为规范层面规定必须遵守的规则、章程,强调必须怎么样,不能怎么样,具有宗族法规的意义。族众要无条件服从,违之则须受罚获惩。

　　徽州宗族祠堂祠规、祠训,或宗族族众会聚公议制定,或由族长、房长、乡绅议定。如歙县《潭渡孝里黄氏族谱》中所载宗祠规条三十二则、祠规二十三则,就是由"八堂尊长暨文会诸公""五门门长、文会""公同议定"。[1]

　　徽州宗族祠堂的祠规、祠训,基本上是封建皇家训谕的展开和细化。明太祖朱元璋有"上谕六言":"孝敬父母,尊敬长上,和睦乡里,教训子孙,各安生理,毋作非为。"清康熙皇帝则颁谕旨十六条以示"圣训国法":"敦孝悌以重人伦,笃宗族以昭雍睦,和乡党以息争讼,重农桑以足衣食,尚节俭以息财用,

---

[1]　歙县《潭渡孝里黄氏族谱·祠祀》卷六。

隆学校以端士习,黜异端以崇正学,讲法律以警愚顽,明礼让以厚风俗,务本业以定民志,训子弟以禁非为,息诬告以全良善,诫窝逃以免株连,完粮税以省催科,联保甲以弭盗贼,解仇忿以重身命。"休宁《茗洲吴氏家典·家规》记载:"朝廷国课,小民输纳,分所当然。凡众户己户每年正供杂项,当予为筹划,及时上官,毋作顽民,致敢追呼。亦不得故意拖延,希冀朝廷独免意外之恩。"以此为总纲,徽州宗族祠堂的各种祠规、祠训,广涉封建伦理道德孝悌忠信,礼义廉耻各方面,以及祠丁、祠众各方面日常行为规范,内容庞杂具体,几乎无所不包,对族众实行全方位的掌控。

以下是呈坎"罗东舒祠"至今仍高挂在享堂上的祠规粉牌内容:

一、妥神灵

礼别尊卑,庙序昭穆。昭与昭齿,穆与穆齿,不惟式序。夫生穆不混昭,昭不混穆,尤当致严于主。故工史书世,恐其逾也;宗祝掌礼,等其胄也;犯人道者有咎,易神班者不详。式礼莫愆,唯祭为重。今寝之中,世祖有常尊,三宗居配位,业无庸议矣。唯左为崇德,必举族归贤嗣,祀典不愧。右属报功,亦宗称攸赖,庶庙食无惭。其明德居歆者,即门单嗣弱,不得抑之使卑;其以劳列,祀者虽孝子慈孙,无俟跻之而上,况立功立德,均垂不朽之施,跻明讲功并有令闻于后,诚以子不见父而食,孙以称祖为嫌,此理不可奸祀,无庸逆也。至于女主,当峻其防,盖言不逾阃,祭不受胙,男女素著远别之文。生则异室,死则同堂,幽明宜有不安之魄。当专立一室,分妥著灵,登贞烈于左房,藏封诰者于右室,则祭义斯尽,教本能敦矣。

二、严非族

敦睦九族,书联其涣,类族辨物,易谨其微。故琅琊王、太原王,本非一系;陇西李、赵城李,岂是同源。家政具严,风猷难替,世每有能致金高赀,实肇迹卑流者,自耻筚门,妄报鼎族。捐润屋之余液,希宵烛之末光,彼方幸以鱼目而混珠,我乃冀鸥来而攫鼠,薰莸一杂,泾渭水淆,致使一派兰芬,甘心化艾,千年门阀,遂尔降衡。即如近年潘村群小，敢尔冒认宗潢，业已小惩，永宜大诫。盖族犹体也，裂集他人之肢股，岂可成身合族，犹树也，强援异植之条华，终非一种。故崇韬虽贵，不得认子仪之坟，竖牛作奸，岂容乱叔孙之胤。宜思共光祖德，恪守宗盟，自处清流，毋蹈膻秽。

三、戒妄婚

人道始于婚姻，家声重夫阀阅。故秦晋齐楚，国匹而姻联，王谢朱程，阀均而好缔。吾族素严非偶，不肯苟然。顷年媒妁啖肥，尽淆玉石，亲朋规润，同皁马牛。致玉女同之居货，卜嫁埒于贸丝，世类弗拘，惟利是视。齐姜宋子，结褵而入马医市侩之门；华胄名姝，执栉而事舆台僮隶之裔。此真羌黄起于婚媾，利窦寒夫礼门。自后有女聘人，必先投书祠内，非我族类，不敢妄干。至若妻共承祧，非止主馈，必夫妇足称具美，宗族共欣好逑，庶生子足入庙门，而妻姓可登宗谱。若猥云买豚，不必问笠食果，自可略株，既混化源，终成苟合，下此有鬻卖子女，甘作佣奴，亏体辱先，败群记族，永宜绝属，屏出宗祊。

四、勉右文

门阀虽不系科名，科名实能张门阀。一门六内，翰吕之族望，虽冠云霄并世五登科，窦之家声独盖海属。顾三槐不植，王晋公之堂弗高；驷马可容，于廷尉之门始大。课之子弟，宜有义方。宅高者勿恃囊余阿堵，安事诗书；处瘠者每谓家鲜甔储，不遑礼乐。凤毛虽有，匪学则珪组谁袭于朱门；骍觪生，能勤则公卿肇兴于白屋，不尔则旧鬼虽大，末胤惧微，后美不宣，前徽易掩。当思祖既以无忝之责属予，我当为不朽之谋贻后。学富五车，功铭九鼎，作父名子，为国重臣其上也；夜钵仪章，箕裘轩冕，乡推文物，人仰素风其次也。下此则父不当以教其子，子不宜以辱其光矣。至于棹楔，原系旌贤，正堂中楹，止悬甲第。左个则一科，右个则岁贡，非独重于正途，翼同迨于隽轨。凡兹宗党，共宜勉旃。

五、敦本业

国有四民，人修三事，各能宣力，自足谋生。故囷廪三百取自民农，鹑貂盈悬皆由射猎。试问啼饥号寒之辈，定是惰游；载观温衣足食之家，谁非勤俭。乃有慕高阳之酒徒，哺糟啜醴，但得一日千瓢，不顾家徒四壁；托犹贤之博奕，喝雉呼庐，空想千金一掷，何曾囊有半文？以此治生，已为拙计。又有恃拳勇以攫金，甲打乙劝，如当路之豺狼，得手徒共一醉。亦有抬幼愚以居货，暮舞朝歌，真曲房之陷阱，吃人不剩寸肤，迨迹败，一朝身罹身罹三尺，挐攫绝供官府，皮肉见惨桁扬，此无异鸟喙疗饥，鸩饮止渴，忱非计也。愿吾党宁为农为贾，而勿为游手素餐之人；当为俭为勤，而无为扦纲作奸之事。但循本业，自至丰亨。如种树然，敬敬日溉，拱抱可至栋梁；如织纴然，缕缕相因，尺寸成寻丈。敢陈忠告，用勖宗贤。

六、勖长厚

土之积也厚，斯包孕万品；云之积也厚，斯洒润八纮。故基薄者倾，堤薄者溃，缯薄者裂，德薄者离，甚矣。族宜相勉以厚，勿相视以偷也。封豕之吻，冠虎之行，卢兰之刈，是明视其薄而为厚之斧斤也；折磬之腰，如醴之口，蓄鸩之心，是阴行其心，薄而为厚之蟊贼也。当思族之长老，谁非父兄，交相敬则厚矣；族之孤幼，谁非子弟，交相恤则厚矣。谁无缓急，而薄者陷人于俭；谁无不及，而薄者责人以苛。慎勿以小怨废懿亲，慎毋以小怒废大德，慎毋争干糇而失行苇之敦厚，慎毋效燋箕而悖鹿鸣之不恌。马援之戒，轻薄者可思；石奋之教，孝谨者可法。即周历延长在开基之忠厚，鲁封最久非立此之尊亲乎？不然，族亏敦睦之恩，宗鲜维城之固矣。妄自菲薄，顾宗人勿蹈焉。

七、警入祀

礼莫重于祀，祀莫重于先。在庙子孙，谁非先人肢体；各家衣食，皆席上垚庞灵。宜睹几筵以兴思，仰榱栋而起敬，庶祭则获福神其居歟。讵意祖庙之森严,尚有家儿之渎慢,不但入临跛踦,甚且外伺官墙,俎豆无闻,酒食是议,闻呼跪拜,辄觳缩以藏形。见撤馂余,便枭张而出瓜三爵,不识高嗟瓶罄,呼矗以饱,无私犹假细君,割肉不畏神怒,罔恤人言。昔越椒傲其先君,惠伯知其必灭;成公惰而受赈,刘子识其不终。当思我今日为子孙,不致恭于祖考,后日为祖考,又岂有拜我之子孙。自后但遇蒸尝及临岁蜡,各依昭穆序列班行,共期式礼之莫愆,匪为执事之有恪。至于祭,必先阖门,后举胙必从堂上散筹,庶观礼者见子孙,子孙之多贤者族者,仰宗祊而椎重。

八、议宗理

序事本以辨贤,多贤尤便集事,今庙貌宏厂,事礼繁殷,尸祝不可代庖,对越难兼奔走。不惟严启闭,勤粪除,谨苫盖之必备官也;不惟洁粢盛省牲牷,备器用之有主筦也。数百年不祧之神主,合享于堂,陈边设席,有凤戒之难;近千余入祝之孝孙,受馂于祖,散胙呼名,极纷挐之扰。西成则履亩掺楪,内外稽查,欲取足于一蘷乎,必至顾此失彼。元夕则火树花灯,陆离无算,欲齐燃于片晷乎。讵免遗东漏西,今议三门合管,庶襄理不至乏人;门择三贤,即考成亦有专责。期于官墙,岁葺不以浥烂;遗人田陌,时修勿任倾颓。累后钱谷,依时结算,有羡即存买祭田器物;按籍交承,有损即责令补造。非公事不启庙门,违议约定加显罚。庶邪许齐呼,则千钧易举;责问把辔,而六马自调矣。

我们看到,"罗东舒祠"的祠规论述了祠众须从八个方面约束规范自己。下面是清代同治八年(1869),歙县瞻淇汪氏"敦睦堂"宗祠刻碑嵌于堂上的祖训、祠规:

汪氏祖训:

一、孝悌宜讲明也:凡我族众有不爱其亲、不敬其长者,族房尊长宜时加训饬,以杜忤逆之渐。有不悛者,集同族开祠斥逐,永远不得入祠。

二、污俗宜革除也：乡俗之坏莫大于淫风，乡里之害莫甚于作贼、聚赌，不肖子弟游手好闲蹈此习者，除送官严究外，族簿房长开祠逐出，虽身后不准入祠。

三、族簿宜修整也：族中人丁繁衍，支派易于混淆，有非我族内而妄以伯叔兄弟呼者，亟宜会集斯文，共襄此举。

四、婚姻宜慎择也：族中许聘之家，须于是日到祠内下书一封。其有门户不相匹配，玷辱家声，即行逐出，不许入祠。书仪定为二则：彩轿一千文，青轿五百文。隐瞒不举者，查出倍罚。

五、司年宜公忠也：凡十甲轮当，其账目同上下次头，而算余则封交下首，以歉备岁补偿。至弃伐坟山，更当会议。

六、祠产宜慎守也：凡遇荒歉之岁，祠租该让若干，须会众公议。每年收清后，尤须会议，时价粜出。每当私匿违者，议罚，其小买交易，凭大买业主居中。

七、轻生宜杜绝也：乡里恶俗有子挟其父、妇挟其姑以及寻仇作命者，往往抛一死以害人，此后如有犯者，男主不入宗祠，女主不入支祠，若夫殉义、妇殉节者，不在此例。

八、祠宇宜洁净也：头门封锁，无事不得擅开，如纵放杂人混扰以及堆放什物，定当议罚。

九、簿籍宜永守也：祠内归户签簿，残失日久。今新立签簿，定期租额，存祠轮交，庶免产业侵占，而钱粮宜得肃清。

十、衣冠宜整齐也：凡与祭宴饮，俱要冠丁各穿公服入祠。若衣冠不整以及未出动者，与祭宴一体议可。

汪氏祠规：

一、收租凡司年者，须与下首眼同经收，以杜影射，如有水冲涨之，须核减者，亦邀旦下首看明，方准批簿，违者倍罚，完毕后将所收各租实数登簿，如有拖欠，司年口赔补。

二、各山树木或有风吹雪压自倒者，亦须邀与下首十排共同估价以备修祠之用，不得私自开销。

三、春秋两祭等,用司年者,须邀下次头眼同照时价结算,不得浮开。

四、出拚柴薪定规三年,一拚毋许首事擅便,每拚银壹钱以口水口许配用。

五、宗祠族长必须封锁钥匙,归事收贮,毋许鸡犬口畜入祠污秽,如违重罚。

六、神主窗门平时均须封锁,春秋二祭再开,其进主必逢祭期登簿同与□□□,自混入致乱昭穆。

七、春秋二祭凡与祭者各送胙肉一斤,恩、拔、副、岁、优五贡各送胙肉两斤,科中选出仕者,各送胙肉三斤,均准散胙。

八、平坑到坑标祀须邀同十排四柱与下次头十六人,人齐到口,如有中途而返者,一经查实共同逐出,永远毋许入祠。

九、族长系按辈分年龄轮当,应以公正为主,如有身为族长而所行不端,以及行贿包庇情事,即开祠集众斥退,另换公正之人接充族长,以维风化而正人心。

十、凡支丁有不遵祖训服习外教者,共同逐出,永远毋许入祠。

我们看到,"敦睦堂"的祠规对族丁、族长、司年、首事相关义务职责都有明确规定。

下面是绩溪龙川胡氏宗祠所立十五条祠规:

龙须山起始至正班坞、金紫山一带左右的山场都是胡氏来龙去脉的处所,是宗族兴旺发达的祖坟龙脉的来头。这一带山地毋许盗葬侵损,立有禁碑。凡派下子孙有盗葬等情,合众令即起杆,仍罚银十两入祠,为醮墓安山之。违者革出,不许入祠。

坟地山场内派下子孙均不得盗取一草一木,违者先治之以法,仍令照估赔偿,如有恃强抗拗,即以败祖不孝革出,倘遇外,呈官究治,不得宽贷。

祠内寸木寸石毋许派下子孙盗取及借出祠,违者较所取之物轻重议罚,轻则大周箔一把,重则罚戏一台,仍将原物追还,断不徇情。

祠内锁钥,值年头首内司值查刷执管,除会文并公事外,一应毋得擅开和借堆放物件及私晒麦谷、搭班唱戏。如违,罚戏一台,并罚大周箔一把,对祖焚化。

祠寝室龛座是祖灵凭依之所,理宜肃静,寝室门须常封锁,除祭外毋得擅开,凡各家进主宜择春分、冬至前日,以便开门上牌安奉;若间时进主,止将所进小牌安放两旁配享牌厨内,候两祭开寝门时,向司值查对照,依各房昭穆书入大牌,即将小牌焚化,毋许夹入神龛内,致滋紊。倘不待两祭,私开寝门进主者,与管锁钥司值头首各罚大周箔一把,不贷。

祠内挂匾,非科甲不得滥挂,科名挂下堂两庑,甲第挂中堂边门,中间正梁非鼎甲及出仕开府以上者不得挂其匾;仕宦各汇书一匾于中堂东二照,恩、拔、副贡生及七品以上杂职汇书一匾于中堂西二照,孝子汇书匾于寝室东廊,节妇汇书匾于寝室西廊。以后各照例随时书名之,仕州县以上,无论出身,科名例挂匾,府道以上照甲第例挂匾,若职衔止许于汇匾上书名。

忠孝节义题请旌表者,春冬两祭谨附名于祝板后,配享祭祀,以励风化。

功名捐置产以备给胙,入泮捐银四钱,国学捐银二两,例贡捐银三两,杂职佐二及部授吏官等衔捐银四两,俱要先期交银,然后给胙,不捐者不给胙,入泮不捐者不派司,直至贡以上,俟仕之日,酌捐廉奉,恢扩前规,另兴公事。

主原为父母血食,宜谨遵旧例,输银上户,出银一次五钱,又次三钱,交入公匦,积存修祠,如有进主未经出银者,不登簿上牌,春分冬至不得享祭。

满十五岁派丁,照例出丁银一钱,交存公匦置产,并开生年月、行名及某分、某人第几子,逐一载入丁谱,便后修族稽查。如未交银上丁者,概不给胙。

　　造祠未出丁银者,不准给胙,其有尾欠尚未出清者,候补足之日再给;如全未经出过者,罚令倍补交,然后给胙。

　　夭殇及本姓室女,均不许进主入祠,如有隐瞒冒进者,查出即将木主当众尽毁,仍罚大周箔一把,对祖焚化。

　　同姓不宗及恩养义子,外姓入继者均不许入祠,如斯文族长受贿引进查出,革出不贷。

　　忤逆、乱伦及妇女犯奸情经官,男、妇犯贼并将妻女卖与人为妾为婢者,均革出,生死不许入祠。

　　前经鸣众革出者,入祠拜祖,祠众共为驱逐,如斯文族长徇情党庇,容忍不言者,罚胙。

我们看到,龙川胡氏宗祠的祠规从保来龙、保坟山林木到祠内一应事务,都作了详细规定。

此外,载之于族谱的歙北江村济阳江氏宗族《祠规》十二条,黟县胡氏宗祠"敬爱堂"、黟县明经胡氏宗祠"追慕堂"的《规列》《祖宗家训》,载之于吴翟著休宁《茗洲吴氏家典》的《家规八十条》,休宁张氏宗祠"绍聚堂"的《家规训词》,绩溪城内周氏宗祠的《祠规》,绩溪余川汪氏祠堂的二十四条《祠规》,绩溪磡头许氏"追远堂"的《祠规》,绩溪旺川曹氏支祠"显承堂""孝弟、忠信、礼义、廉耻"《厅训》,婺源兰陵萧江氏宗祠的《旧谱训》,婺源太原郡派新安婺南云川王氏祠堂的《祠规》,婺源沱川余氏宗祠明天启七年(1626)所定《祠规》,婺源南阳叶氏宗祠《祠规》,婺源星江严田李氏宗族祠堂《家训》,婺源游山董氏宗祠十七条《族规祠训》,祁门桃源陈氏万七公支祠(竹源派)的《陈氏祠训》,歙县济阳江氏金鳌派宗祠的江氏《家训十六条》等,都是这类比较全面的须守规条。

徽州宗族祠堂针对不同情况、不同对象,还制定了一些专门的祠规、祠训。歙县棠樾鲍氏宗祠"敦本堂"大徽商鲍启运专设义田以济族中贫乏。为将好事做好,宗祠专门公议制定《敦本户规条》《体源户规条》,刻碑嵌于祠壁,对义田租谷发放作了详细规定。绩溪鱼川耿氏宗族在《祠规》之外,特别对祠堂管理者订立了七条《祠首规则》,对祠堂祠务专门订立了十四条《辛亥祠规》、对祠堂祠产管理专门订立了五条《保管祠产规则》。婺源洪氏宗祠"光裕堂"为使族中茶农交易有序,特公议颁《茶规训》,刻碑立石。歙县济阳江氏金鳌派宗祠对族中学童为学专立三条《江氏蒙规》。

徽州宗族祠堂的这些祠规、祠训,有的包含在徽州各宗族族谱的《凡例》中,有的表现在各种禁碑中,有的制粉牌张挂,有的刻碑立石,有的载之于族谱、家乘,还有的大书"忠、孝、廉、节"挂在大厅。

第二节　徽州宗族祠堂祠规祠训的推行

徽州宗族为使祠堂的祠规、祠训更具权威性,更具宗族执法效力,还凭族中官宦势力,呈请府、县衙门钤印在族中颁行,或"奉宪示禁"。祠堂有了这些祠规、祠训,光张挂宣传还不够,"祠规虽立,无人管摄,乃虚文也"。① 必须确定族中专人负责,努力向族众灌输,"每岁正旦,拜谒祖考,团拜已毕,男左女右分班,站立已定,击鼓九声,令善言子弟面上正言,朗诵训诫"。② "每季定期由斯文、族长督率子弟赴祠,择读书少年善讲解者一人,将祠规宣讲一遍,并讲解训俗遗规一二条"。③ 休宁泰塘程氏宗族在冬、春祠祭礼毕,最后还要由"宗正北面立,亢声读祖训:凡为吾祖之后,曰:敬父兄、慈子弟、和族里、睦亲旧、善交游、时祭祀、力树艺、勤生殖、攻文学、畏法令、守礼仪。毋悖天伦也,毋犯国法也,毋虐孤弱也,毋胥讼也,毋胥欺也,毋斗争也,毋为奸慝以贼身也,毋作恶逆以取辱也。有一于此者,生不耻于族,殁不入于祠。"此时族众"拱而应曰:敢不祗承长者之训!""宗正复诫之曰:慎思哉,勿堕先祖之祀。咸

---

① 休宁《商山吴氏宗法规条》。
② 黟县环山余氏宗族《余氏家规》。
③ 绩溪华阳邵氏宗族《新增祠规》。

应曰:诺。乃揖而出"。① 除定时宣讲外,祠堂还要定时检查总结。"每月朔日,家长会众谒庙,将前月内行过事迹,或善或恶,或赏或罚,详具祝板,告于祖庙,庶人心有所警醒"。②

徽州宗族祠堂推行祠规、祠训,对那些在祠规、祠训中规定褒扬鼓励的族丁族众,像科举高中获取功名为宗族增光者、入朝为官者、有孝贞节烈事迹者、热心公益捐助奉献者,按祠规标准,或特别给胙,或奉神位配享百世不祧,或载之于族谱、家乘,或呈报官府请旌,还有的奉旨建庙,立坊纪念。而对于那些不遵祠规、祠训,犯事为恶者,宗族祠堂为维护封建宗族纲纪,对其惩处是十分严厉的。轻者召入祠堂斥责训诫、罚跪、责立甘服约,重者杖笞,以不孝论,革出祠堂,或绑送官府究治。有的也行经济罚款处理方式、罚戏方式。有的徽州宗族祠堂甚至对族众族丁有生杀予夺之权。在天高皇帝远的宗族祠堂里,因偷盗、乱伦、奸情,被祠堂处死的事也有发生。这在本书第五章有关徽州宗族祠堂执法功能部分已作论述。

徽州宗族祠堂祠规、祠训的有效推行,使徽州宗族社会族内、族际的许多纠纷矛盾,在宗族祠堂内得以调适化解,不少争讼在宗族祠堂内得到处理。乡村宗族社会秩序得到稳定,社区相对和谐。在徽州宗族祠堂祠规、祠训的全面灌输熏陶下,族人大多能遵祖训,扬祖德,勤四业,重文教,睦乡邻,争上进。在徽州乡村,俗谚"吃饭吃碗里,走路走中间"广为传扬,都愿遵纪守法、安分守己做良民。历代以来,"早完皇粮国课"天经地义的观念在徽州深入人心。黄山学院徽州文化资料中心收集到的十多万件徽州契约文书中,有许多是乡村族丁为完皇粮国税卖田卖地的文契。歙县南乡佛堂下有个张长达,将所收国课税款私吞,自己买屋置地,他的好友立即愤而揭发他,认为其作为"大逆不道",不可饶恕。在徽州宗族祠堂祠规、祠训的影响下,宋以来徽州名臣辈出,许多忠良干吏、直言敢谏之士成为国家栋梁,青史留名。而徽州宗族祠堂祠规、祠训的封建礼教浸润,使徽州之域孝贞节烈之风特盛,遍建于徽州

---

① (清)程一枝:《程典·宗法志》。
② 黟县《环山余氏宗谱》卷一。

城乡的各类旌牌坊、功名坊高大巍峨,相当数量的贞节坊见证着这种影响的深广。在社会大变革、改朝换代之际,许多徽州学人志士,遵祖训不为五斗米折腰,有不少事迹传扬。明清达到鼎盛的徽商,贾而好儒,有社会担当,为宗族、为社会作出突出贡献。

  总之,徽州宗族祠堂祠规、祠训,是我们研究中国封建宗族社会制度、家庭、伦理、道德风俗、思想人生的珍贵资料,内容极其丰富,精华和糟粕并存,在徽州宗族社会历史上有很大影响。在今天社会主义核心价值体系的建设中,人们还可以从中得到一些有益的借鉴和启迪。

第八章 徽州宗族祠堂牌匾楹联

第一节 徽州宗祠牌匾楹联的伦理教化

在古徽州各地的宗族祠堂里，大多嵌饰或悬挂着牌匾楹联，它们将古徽州人的生活体验、道德修养、理想追求、处世哲理等感悟凝练成言简意赅的精辟文字，并以牌匾楹联的形式体现，供人们学习体味，起到传承道德文化、教育家族成员的作用。这些牌匾一般皆为木制，而楹联除了木刻、石刻和砖刻物件外，还有用漆器、陶瓷、细杂木块等材料制成，更有昂贵的白绢、宣纸书写的卷轴等，存在形式多种多样。牌匾楹联的内容涵盖面广，诸如"佐国焕旂常，赫濯生灵，敦箕裘于一本，雍雍礼乐/绍庭降庙寝，懋昭伦叙，恪俎豆于四时，奕奕蒸尝"（明弘治间徽州知府彭泽所撰屯溪率口村程氏"惇本堂"祠联）、"举目思宗功祖德/存心为孝子孙贤"（歙县璜田乡胡埠口上泽村汪氏宗祠联）、"得氏轶西京望族，长发其祥礼肃答宗，遥缅绍闻于世牒/钟灵在南国天都，允昌厥后诗歌述德，永流遗泽及孙枝"（歙县篁墩程氏宗祠联）、"缵龙骧之令绪，泽流湘水化被黟山，继继绳绳肇启六州保障/颁凤诏于列朝，德美神仁功扬圣武，巍巍赫赫允宜万代馨香"（清代歙县人汪澍撰歙县桂林镇潭石村吴清山即今吴山铺村汪氏祖祠联）、"克勤克俭谨遵祖训/惟读惟耕善教儿孙"

（歙县璜田乡六联村方氏宗祠"贤功堂"联）、"绳其祖武唯耕读/贻厥孙谋在俭勤"（歙县璜田乡胡埠口村胡氏宗祠"敦睦堂"联）、"谊笃四支,图书典重/尊崇二字,诗礼门高"（歙县璜田乡胡埠口村胡氏宗祠"敦睦堂"联）、"有志者事成,四十年蠹简搜罗,斯为继起/挥毫文不苟,八九人鸠宗审慎,乃见相孚"（歙县璜田乡胡埠口村胡氏宗祠"敦睦堂"联）、"祖德宗功垂福泽/诗书礼乐振家声"（歙县许村镇前溪村许氏宗祠联）、"叙典长新昭祖德/伦常不替报宗功"（歙县长陔乡长陔村毕氏宗祠"叙伦堂"联）、"郡属河南,一脉流芳绳祖武/堂开培德,四支奕叶绍家声"（歙县长陔乡长陔村毕氏宗祠"叙伦堂"联）、"传保障于隋唐,金凫葬雨,石马嘶风,百代勋名光简册/敌忠诚于褒鄂,铁券藏家,朱旗护国,六州歌舞戴英灵"（歙县云岚山俗称"忠唐庙"的汪华墓祠联）、"硕望著新安,肇于周,隆于汉,丕显于唐,堂构崇闳,永享万年禋祀/宏勋垂保障,忠以昭,仁以广,神英以庇,猷为涣烂,用型千祀云仍"（歙县桂林镇潭石村吴清山即今吴山铺汪氏祖祠联）、"封长寿以启人文,自周迄清迄民,百派漈洄,祖德宗功流泽远/建敦伦而安昭穆,由浙迁徽迁歙,八房济美,山环水秀振家声"（歙县长陔乡贤源村邵氏宗祠"敦伦堂"联）、"忠义靡涯,更衍繁枝吉庆/功德浩荡,长开绵胍呈祥"（歙县街口镇巨川村汪氏宗祠"忠德堂"联）、"德为宗祖所凭依,肸蚃潜通,非馨黍稷/盛则人文斯蔚集,群贤毕至,敢媲唐虞"（歙县璜田乡蜈蚣岭村方氏宗祠"盛德堂"联）、"姓自唐以昌,六州保障,五鼎荣封,百代簪缨承开国/基至明而起,九曲荣回,三枝秀发,千秋礼乐衍回源"（休宁县汪村镇源里村汪氏宗祠"世德堂"享堂联）、"敬德常存真性学/典型尤见大规模"（祁门县历口镇彭龙村汪氏宗祠"光庆堂"享堂联）、"家世龙溪之制诰/文章燕翼有春秋"（祁门县历口镇彭龙村汪氏宗祠"光庆堂"寝堂联）、"天覆人地载人,期此身无惭俯仰/君食我亲生我,将何事少报高低"（明代御医王琠所建祁门县历口镇历溪村王氏宗祠"合一堂"联）、"舜水发祥,顾黄榜紫标后先继美/历峰启秀,看玉堂金马次第联芳"（祁门县历口镇历溪村王氏宗祠"合一堂"联）、"瑞锦斑斓永绵世泽/介圭温润丕振家声"（婺源县长安镇杨滩冯氏宗祠大门联)、"理学渊源,濂水声华丕洛水/功勋缔造,歙州政绩绍庐州"(绩溪县西门内周氏宗祠享堂联)、"说礼敦诗,延徽百世/簪缨毓秀,遗泽千秋"(绩溪县长安镇新川村冯氏宗祠大门联)……此外尚有祠堂匾额,诸如屯溪柏树街程氏"惇叙堂"祠、屯溪下街江滨"五福祠"、歙县街口镇三港村余氏宗祠"尊美堂"、歙县璜田乡六联村方氏宗祠"贤功堂"、歙县小川乡临川村李氏宗祠"修爵堂"、歙县璜田乡蜈蚣岭村方氏宗祠"盛德堂"、休宁县溪口镇石田汪氏宗祠"澹远堂"、休宁县汪村镇源里村汪氏宗祠"世德堂"、黟县原名"礼厦村"的岭下朱村朱氏宗祠——"景圣堂"、黟县关麓村汪氏家祠"资源堂"、黟县蓬厦村江氏支祠"咸正堂"、祁门县历口镇历溪村王氏宗祠"合一堂"、祁门县渚口村倪氏宗祠"贞一堂"、祁门县赤桥村方氏祠堂"仁让堂"、绩溪县上庄村胡氏支祠"敬义堂"、绩溪县上庄镇余川村汪氏宗祠"德馨堂"、婺源县江湾镇晓起村江氏宗祠"敦彝堂"、婺源县江湾镇汪口村俞氏宗祠"仁本堂"等,不胜枚举。

  古徽州宗祠楹联大多借用世代倡扬的儒佛道各家道德规范、价值理念以及知识系统等,通过庭训(也有少数表现为谱训)的形式——有关治家理财、修身处世等的教诲训示,发挥着伦理教化的重要社会功能,譬如歙县璜田乡六联村方氏宗祠"贤功堂"联:"克勤克俭谨遵祖训/惟读惟耕善教儿孙";歙县街口镇巨川村汪氏宗祠"垂裕堂"联:"一堂和睦遵家训/百世蒸尝报祖功";绩溪县上庄村胡氏宗祠"叙伦堂"联:"训俗始乡里,孝友睦姻任恤/明经绍家学,易书诗礼春秋",意即教化民众始自乡里,从孝友睦姻任恤"六行",明经胡氏绍继家学源于《易》《书》《诗》《礼》《春秋》这儒家五种经典。婺源县江湾江氏宗祠联:"祠规胜祖谕敦,望族洗心向善/谱训富箴言勉,同宗种德树人"。此联意即用宗祠的族规和祖先们的晓谕来敦化望族,洗心向善;拿谱牒里祖宗遗训和规谏劝诫的话来勉励同宗、种德树人。

第八章 徽州宗族祠堂牌匾楹联

图 8-1、8-2 徽州宗祠的匾额

图 8-3、8-4 徽州宗祠的楹联和匾额

图 8-5、8-6 徽州宗族祠堂牌匾楹联装饰

一、纲常伦理

千百年来,儒家纲常伦理的核心是"三纲五常"。东汉班固《白虎通义·三纲六纪》说:"三纲者,何谓也?君臣、父子、夫妇也。"唐人孔颖达《礼记·乐记》疏引《礼纬·含义嘉》说:"君为臣纲,父为子纲,夫为妻纲。"合称"三纲"。所谓"五常",就是仁、义、礼、智、信五种道德规范。二者合起来统称"纲常"。南宋理学大师朱熹说:"其张之为三纲,其纪之为五常。""纲常千万年,磨灭不得。"儒家把这种伦理纲常思想看作维护封建社会秩序的最主要的道德关系和最基本的伦理思想,是天经地义的永恒不变的"天理",谁也不能违反。世称"程朱阙里"的古徽州,一本"朱熹"理学教诲,宗族社会"儒风独茂",徽州宗祠楹联就有为数众多的倡扬这些纲常伦理的联对,如"叙事而行,武略文韬尽是三代直道/伦纪以正,天经地义实为万古纲常"(歙县璜田乡璜蔚村胡氏宗祠"叙伦堂"联);"共雅叙于名区,左为水右为山,水绕山环合族同归盘谷隐/秉彝伦之至道,上而父下而子,父慈子孝大家齐效古人贤"(歙县小川乡盘岭村胡氏宗祠"叙伦堂"七哲祠联);"百年典礼威仪盛/万代纲常日月明"(歙县长陔乡长标村王氏宗祠"敦睦堂"联);"惇族惇宗,以绳厚德/庸言庸行,俾率典常"(绩溪县城胡氏支祠联),意为笃实敦化宗亲族众们平平常常的言行,教导他们遵从那些通常约束人们的常法恒道,借以衡量并增厚大家的德性;"叙世系是曰上门,愿人人老老幼幼长长亲亲共承祖德/伦理学贻之后嗣,期家家父父子子兄兄弟弟克振先猷"(绩溪县上庄镇余川村汪氏宗祠"叙伦堂"联);"敬守伦常,不愧当年新世泽/谨修纲纪,毋忘昔日旧家风"(绩溪县上庄村胡氏宗祠"叙伦堂"新年拜祭时用联)。其末联意为虔敬持守五种尊卑长幼的关系是不可改变的常道,不愧为当年新世代的恩泽渊源;敬慎修习法度纲纪,毋忘昔日宗族流传下来的旧家风。再如黟县县城北街口程氏宗祠"桂林堂"联所云:"天伦内有完人,振纪扶纲,不外此子臣孝友/名教中多乐地,读书为善,尚求诸性命身心。"意指父子、兄弟、夫妻等亲属关系,这些天伦中有完人,那些重振法纪、扶植纲常的不外乎这类子臣孝友。以正名定分为主的礼教思想"三纲五常"当中多为人生乐地,读圣贤书做善良事,还得求之于性命身心。

在宗祠楹联之外,人们还可从徽州祠堂的匾额上体悟倡扬传统纲常伦理的内容。诸如歙县小川乡汪米滩村苍坑胡氏宗祠和祁门县历溪王氏总祠匾额均为"正伦堂";绩溪县上庄镇余川村汪氏宗祠匾额均为"叙伦堂";歙县长陔乡贤源村邵氏宗祠"敦伦堂";绩溪县上庄镇旺川村曹氏宗祠和绩溪县长安镇戴家坦(戴川)戴氏宗祠匾额均为"敦叙堂";屯溪柏树街程氏宗祠匾额为"惇叙堂";黟县宏村汪氏宗祠匾额为"乐叙堂";歙县街口镇雁洲村张氏宗祠匾额为"彝叙堂";婺源县江湾镇晓起村江氏宗祠和婺源县赋春镇冲田村齐氏宗祠匾额均为"敦彝堂";黟县南屏村叶氏宗祠匾额为"叙秩堂";绩溪县上庄村胡氏支祠匾额为"敦复堂"等,都把儒学"三纲五常"定为宗族伦理的根本。

二、仁德礼义

传统儒家思想中的仁、义、孝、友、忠、信、宽、恕、恭、敬等十个概念是至圣孔子修身的精髓。

孔子修身首推"仁"。仁是爱人,是修己,是安人。可以理解为爱护别人,修炼自我。孔子还将仁扩充到其他概念之中,充实仁本身的含义。这是为了丰富仁的涵义,也是为了体现仁的重要性和主导性,仁是其他思想的总方针。"义"是教人应该怎么做,是讲求道德上的自律,与礼相对。孔子教人修身以君子为典范,舍利取义。

"孝"是孝顺、孝敬、孝养、孝慈,是对父母尽心奉养并顺从。对父母长辈生前要孝,死后也要孝(守孝三年,不改父之道)。对待父母首先是顺,孔子以周礼为基准,而周礼讲求尊卑有序,父母是长辈,绝不能违逆,顺是基本,敬是要求。孔子说:"今之孝者,是谓能养。"对待父母除了顺和敬,还需要时间的考验,父母年老,子女需悉心照料,直至终老。孔子讲孝道还要延续到父母长辈死后三年,"守孝三年"从文明之感情角度讲是一种爱的延伸和体现,也是人类区别于动物的根本所在。与孝相连的还有"弟(悌)"和"友",周礼讲求长子继承制,孝是子事父,弟是弟事兄;友即朋友,指彼此有交情的人,包括同僚、同事、同学等。而对于不同的交友标准孔子又有不同的"友"道,"可者与之,其不可者拒之",出于严;"君子尊贤而容众,嘉善而矜不能",出于宽。事父母孝顺、对兄弟友爱,这即为孝友。明代钱谦益《尚宝司少卿袁可立父淮加赠奉直大夫尚宝司少卿制》有言:"以孝友淑其躬,居家无子弟之过;以忠义勉其子,过庭多长者之言。"

"忠"即为尽心尽力,故中心为忠之训。为人处世,全心全意,真心真意。忠通过其他的修身要求体现出来,忠是对父母的忠,即为孝与敬;忠是对他人的忠,即为信与敬。孔子常将忠与信并列,而信更侧重于言,拆字可知信为人言。孔子讲:"敏于行而讷于言"。宁肯多做而不愿多说,可见信的分量之重。孔子塑造的君子讲信,言必信,行必果,说话算话。

"宽"是宽容,宽恕,容纳别人,谅解别人。孔子所讲宽与今日所讲宽恕同义,但是侧重于当政者上对下的宽恕。与之相对,恕,将心比心,真诚相对。

"恭"与"礼"相关联,属于礼貌中的外貌和仪态。"敬"是与他人的关系有关,是对人的态度等。恭侧重于自身的修为,敬指敬重天地、鬼神等,指敬重君上、父母长辈,指尊敬一般人,亦指为人谋事处事敬重(类似敬业)等。

可见,仁是孔子修身思想的核心和基点,礼是贯穿修身思想体系的线索与边界,这在"仁""恭"等论点中均有涉及,非礼,不可,修身要合乎礼。结合上文对《论语》中各点阐释以及对于《周礼》的解读等,我们可以得出孔子整个修身思想的结构:严格遵照《周礼》体制进行修身思想的塑造,有对于周礼的完全继承——礼,也有孔子自己的创新和延展——仁等。孔子说过"道之以德,齐之以礼,有耻且格"——以礼仁之德法双彰的方法、行为来感化人民随德存仁,以礼义之法度引导人们提起相应的礼仁之心,类齐比肩,那么人人都会做到,勇于知耻,且能在日常生活中随时格除自己的不良习惯和丑恶心理,进而长期保持不变。以德治理、管理、处理一切国家与事业等事务关系,都离不开德礼之基础。以仁德礼义为本来处理一切,把博大的仁爱之心注照于人世间,就能一步一步地感化自己身边所有的人,远离羞耻之行为,人们知耻了,就能主动格除自己的不良行为,孔子修身之道,教人克己复礼、爱人、尚义、孝敬、忠信、宽以待人。

儒家这种伦理纲常思想,也为传统道教所继承和发展。道教融摄儒家这一纲常伦理,并突出其以忠孝为轴心的伦理思想。在道教的一系列道言、戒律中,如《正一五戒品》里就明确规定:"一曰行仁,二曰行义,三曰行礼,四曰行智,五曰行信。"在这里,道教把儒家的"五常"纳入自己的戒品之中,要求道徒乃至社会全体成员严格遵守,"令人父慈,母爱,子孝,妻顺,兄良,弟恭,命里悉思乐为善,无复阴贼好窃相灾害"。又《太上洞玄灵宝智慧罪根上品大戒经》更大力宣扬儒家的这一忠孝伦理:"与人君言,则惠于国;与人父言,则慈于子;与人师言,则爱于众;与人兄言,则悌于行;与人臣言,则忠于君;与人子言,则孝于亲;与人妇言,则贞于夫;与人夫言,则和于室;与人弟言,则恭于礼……与人婢言,则慎于事。"可见,道教沿用儒家的"惠""爱""慈""悌""忠""孝""贞""和""恭""慎"等道德规范来严格规定人们的道德操守和人与人之间的道德原则,以便协调各种人之间的相互关系。葛洪在《抱朴子内篇·对俗》中说:"欲求仙者,要当以忠、孝、和、顺、仁、信为本。若德行不修而但务方术,皆不得长生也。"《天师教诫科经》说:"诸欲修道者,务必'臣忠、子孝、夫信、妇贞、兄敬、弟顺'。"① 由此可见,道教不仅把儒家的伦理道德思想吸收过来,而且把它纳入了自己的思想体系,为维护传统的社会秩序发挥更大的特殊作用。

徽州宗族社会把儒家仁德礼义观念通过宗族祠堂楹联表述出来。诸如歙县小川乡汪米滩村苍坑汪氏宗祠"崇德堂"联写道:"崇义尚仁,承先有道/德明善政,启后无疆";歙县璜田乡蜈蚣岭村方氏宗祠"盛德堂"联写道:"率祖率亲,须分仁义/合烹合莫,亦别尊卑";绩溪县城胡氏支祠联写道:"尚德尚年,三世荣膺乡祭酒/仁心仁术,千金宏济手抄方";婺源县江湾镇汪口村俞氏宗祠"仁本堂"联:"施于仁立于仁,自始为人知礼义/立在德行在德,从来治国

---

① 《天师教诫科经》,载《道藏》,文物出版社,1998年。

有嘉肴";歙县小川乡苏川村方氏宗祠"友于堂"享堂联:"友仁崇德义/于役尽忠贞";歙县长陔乡韶坑村徐氏宗祠"采惠堂"联:"千秋将相厚德仁怀,精诚充宇宙/百代王侯雄才博学,正气贯长虹";黟县西递"存仁堂"祠堂享堂柱联:"人畏无忝所生,仁义而已矣,孝弟而已矣/祭贵不忘其本,玉帛云乎哉,钟鼓云乎哉";黟县西递"存仁堂"祠堂大门联:"芑园朴茂昭先德/梅岳灵奇蔚国华";歙县璜田乡蜈蚣岭村方氏宗祠"盛德堂"联:"问氏昇乎圆,觚棱可考/持家原以义,枘矩堪徵";祁门县历口镇彭龙村汪氏宗祠"光庆堂"享堂联:"敬德常存真性学/典型尤见大规模";屯溪柏树街程氏"惇叙堂"祠堂享堂联:"佑启赖循良,二千石风流未远/积德唯典籍,两夫子教泽如新";歙县新溪口村潘氏宗祠联:"立志光前先种德/存心裕后在行仁";屯溪柏树街程氏"惇叙堂"祠堂享堂联:"礼隆复始导王制/乐以迎来敬祖情";祁门县历口镇历溪村王氏宗祠"合一堂"联:"宗族联芳盟心,常存仁让/考妣安如磐石,永享乘尝";黟县关麓村汪氏总祠"致和堂"联:"达德有全能,功由慎独/性情无悖德,业极知天";胡位咸所撰婺源县城胡氏支祠联"骇归千里,楼居十年,教孝教忠,允为子孙留榜样/嘉靖名臣,至正处士,一进一退,各因时会适行藏";(婺源县江湾镇汪口村俞氏宗祠"仁本堂"联)"经学毓仁贤,文才堪益世/宦本熏德范,福寿可宜容",都充盈这类儒学精髓。

一些徽州宗族祠堂的匾额,如绩溪县城中遵义坊胡氏宗祠匾额为"存心堂";歙县璜田乡蜈蚣岭村吕氏宗祠匾额为"存仁堂";绩溪县上庄明经胡氏分祠匾额为"存根堂";婺源县江湾镇汪口村俞氏宗祠匾额为"仁本堂";祁门县赤桥村方氏祠堂匾额为"仁让堂";歙县璜田乡树德钱氏宗祠匾额为"德本堂";绩溪县上庄镇余川村汪氏宗祠匾额为"德馨堂";歙县小川乡苏川村曹氏宗祠匾额为"善德堂";歙县璜田乡胡埠口村吴氏宗祠匾额为"贤德堂";歙县小川乡汪米滩村苍坑汪氏宗祠、黟县关麓汪氏支祠匾额均为"崇德堂";歙县璜田乡蜈蚣岭村方氏宗祠匾额为"盛德堂";黟县考川李村李氏宗祠匾额为"敬德堂";黟县关麓村汪氏宗祠匾额为"世德堂";歙县小川乡小川村余氏宗祠匾额为"德裕堂";绩溪县上庄村胡氏支祠匾额为"敬义堂";歙县璜田乡上璜田村胡氏宗祠匾额为"尚义堂";歙县下璜田村曹氏宗祠匾额为"孝义堂";婺源县翀田村齐氏堂祠匾额为"敬思堂";屯溪率口程氏宗祠匾额为"广敬堂"等,也都从不同侧面展现出儒学仁德礼义的深邃内涵。

三、忠信孝友

忠信孝友观念在徽州祠堂匾额和楹联中亦有充分反映。绩溪县瀛洲镇瀛洲村章氏宗祠匾额为"清忠堂",旌德县江村明孝子文昌公祠匾额为"孝友堂"。楹联中,祁门县闪里镇坑口(原名竹源)村陈氏宗祠联是:"思孝奉先厚先,公实帝世之遗,孝思不匮/介福裕后原后,裔缵侯封之旧,福介无疆";绩溪县上庄村胡氏宗祠"叙伦堂"联是:"宗族称孝,乡党称悌/作事可法,德义可尊";歙县长陔乡长标村王氏宗祠"敦睦堂"联是:"箕裘克绍先人业/夙夜毋忘孝子心";清人王茂荫撰的歙县杞梓里王氏宗祠"承庆堂"联是:"一脉本同源,强毋凌弱、众毋暴寡、贵毋忘贱、富毋欺贫,但人人痛痒相关,急难相扶,即是敬宗尊祖/四民虽异业,仕必登名、农必积粟、工必作巧、商必盈资,苟日日佚游不事,匪僻不由,便为孝子贤孙";歙县昌溪乡昌溪村周氏祠堂联是:"科第尚哉,必忠孝节廉自任畿端,方可无愧宗祖/读书贵矣,但农工商贾各专一业,便非不孝子孙";清代湖广巡抚吴大澂所撰绩溪县上庄村胡氏宗祠"叙伦堂"联是:"家法重名门,知孝悌本为人瑞/官箴在经术,唯贤才可济时艰";歙县璜田乡胡埠口村胡氏宗祠"敦睦堂"联:"敦伦先孝友/睦族本人和";歙县璜田乡胡埠口村胡氏宗祠"敦睦堂"联是:"敦伦慕义,泂天爵之尊隆/睦族和忠,实人彝之纯粹";歙县街口镇雁洲村张氏宗祠"彝叙堂"联是:"彝世遗规,诗书教子/叙伦乐事,孝悌传家";绩溪县长安镇新川吴氏支祠联:"思余旧德延长,当积精诚修祭祀/勖尔后昆繁衍,须循忠孝继家声";屯溪柏树街程氏"惇叙堂"祠堂享堂联是:"楷范法前贤,九世雍和惟孝友/箕裘承宗列祖,累朝忠尽本诗书";绩溪县临溪镇孔灵村汪氏宗祠联是:"孝友睦家风,愿式为无尤,花萼辉时兄弟乐/诗书传世业,斯率循罔越,桂兰培后子孙贤";婺源县江湾镇汪口村俞氏宗祠"仁本堂"联是:"万石家风当惟孝悌/百年世业乃在诗书";清末祁门人汪昌歧所撰祁门县历口镇彭龙村汪氏宗祠"光庆堂"享堂联是:"孝友为一家政事/诗书起万里风云"。绩溪县伏岭镇鱼龙川耿氏宗祠联是:"溯东汉以迄本朝,忠孝传家,累代簪缨推望族/由北道而迁此地,文章华国,千秋俎豆慰先灵";绩溪县上庄村胡氏支祠"其顺堂"联是:"其无逸,礼耕义种,勿助勿忘/顺乎亲,长友弟恭,尽伦尽性";绩溪县上庄村胡氏支祠"继述堂"联是:"继士农工贾之新传,敦崇本业/述孝弟忠信之美德,垂训后人"。"古帝重文华,采惠金相显其富,并且显其贵/先王传道德,开宗明义孝之始,而又孝之终";绩溪县上庄镇余川村汪氏宗"祠德馨"堂联是:"偃如见忾如闻,允怀清德/嘏告慈祝告孝,永荐芳馨";歙县长陔乡长标村王氏宗祠"敦睦堂"联是:"一堂孝友敦雍睦/千载蒸尝报本源";"尊祖敬宗,孝思有庆/敦诗说礼,明德惟馨"。其末联意指对于祖宗先人的尊敬源自孝亲的思念有庆;要按照《诗经》温柔敦厚的精神和《礼记》的规定行事,真正能够发出香气的只有美德。

四、诗书礼乐

诗书原指《诗经》和《尚书》,后泛指书籍。礼乐意指礼节和音乐,古代帝王常以兴礼乐为手段以求达到尊卑有序、远近和合的统治目的。"诗书礼乐"是我国先秦《诗》《书》《礼》《乐》四部儒家典籍的并称,又称"四术"或"四经",包括经过孔子整理而传授的先秦儒家六经古籍——《诗经》《尚书》《周礼》《仪礼》《礼记》《乐经》。"六艺之文:乐以和神,仁之表也;诗以正言,义之用也;礼以明体,明者著见,故无训也;书以广听,知之术也;春秋以断事,信之符也。五者,盖五常之道,相须而备,而易为之原。故曰'易不可见,则乾坤或几乎息矣',言与天地为终始也"。"《诗》《书》具其志,《礼》《乐》纯其养,《易》《春秋》明其知。六学皆大,而各有所长。《诗》道志,故长于质。《礼》制节,故长于文。《乐》咏德,故长于风。《书》著功,故长于事。《易》本天地,故长于数。《春秋》正是非,故长于治人。能兼得其所长,而不能遍举其详也"。"诗书礼乐"为传统儒家孔门弟子的必修科目,是孔子教育学生修身养性、"齐家治国平天下"的重要教材。

重视诗书礼乐教化在徽州祠堂楹联里也随处可见。举其要者:如屯溪率口程氏宗祠"广敬堂"联:"溯历代之祖功,尽忠孝以承先,根茂枝繁,允宜夙夜齐庄,常严对越/荷列宗之世泽,志诗书而启后,源清流洁,敢不岁时怵惕,共奉明禋";黟县西递"存仁堂"祠联:"典礼溯前型,受氏千年,陇右宗盟昭世守/诗书培后裔,垂荣百代,江南物望振家声";祁门县历口镇历溪村王氏宗祠"合一堂"联:"礼敬乐和,诏仪代祖功宗德/支蕃实衍,喜联科秋解春元";绩溪县上庄镇余川村汪氏宗祠"德馨堂"联:"习礼习乐习诗书,厥德修罔觉/奉牲奉盛奉酒醴,其馨闻于天";歙县小川乡临川村李氏宗祠"修爵堂"联:"入户问家规,孝忠信义/趋庭崇世业,礼乐诗书";歙县璜田乡上璜田村胡氏宗祠"积庆堂"联:"派衍清华,明礼乐而昭祖德/郡名安定,读诗书以显宗祊";歙县长陔乡长标村王氏宗祠"敦睦堂"联:"礼乐百年垂燕翼/诗书千载荷龙光";歙县长陔乡长标村王氏宗祠"敦睦堂"联:"恩垂袍笏家声旧/业在诗书世泽长";歙县小川乡盘岭村胡氏宗祠"叙伦堂"七哲祠联:"农业承先,世世善良门第/书香启后,雍雍诗礼人家";婺源县江湾镇汪口村俞氏宗祠"仁本堂"联:"万石家风当惟孝悌/百年世业乃在诗书"。再如"饬伦纪重纲常克昭世守才云孝子慈孙/说诗书敦礼乐无忝先型便是敬宗尊祖",这是徽州祠堂里的一副对联,大意是:遵规守纪要克昭世守,也就是尚儒修文,这样才是孝子慈孙;诗书礼乐要无忝先型,就是不给祖先丢脸,这样便是敬宗尊祖。

五、善乐福慧

传统道教认为行善积德是长生成仙的基础,道教这一成仙信仰与道德伦理结合的思想,为历代道教各派所奉行,如金丹派南宗祖师张伯端就把"德行修逾八百,阴功积满三千"作为结丹成仙的必要条件。全真道也强调行善积德,"夫金丹之道,先明三纲五常,次明因定生慧。纲常既明,则道自纲常出,非纲常之外别有道也"。道教强调道德伦理在修仙过程中的重要作用,提出修道与修仙并行,这是其伦理思想的一个鲜明特征。

徽州宗族祠堂楹联亦有大量崇尚善乐福慧的内容。如歙县璜田乡上璜田村胡氏宗祠"积庆堂"联:"善积当躬,伫立云仍风起/余族垂后,永宜甲第蝉联";方炽昌所撰歙县北岸镇白杨上村方氏宗祠"庆怡堂"联:"庆有余,亢宗有积善/怡无数,兴业不分居";黟县西递明经胡氏宗祠"本始堂"享堂联:"厥身庆厥家庆厥后庆,庆方来之未艾/所言善所行善所思善,善日积而不知";歙县街口镇三港村余氏宗祠"尊美堂"享堂联云:"先人种得福田广/后代收成心地宽"。这里福田和心地皆为佛语。心地指心,意念。佛教主张不离自性,即是福田。佛教以为供养布施,行善修德能得福慧之报,犹如播种田地而有收获之利,故称福田。福田有三种:1.恩田:孝养父母。2.净田:恭敬三宝。3.悲田:周济贫病。意谓我自心常生智慧,这智慧是从自性生出来的,不离自性即是福田,僧人穿的袈裟,缝成一条一条的,象征福田。若恭敬供养三宝,即是种下功德之根的地方,以后定会成熟而结福果。有一天五祖唤所有的徒众集合起来:"吾向汝说,世人生死事大,汝等终日只求福田,不求出离生死苦海,自性若迷,福何可救?"生死苦海即生死轮回的大海,"苦"是佛学基本原理"四谛"的基础,即认为现实中存在种种痛苦现象,"一切皆苦",有生、老、病、死、怨憎会、爱别离、求不得、五阴炽盛(众生由色、受、想、行、识五种因素组成,生灭变化无常,充满各种身心痛苦)等八苦。这些尘世间的烦恼、苦难犹如大海,没有边际,所以叫"苦海"。福德与功德不可混为一谈。垦殖福田,外修有漏之善只能得到福德;参禅见性、内证佛性是无漏智慧,才具功德,有福德。而无功德终不能脱离生死苦海,更谈不上成就佛果。

六、修身养性

修身养性是传统儒佛道倡导的基本德化功夫。修身就是使自己的心灵得到净化、纯洁,养性就是使自己的本性不受损害。通过自我反省体察,使身心达到完美的境界。个人修身不仅包含了为人、修身、处世的智慧,还包含着始终要有一颗平常心去应对日常的烦恼和不幸。修养身心,教人向善,仁爱是首要标准,也是最基本的标准。长期以来,对于修身养性,不仅儒家强调要用仁义、忠信、孝友等道德规范来进行,即便是道教也宣扬以儒家忠孝为轴心的伦理思想。"欲求长生者,必欲积善立功,慈心于物,恕己及人,仁逮昆虫,乐人之吉,愍人之苦,周人之急,救人之穷,手不伤生,口不劝祸,见人之得如己之得,见人之失如己之失,不自负,不自誉,不嫉妒胜己,不妄陷阴贼,如此乃为有德,受福于天,所作必成,求仙可冀也。"在道教看来,善行以忠孝为先,以纲常为本,"欲求仙者,要当以忠、孝、和、顺、仁、信为本。若德行不修,而但务方术,皆不得长生也",又"若积善事未满,虽服仙药,亦无益也;若不服仙药,并行好事,虽未便得仙,亦可无卒死之祸矣"。为此,道教要求道徒谨守忠孝伦理。为使人人知晓以忠孝为先,以纲常为本,制定各种约束道士行为的戒律和道言,如道戒之基"初真十戒"中第一条即是"不得不忠不孝不仁不信,当尽节君亲,推诚万物"。又道言规定:"事师不可不敬,事亲不可不孝,事君不可不忠……仁义不可不行。"元代净明道更强调以忠孝的履践为成仙得道之本,"贵在乎忠孝之本"。

这些中华传统文化中的修身养性理念,在徽州祠堂楹联中也有不少反映。歙县长陔乡贤源村邵氏宗祠"敦伦堂"联:"尽性乃生至性/严威非是倖威";歙县璜田乡胡埠口上泽村汪氏宗祠联:"三思而行事,期无过/省身不及时,懔逾闲";黟县县城北街口程氏宗祠"桂林堂"联:"处天地间,须在在体天地心,方能无愧无怍/先圣贤后,但时时存圣贤志,乃克有犹有为";黟县西递"存仁堂"祠堂享堂柱联:"为道不远人,是子是臣是弟友,须要各全其道/治生惟本份,或读或农或工商,总蕲无忝所生";歙县新溪口村潘氏宗祠联:"立志光前先种德/存心裕后在行仁";黟县西递七哲祠联:"志在圣贤,才为人杰,先从立训推求,谨言慎行/隐符象纬,达济黎民,细取贻谋体认,敷政宣猷";黟县西递"存仁堂"祠堂大门联:"由是路,入是门,依旧一家安堵/养其根,竣其实,绵延百世本支";婺源县江湾镇汪口村俞氏宗祠"仁本堂"联:"传家有道惟存厚/处世无奇但率直";歙县深渡镇定潭村张氏宗祠联:"堂上和风师百忍/门前好景焕三春"、"千秋作鉴承先泽/百忍悬图启后人"。末联是指唐代张九龄留下《千秋金鉴录》,让子孙们承载着祖先的德泽。张公艺书百忍典故之构图深刻地启示着后人。"光前须种书中粟/裕后还耕心上田",此系黟县赤岭陶村陶氏宗祠联。意即光大前业,替祖先增光,须在诗书中种收精神之粟,遗惠后代,为后代造福,还得耕耘自己心灵上的田地。

还有在徽州祠堂匾额中,如黟县西递司城第"敦化堂"、祁门县南溶口乡景石村的李氏祠堂"敦和堂"、黟县关麓村汪氏总祠"致和堂"、黟县蓬厦村江氏支祠"敦睦堂"、歙县长陔乡长标村王氏宗祠"敦睦堂"、歙县璜田乡胡埠口村胡氏宗祠"敦睦堂"、歙县璜田乡璜蔚村胡氏支祠"亲睦堂"、绩溪县宅坦村胡氏"亲逊堂"、祁门县红紫村双溪金氏总祠"天合堂"等,也都反映了徽州宗族重视修行睦家的教化作用。

综上所述,徽州宗族祠堂就是这样充分而又艺术地把中华传统文化中的家国观、公私观、义利观、荣辱观通过牌匾、楹联的形式,向族众展示,让族众在耳濡目染中,潜移默化地学习如何做人。

第二节　徽州宗祠牌匾楹联的艺术特色

与其他楹联一样,徽州宗族祠堂楹联也具有自己的艺术特色。徽州宗族祠堂楹联在文学艺术方面之所以具有独特的品位和强大的生命力,就在于其形式上的词语对仗和声律协调,以及内涵上的意境美和形式上的语言美,这是徽州古祠堂楹联之灵魂与精髓所在。徽州古祠堂楹联大多意境宏衍,在立意、谋篇和炼字的过程中,善于将思想感情与事物环境融合在一起,可谓绘景生情,情景交融,构造出超越具体形象的艺术空间,进而启迪读者的联想,引发共鸣,令人叹服。它在意境上继承和发扬了古典诗词的艺术美感,情景交融、虚实相生、时空转换、生命律动,读后有"余音绕梁,三日不绝"之美感。此类楹联属对工稳,形式精致,成为锤炼语言风格与塑造作品意境统一于主题的典范。徽州宗族祠堂楹联"须知难得惟兄弟/务在相乎以性情"(黟县屏山村舒氏宗祠"余庆堂"联);"观天地生气万物/学圣贤克己功夫"(黟县西递镇源川严岭村严氏宗祠联,严挺兰题);"植木栽葩,怡情养性/环山带水,见智见仁"(婺源县江湾镇汪口村俞氏宗祠"仁本堂"联)等,兼具对联的意境美与语言美。

　　从内涵上说，楹联要求意义上的关联，也就是不能各说各的(特殊的，如无情对另议)，联语充满诗情画意，且富有时空上的纵深感，极具艺术感染力；从形式上说，它的基本要求是要对称：其句式结构考究，五七、六七句式令节奏递相舒展，声律流动如水，读来颇有刚柔相济之感；此外，它还要求音节上的和谐相对。在营造联作意境的同时，对于遣字用词，则重视语言风格的锤炼，善于运用多种修辞手法，追求语言形式的高度文学艺术性。其在语言上具有语言灵动、精炼工丽、文辞雅切、空灵秀美、大气恢弘等特点。其格律精严，对仗工整，尚且巧用典故，古为今用，融古启今，新颖别致。一般来说，其上下联不能构成上述内涵、形式、音节三方面的比较严格的对偶的，就不能算是对联。

　　徽州宗族祠堂楹联，好对子很多。像下列联对，都做到了在内涵、形式、音节三方面的比较严格的对偶："六州功德同天地/万载精英贯日星"(明代弘治年间进士、曾任徽州知府、官至浙江右布政使、江西峡江人张芹所撰歙县桂林江村云岚山俗称"忠烈庙"的汪华墓祠联)；"忠义靡涯，更衍繁枝吉庆/功德浩荡，长开绵飑呈祥"(歙县街口镇巨川村汪氏宗祠"忠德堂"联)；"作六州之保障/植万古之纲常"(黟县宏村汪越国公祠堂联)；"家世龙溪之制诰/文章燕翼有春秋"(祁门县历口镇彭龙村汪氏宗祠"光庆堂"寝堂联)；"业绍二南，群伦宗主/道承一贯，累世通家"(绩溪县原浩寨乡箬皮坑今长安镇冯村冯氏宗祠"六顺堂"总祠联)；"一念不敬，未许来瞻庙貌/百年致享，务朝各竭精诚"(屯溪柏树街程氏"惇叙堂"祠堂享堂联)；"庙貌森严，百世簪缨永聚/人文丕焕，四房枝叶齐荣"(绩溪县上庄村胡氏支祠"其顺堂"联)；"始祖千秋，辈辈贤能皆绝杰/经文百代，朝朝翰墨尽萃章"(婺源县江湾镇汪口村俞氏宗祠"仁本堂"联)；"祠宇面春山，睹历历晴峦，列嶂千重都来顾祖/寝楼临率水，看溶溶碧浪，分流万派尽识朝宗"(率口程氏宗祠"广敬堂"联)；"祠宇展新猷，拔剑断丝，经纬有才原不忝/河山非故主，围棋对谱，纪纲修整此为先"(歙县小川乡苏川村方氏宗祠"友于堂"享堂联)；"春露秋霜，特隆俎豆/光风霁月，永绍箕裘"(绩溪县西门内周氏宗祠享堂联);"毓秀钟灵彩焕一天星斗/凝禧集祉祥开百代人文"(绩溪县龙川村胡氏宗祠联);"春满桃源,政和美绩弦歌韵/秋高剧径,彭泽遗风瑞色新"(黟县赤岭陶村陶氏宗祠联);"承先祖德,以交付儿孙不必田园金玉/读圣贤书,即担当宇宙何分韦布荐绅"(黟县赤岭陶村陶氏宗祠联)。

可以说,古徽州宗族祠堂楹联同样是汉语修辞学对偶辞格发展到极端的产物。从修辞学角度看,构成对联基础的是对偶辞格。对偶辞格是汉语和汉字特有的一种辞格,它是把通常为两个(多则可为几个,如元代杂剧和散曲中常用的三或四个)字数相等、结构相同或基本相似的字、词、词组、句子并列,用来表现相关的意思的一种辞格。同时使用了谐音、拆拼、用典、比喻、重字、嵌名等多种修辞技巧,使得联语流畅自如,形象颇为丰媚,活灵活现,充满了哲理、理想、希望,喜悦、自豪之情也溢于言表。

关于谐音修辞技巧,就是在对联中,利用语言文字同音、同义的关系,使一句话涉及两件事情、多件事或两种内容、多种内容,一语双关地表达作者所要表达的意思。古徽州祠堂楹联中的"远峰重叠,草色花香相掩映/方塘一览,天光云影共徘徊"(歙县小川乡盘岭村胡氏宗祠"叙伦堂"七哲祠联)。其中的"方塘"与歙县的"芳塘"谐音,它暗喻本村的明经胡氏原迁自芳塘,而芳塘胡氏便是婺源考水胡昌翼三子胡延臻之后第十二代胡德芳由绩溪县石金迁往歙县芳塘;"纱帽恰当头,定有达人光氏族/古云新发脉,好从胜地辟堂基"(歙县小川乡苏川村方氏宗祠"友于堂"享堂联)。其中的纱帽原为古代纱制的官帽,代指官职。这里指云彩萦绕山峰,恰似纱帽。"纱帽恰当头"一语双关,既状写苏川村附近的山峰景观,又寄寓族人出人头地当官加冕的希冀。此外还有如"气转洪钧三阳开泰/情联鸾凤六合同春"(黟县西递"存仁堂"祠堂门楼联)。其中"洪钧"指天,"三阳开泰"意为春天开始。据《易经》载阳爻称九,位在第一称初九,第二称九二,第三称九三,合三者为三阳。又易卦,"十月为坤卦,纯阴之象;十一月为复卦,一阳生于下;十二月为临卦,二阳生于下;正月为泰卦,三阳生于下"。农历十一月冬至日,昼最短,此后,昼渐长,阴气渐去而阳气始生,称冬至一阳生,十二月二阳生,正月三阳开泰。正月正是三阳生泰卦,此时既是立春,又逢新年。冬去春来,阴阳消长,万物复苏,故"三阳开泰"或"三阳交泰"便成为岁首人们用来互相祝福的吉利之辞。联中的"鸾凤"即为贤俊之士。"六合同春"系古代寓意纹祥,又名"鹿鹤同春"。"六合"是指天地四方(天地和东南西北),亦泛指天下。"六合同春"便是天下皆春,万物欣欣向荣。民间运用谐音的手法,以"鹿"取"陆"之音;"鹤"取"合"之音。"春"的寓意则取花卉、松树、椿树等。这些形象,组合起来构成"六合同春"吉祥图案。在明代,有以"六鹤"来表现的。

关于拆拼技巧——把对联中的某几个字拆开,重新组合成新的字义,如徽州古祠堂楹联中有:"谁是万人,头上还能加一点/我非孤女,身边也有伴终生"(歙县璜田乡蜈蚣岭村方氏宗祠"盛德堂"联)。其上联拆"方"为"万"头上加一点,其下联拆"姓"为有"女"永生相伴。

关于用典修辞技巧,徽州古祠堂楹联中的"尚志论前人,不但三友有益/义方训后嗣,无殊五子齐荣"(歙县璜田乡上璜田村胡氏宗祠"尚义堂"联),意即崇尚志节方面若论起前人来,不只是三友(友直、友谅、友多闻)于人有益,运用行事应该遵守的规范和道理来训诲后嗣,无怪乎会出现五子齐荣的景况。这里前者出典自《论语·季氏篇》:"孔子曰:'益者三友,损者三友。友直,友谅,友多闻,益矣。友偏辟,友善柔,友便妄,损矣。'"后者用典于《三字经》:"窦燕山,有义方,教五子,名俱扬。"即指五代后周窦禹钧的五个儿子都及第做官,世人称为五桂。"作赋越初秋,与客偕游,赤壁至今传轶事/开光循旧典,俳优奏格,黎川凭此达微忱"(屯溪黎阳程元帅即程灵洗祠联,清代博学多才的贡生、婺源县人程燮周撰),其上联典出北宋苏轼游赤壁,写下前后赤壁赋之事;"三思而行事,期无过/省身不及时,懔逾闲"(歙县璜田乡胡埠口上泽村汪氏宗祠联),此联意为:"三思而行事"意在期盼着自己言行无过错;察己省身若不及时,则应警惕自己越出法度而非为。"三思而行事"典出自《南齐书·公冶度》:"季文子三思而后行。"逾闲典出自《论语·子张》:"子夏曰:'大德不逾闲,小德出入可也。'"再如歙县小川乡临川村李氏宗祠"修爵堂"

联:"建业长安,永固包桑三百载/成功柱下,相传道德五千言"。"建业长安"指李渊建唐,定都长安之事。"成功柱下"指老子李耳,曾经任周朝柱下史官职,后来以柱下代指他。《道德经》又称《道德真经》、《五千言》、《老子五千文》等,道家哲学经典。又如"种德槐宜茂/锄经桂自芳"(黟县西递明经胡氏六世祖胡禄彩支祠"锄经堂"联)。其中"锄经"出自西汉倪宽"带经而锄"典故。另如"一水护田,常看秋敛春耕,俾小子先知稼穑/五经堆案,更喜夏萤冬雪,助后人永守诗书"(黟县关麓汪氏支祠"崇德堂"联)。其上联指武溪河一水护田,"秋敛春耕"取用"春耕夏耘秋敛冬藏"之句,指农民一年四季辛苦劳作,使得孩子们先知稼穑艰难之事。下联说的是把五经等儒家经典著作堆码在案头,化用成语"囊萤映雪"的典故,也就是用"囊萤映雪"的刻苦精神训诫同宗族人,有助于后人永远持守诗书。"江东门第观龙跃/淮水家声听凤鸣"(黟县古筑村孙氏宗祠联)。唐末,孙氏祖先避躲战乱由广陵(今扬州)辗转迁居至黟县县城。南宋淳熙年间,九世祖孙本梓(1161—1222),字枝蕃,行五三,曾经号"古筑居士"。江东门第观龙跃指三国时孙坚在江东建立吴国。下联指黟县孙氏始迁祖自广陵迁居黟县之事。而绩溪县长安镇杨滩冯氏宗祠享堂联:"繁茂杨林,应缅怀将军大树/肥腴滩地,可耕读义礼之家"。其上联中的"大树将军"则指汉代冯异即东汉光武帝刘秀的云台二十八将之一。"一龙临江,千秋盘胜地/双马回首,万代降英才"(清人齐彦槐撰婺源县江湾镇晓起村江氏宗祠"敦彝堂"联)。"一龙临江"指唐末萧氏后裔、萧遘之子萧祯被朱温所逼,只身渡江易姓之事。"双马回首"指传说南宋岳家军过江湾到晓起,岳飞一眼望去,眼前云封雾锁,什么也看不清楚。当他走出五里路,身后云开雾散,他回首望去,村落与群峰相拥,蓝天与绿水相衬,不禁脱口称赞:"好地方,此乃双马回首之龙脉,八百年后必出天子。"

关于比喻修辞手法,譬如徽州宗族祠堂楹联:"树德作贻谋,唯其根柢艺林菑畬经训/象贤斯济美,幸掇家丞秋实庶子春华"(绩溪县上庄镇宅坦村胡氏宗祠联)。"根柢"即为事物的根基、基础,"艺林"指收藏汇集典籍图书的地方,用经籍义理的解说来耕耘心田。追慕贤达者,在前人的基础上发扬光大他们的功绩,幸拾取、摘取家丞庶子之类官名,获得春华秋实之效果,即比喻文采与德行。

而关于嵌字(包括并头格、燕颔格、蜂腰格、魁斗格、折枝格、脱瓣格等)修辞技巧,在徽州古祠堂的楹联联对中的出现和运用甚为普遍。

所谓并头联格(又称凤顶或鹤顶格),也就是将所嵌二字分置于上下联第一字位置。譬如歙县小川乡小川村余氏宗祠"德裕堂"联:"德派齐家,郡居下邳/裕源洪族,支衍小川";歙县璜田乡六联村方氏宗祠"贤功堂"联:"贤良绍继千秋重/功德绵延万世昌";歙县璜田乡胡埠口村胡氏宗祠"敦睦堂"联:"敦伦先孝友/睦族本人和";歙县璜田乡胡埠口村胡氏宗祠"敦睦堂"联:"敦伦慕义,洵天爵之尊隆/睦族和忠,实人彝之纯粹";歙县街口镇雁洲村张氏宗祠"彝叙堂"联:"彝世遗规,诗书教子/叙伦乐事,孝悌传家";歙县璜田乡上璜田村胡氏宗祠"敦本堂"联:"敦古遗之厚道/本家学之渊源";方炽昌所撰歙县北岸镇白杨上村方氏宗祠"庆怡堂"联:"庆有余,亢宗有积善/怡无数,兴业不分居";清末绩溪人、贡生胡位周撰屯溪下街江滨"五福祠"联:"五水回环,通六邑源流,到此一齐收住/福星照耀,看半江帆影,都将满载归来";绩溪县上庄村胡氏支祠"其顺堂"联:"其无逸,礼耕义种,勿助勿忘/顺乎亲,长友弟恭,尽伦尽性";绩溪县上庄村胡氏支祠"笃庆堂"联:"笃守前休,诗礼相传家之宝/庆垂后裔,孙曾克庇世其昌";绩溪县上庄村胡氏支祠"继述堂"联:"继勤俭温恭其不忒/述典谟训诰永不愆"、"继士农工贾之新传,敦崇本业/述孝弟忠信之美德,垂训后人";绩溪县上庄村胡氏支祠"作求堂"联:"作德裕孙谋,一本七枝并茂/求仁绳祖武,千秋万派流光"等都采取了并头联络的艺术手法,起到了强调突出的作用。

此外还有燕颔联格、蜂腰联格、魁斗联格、折枝联格、脱瓣联格等嵌字修辞技巧也得到了相应运用。

嵌字燕颔联格(也称叶底格),即指将所嵌二字分置于上下联第二字位置。譬如"食德服畴,两字士农承世业/膳馨香荐洁,四时祭祀守前规"(绩溪县上庄镇余川村汪氏宗祠"德馨堂"联);还如"乐叙先人之业绩,山水齐颂/群伦后代庆兴隆,天地和鸣"(祁门县箬坑乡马山村古称石林叶氏宗祠"叙伦堂"联)。

嵌字蜂腰联格也称"合欢格",即指将所嵌二字分置于上下联第四字的位置。譬如"率性自敦伦,须知弟友子臣不是虚存名目/为仁由复礼,即此视听言动亦有实在功夫"(清末民初绩溪人胡铁花撰书的绩溪县上庄村胡氏支祠"敦复堂"联)。此联上下联第四字扣祠堂名"敦复"二字。上联言笃厚伦理纲常应当成为自觉行为而非外加之约束;下联言立身处世能够真正做到"非礼勿视,非礼勿听,非礼勿言,非礼勿动"(《论语·颜渊》),才是"克己复礼"的仁人。

嵌字魁斗联格,即指将所嵌二字(多为人名、地名或其他物象名称)中的一字置于上联句首位置,另一字置于下联句尾位置。譬如"竹发院中,千枝万叶孙承祖/泉流山下,四海三江委汇源"(祁门县闪里镇坑口(原名竹源)村陈氏支祠"会源堂"联)。

嵌字折枝联格即指将所嵌二字(多为人名、地名或其他物象名称)全部连续嵌入上下联中的任一位置,譬如"堂曰存心,是谓操之不舍/坊名遵义,谁能出而不由"(绩溪县城胡氏支祠"存心堂"联);"古帝重文华,采惠金相显其富,并且显其贵/先王传道德,开宗明义孝之始,而又孝之终"(歙县长陔乡韶坑村徐氏宗祠"采惠堂"联);"种德槐宜茂/锄经桂自芳"(黟县西递明经胡氏六世祖胡禄彩支祠"锄经堂"联);"由义路以入礼门,济济一堂,想见俗风茂美/仰桂林而依槐荫,绵绵百代,岂忘根本滋培"(黟县县城北街口程氏宗祠"桂林堂"联);"合一堂中洁治修斋,表敬幽冥呵护泰/舜溪河内熏蒸沐手,虔诚惭悔颂无疆"(祁门县历口镇历溪村王氏宗祠"合一堂"联)。

嵌字脱瓣联格即指将所嵌二字(多为人名、地名或其他物象名称)断断续续地嵌入上下联中的某一位置。譬如"合族属于一堂,须思议之交尽/垂仪型于百世,要忠孝之名敦"(祁门县历口镇历溪村王氏宗祠"合一堂"联);"经学毓仁贤,文才堪益世/宦本熏德范,福寿可宜容"(婺源县江湾镇汪口村俞氏宗祠"仁本堂"联);"天叙克惇,学以明伦征治化/家修无忝,道从庸礼见经纶"

(屯溪柏树街程氏"惇叙堂"祠堂享堂联);"一堂孝友敦雍睦/千载蒸尝报本源"(歙县长陔乡长标村王氏宗祠"敦睦堂"联);"共雅叙于名区,左为水右为山,水绕山环合族同归盘谷隐/秉彝伦之至道,上而父下而子,父慈子孝大家齐效古人贤"(歙县小川乡盘岭村胡氏宗祠"叙伦堂"七哲祠联);"俨如见忾如闻,允怀清德/暇告慈祝告孝,永荐芳馨"(绩溪县上庄镇余川村汪氏宗祠"德馨堂"联)等。

至于说到重字,由于楹联分宽对和严对,宽对是可以重字的。也就是说,楹联中允许出现叠字或重字,叠字或重字是对联中常用的修辞手法,只是在重叠时要注意上下联相一致。譬如"日月争光,清清白白垂千古/乾坤合撰,浩浩渊渊塞两间"(黟县卢村"忠烈祠"联);"敦伦敦厚敦尚,万古纲维,溯阀阅名家,原为敦礼之祖/叙昭叙穆叙次,一堂左右,合衣冠世族,皆以叙份为宗"(绩溪县长安镇戴家坦(戴川)戴氏宗祠"敦叙堂"联);"德放梅香,梅朵早开梅岭/门迎文驾,文星集照文溪"(清末祁门人汪惟馨撰祁门县历口镇彭龙村"文会馆"联)。但在楹联中应尽量避免"异位重字"和"同位重字"。所谓异位重字,就是同一个字出现在上下联不同的位置。所谓同位重字,就是以同一个字在上下联同一个位置相对。

集句联则是楹联的一种特殊的创作手法。"集"即"聚集""集合",它是从古今文人的诗词、赋文、碑帖、经典中分别选取两个有关联的句子,按照对联中的声律、对仗、平仄等要求组成联句。既保留原文的词句,又要语言浑成,另出新意,给人一种"青出于蓝而胜于蓝"的艺术感染力。同时,集联还可使人自然地联想到所集的原作,无形中给人提供了一个广阔的艺术空间,这对陶冶情操、交流心灵大有裨益。集句联可集同一作者的不同诗文,也可以集不同作者的诗文;既可以集同代作者的诗文,也可以集异代作者的诗文。也有对集句范围加以限制的。这类祠堂楹联譬如"我心匪石,不可转也/虽则如荼,唯其思之"(绩溪县上庄村胡氏宗祠"叙伦堂"联)。其上联集句于《诗经·邶风·柏舟》:"我心匪石,不可转也。我心匪席,不可卷也。"下联集句于《诗经·郑风》:"虽则如荼,匪我思且"。"足以当大事,为其贤也/此之谓仁人,不亦乐乎"（绩溪县上庄村胡氏宗祠"叙伦堂"联）。其上联集句于《孟子·离娄下》："养生者不足以当大事，惟送死可以当大事。"《孟子·万章下》："为其多闻也，为其贤也。"其下联集句于《春秋繁露·仁义法篇》："自攻其恶，非义之全与？此之谓仁造人，义造我。"《论语·学而》："有朋自远方来，不亦乐（悦）乎？""孝于亲，慈于众/义为路，礼为门"（歙县下璜田村曹氏宗祠"孝义堂"大门联）。其上联集句宋朱熹《论语集注》："临民以庄，则民敬于己。孝于亲，慈于众，则民忠于己。"其下联化用《孟子·万章下》："夫义，路也；礼，门也。惟君子能由是路出，入是门也。""远峰重叠，草色花香相掩映/方塘一览，天光云影共徘徊"（歙县小川乡盘岭村胡氏宗祠"叙伦堂"七哲祠联）。其下联化用宋朱熹诗《观书有感》："半亩方塘一鉴开，天光云影共徘徊。问渠那得清如许，为有源头活水来。""致吾广大，意必诚心必正/和我族伦，言有物行有恒"（黟县关麓村汪氏总祠"致和堂"联）。其上联化用成语"正心诚意"。其下联集句《周易》："君子以言有物而行有恒。""敬其所尊入则孝/义以方外居之安"（绩溪县上庄村胡氏支祠"敬义堂"联）。上联集句于《中庸》《论语》，下联集句于《周易》《孟子》。"澹乎至人心，秋水一潭，春山百仞/远哉君子泽，楹书万卷，庭诰千篇"（休宁县溪口镇石田汪氏宗祠"澹远堂"联）。"澹乎至人心"集句于东晋卢谌《时兴五言》诗句"澹乎至人心，恬然存玄谟。""友仁崇德义/于役尽忠贞"（歙县小川乡苏川村方氏宗祠"友于堂"享堂联）。"友仁"指与仁者交朋友，出自《论语·卫灵公》："事其大夫之贤者，友其士之仁者。""敦厚以崇礼/本立而道生"（歙县璜田乡上璜田村胡氏宗祠"敦本堂"联）。下联的"本立而道生"出自《论语·学而》："君子务本，本立而道生。孝弟也者，其为仁之本欤？"

除了庄重与肃穆感极强外，古徽州宗族祠堂楹联还尽力营造一种放松轻快的氛围，自有其鲜明的艺术特色。譬如"三阳开泰/万派朝宗"（歙县长陔乡长标村王氏宗祠"敦睦堂"联）；"三春雨露/百代冠裳"（歙县长陔乡长标村王氏宗祠"敦睦堂"联）；"翠挹西山朝气爽/日涵大液晓波红"（黟县西递"七哲祠"仪门联）；"文武两山前面对/高低四水后边分"（歙县许村镇前溪村许氏宗祠联)；"水源木本承先泽/春露秋霜启后昆"(歙县璜田乡树德钱氏宗祠"德本堂"联)；"福以德基,心田半亩勤耕种,直当膏腴万顷/祥由和致,荆树一株广护培,历征瑞荫三公"(黟县宏村镇江村北庄田氏宗祠联)；"北海鲲腾,万里抟风舒健翮/南山豹变,一朝披霞蔚全斑"(黟县南屏村"奎光堂"享堂联)；"南山为屏,万里祥云天外起/佛池金鉴,一轮明月水中悬"(黟县南屏李氏宗祠联)；"子世日繁,皆本一人之身,何分尔我/人情性异,率由三代之道,岂有古今"(黟县西递明经胡氏宗祠"本始堂"享堂联)；"当檐峻岭峰千耸/绕槛平湖月半弓"(黟县关麓村汪氏家祠"资源堂"联)；"纯心昭宇泰,阖为坤辟为乾,敦复后八荒见闳/美利与人同,笃乎近举乎远,静观中万物皆春"(明人程敏政题黟县西递"存仁堂"祠堂大门联)；"德高望重,乾健坤柔,能保我子孙黎庶,延年益寿/日丽风和,桑阴柘荫,以与尔邻里乡党,娱目骋怀"(绩溪县伏岭镇北村"祭社屋"联)；"七叶分荣,立庙与竦山并峙/一门衍庆,奉先偕常水长流"(绩溪县上庄村胡氏支祠"其顺堂"联)；"屏列竹峰,秀气擢四门枝叶/带环扬水,荣光绵百代簪缨"(清道光进士、提督安徽学政、浙江杭州府仁和县人沈祖懋撰绩溪县上庄村胡氏支祠"其顺堂"联)；"和气致休祥,百世簪缨绵德泽/丰年多黍稌,四房孙子奉明禋"(绩溪县上庄村胡氏支祠"其顺堂"联)；又如"竖屋喜逢黄道日/上梁巧遇紫微星"(元明"枫林先生"朱升撰休宁县陈霞乡廻溪村洪氏宗祠联)。此联意是做屋喜逢黄道吉日,上梁巧遇紫微福星。旧时以星象来推算吉凶,谓青龙、明堂、金匮、天德、玉堂、司命六个星宿是吉神,六辰值日之时,诸事皆宜,不避凶忌,称为黄道吉日,泛指宜于办事的好日子。紫微星:北极星,号称"斗数之主",被人当作"帝星"。所以命宫主星是紫微的人就是帝王之相。它是小熊座的主星,北斗七星则围绕着它四季旋转。生在家为一家之主,生在国为一国之主,故紫微星又称"帝王星",这里借指朱元璋。还如"五水回环,通六邑源流,到此一齐收住/福星照耀,看半江帆影,都将满载归来"(清末绩溪人、贡生胡位周撰屯溪下街江滨"五福祠"联)。联中"五水"指周围来屯溪之诸溪水,如率水、横江、汗水、榆村河、蟾溪等,都是通达徽州一府六县的溪河源流,到屯溪这儿都一齐收住;祠内供奉的财神爷福星高照,惯看半江遮蔽的舟船帆影,都将满载而归。上下联首字并头格"五福"取用的是《尚书·洪范》关于"寿、富、康宁、攸好德、考终命"五种福分的意义。

另外,有些古徽州宗族祠堂楹联还以夸张、比拟的修辞手法,将静态事物转化为动态,以人的思想情感来凝炼形象,精彩至极。譬如"酒常知节狂言少/心不能清苦楚多"(歙县璜田乡六联村方氏宗祠"贤功堂"联);"效绵力以报先人,珠贯丝联,团成一气/咏椒实而承后嗣,云蒸霞蔚,贮看多村"(歙县璜田乡胡埠口村胡氏宗祠"敦睦堂"联);"纯心昭宇泰,阖为坤辟为乾,敦复后八荒见闶/美利与人同,笃乎近举乎远,静观中万物皆春"(明代大学者程敏政题黟县西递"存仁堂"祠堂大门联);"龙蜡凤灯,灼灼光明全盛世/玉箫金管,雍雍齐颂太平春"(歙县三阳乡叶村叶氏宗祠"叙伦堂"联);"南海驾航船,普渡众生超苦海/西天悬慧日,光照百姓庇钧天"(歙县三阳乡叶村叶氏宗祠"叙伦堂"联);"喜此地有常溪石鹤,山水萦回佳气特郁葱,知曩日卜宅定基贻谋深远/登斯堂仰越国义门,功名炳焕明禋隆肸蚃,愿后嗣开来继往流庆绵长"(绩溪县上庄镇余川村汪氏宗祠联);"定水东环存世泽/屏山南拱接台垣"(歙县深渡镇定潭村张氏宗祠联);"德高望重,乾健坤柔,能保我子孙黎庶,延年益寿/日丽风和,桑阴柘荫,以与尔邻里乡党,娱目骋怀"(绩溪县伏岭镇北村"祭社场"联);"泽润乡里,亭名世德/望隆朝野,坊表达尊"(绩溪县城胡氏支祠联);"南岻秀文峰,雾合烟云资豹变/西流环武水,涛兼雷雨助蛟腾"(黟县古筑村潘氏宗祠联);"当檐峻岭峰千耸/绕槛平湖月半弓"(黟县关麓村汪氏家祠"资源塘"联);"湍水东西皆入海/源泉左右已盈科"(同上);"梅峰耸秀临南极/梧月腾辉映北恒"(明人程敏政学士题黟县西递"存仁堂"祠堂大门联);"参天之木必有其根/怀山之水必有其源"(婺源县江湾镇汪口村俞氏宗祠"仁本堂"联);"清阴欲凌霄汉上/远意自在山水间"(同上)。

总之,徽州宗族祠堂牌匾楹联,不仅是徽州宗族伦理教化的重要形式,也是徽人文学天才智慧的尽情发挥,是徽州文化的艺术结晶。

第九章 徽州宗族祠堂文献文书

第一节 徽州宗族祠堂文献文书现存状况

徽州宗族祠堂在其管理和运作过程中,曾留下大量的资料文献,像统宗谱、族谱、家谱、祠堂祠产登记簿册、祠堂祭祀程式、祠堂田地交易票据、祠堂诉讼文契、祠堂管理运作的各类合约议墨等。这类徽州宗族祠堂的原始文书文献,是我们走近徽州宗族祠堂、全面了解徽州宗族祠堂血缘宗法实态最好的第一手资料。由于众所周知的原因,清咸同以后至今一个半世纪,不仅祠堂建筑快速消失,而且徽州宗族祠堂的这类原始资料文献也大量毁灭和流失,因此这类徽州宗族祠堂的原始资料文献的留存也就显得格外珍贵。

绩溪北乡宅坦村明经胡氏龙井派宗祠"亲逊堂",是宅坦明经胡氏龙井派五大门支在明代天启己戌年(1622)起用了6年时间合建的总祠,清道光三年(1823),族人胡士杰等聚资扩建,占地1722平方米。五凤楼高昂,享堂宏伟,砖、木、石雕装饰精美。清咸同间清军和太平军在这一带激烈拉锯战,百姓遭难,祠堂被毁。清同治八年(1871),族中重建"亲逊堂",直到1920年才修缮完毕。民国时曾在15年中对"亲逊堂"做三次整修。此祠经350余年历史沧桑,在20世纪的70—90年代被彻底拆毁,改为小学校舍,建筑荡然无存。人们只能从小学校舍前残留的祠堂雕花石栏和几级石阶去想象"亲逊堂"当年的规模了。幸运的是"亲逊堂"总祠虽毁，该宗族宗祠的一大批文献文书资料，却历尽艰难，躲过浩劫，侥幸保存了下来。据传，太平天国战乱时，宅坦胡氏族人胡志高丢弃了全部家产，只背负着宗谱逃难，终于保下了现存仅有的一部明代嘉靖版龙井胡氏族谱和乾隆版考川明经胡氏宗谱的孤本。宅坦明经胡龙井派宗祠"亲逊堂"现存的文献文书资料，内容涉及宗谱、祠谱、宗祠文档，建国后各个时期的宗族档案，时间涵盖从乾隆二十年（1755）到1990年的235年，其内容之多、价值之高，为国内宗族祠堂资料所罕见。明清、民国年间的宗族资料有宗谱、祠谱（分为奉先录、殊誉谱、聚神谱三大类，其中有明代《考川明经胡氏统宗谱》《明嘉靖龙井胡氏宗谱》《明经胡氏龙井派宗谱》《明经胡氏龙井派宗谱便览》；光绪三十年《亲逊堂聚神谱》《亲逊堂奉先录》《亲逊堂迁主谱》《祠祭仪程簿》等）；"亲逊堂"灾年平粜救济族众的《平粜记录簿》七本；祠田编号草簿一本；收租、收支总录簿十九本；祠堂器具簿一本；宗祠会议记录二本；其他散件契约文书共213件（完税票据、收据、借据、租批等）；祠祭人员名单、修祠章程24件；还有龙井乡公所会议记录。另外，还有建国后宅坦的村级档案：1.账册、表册。自1955年至1990年涉及税收、分配、统购统销分户安排表；预算决算分户表；口粮到户表、平调社员物资退赔表、现金日记账二十四本（1957—1986）、1962—1990年农业统计年报及收入分配表共33册、1957—1986历年原始记账凭证（工分条、购油单等收条）。2.会议录共37本（1966年4月至1999年底），记录十年文革、农业学大寨、农业大包干以及直选村民委员会等方面的内容。此外还有绩溪县宅坦乡人民委员会的文件：大队会议记录（文革、改革初期）、补选村委会主任预备会议记录等。

还有一些"亲逊堂"宗祠管理、运作、祭祀、祠务的实物资料也被保存下来，像祠堂古匾、当年修谱时用的防伪印章、升主和登录的盖戳、祭祀烛台、祭祀礼盒、祭祀酒壶、族谱雕板等。

现在，宅坦已将这些珍贵文献文书整理建档1500多卷，并在宗祠"亲逊堂"遗址建起了宅坦村宗族文化博物馆，展陈宗祠"亲逊堂"的文献文书和部分实物资料,让人们零距离了解徽州宗族祠堂和徽州宗族社会的历史实态。

近些年徽州学研究热潮兴起,徽州契约文书进一步被学术界所看重。在已面世的80多万件徽州契约文书中,有关徽州宗族祠堂的契约文书占有相当比重,在大量田地买卖、租佃类契约文书中,就有许多是徽州宗族祠堂的祠产交易文书。徽州宗族祠堂契约文书的陆续面世,丰富了人们对徽州宗族祠堂的认知。

黄山学院徽州文化研究资料中心极力搜集徽州宗族祠堂契约文书。近年在歙县农村搜集到一批专属于歙县北乡宋村"文肃祖祠"的契约文书。这批文书依次是:

第一类有关该祠族产(主要是田地、山场)及土地房产交易、租佃的文书:

雍正六年三月歙县郑德麟等山场卖契

雍正六年六月歙县郑德衡山场卖契

雍正六年八月歙县郑德和等山场卖契

雍正八年十二月歙县郑德彬山场卖契

乾隆七年三月歙县杨元武卖田契

乾隆二十年三月歙县郑德远山场卖契

乾隆二十一年九月歙县郑集五卖地契

乾隆二十六年八月歙县郑赞禹卖地契

乾隆三十四年五月歙县郑量逵等换地契

乾隆三十四年十月歙县郑社福卖地契

乾隆三十九年六月歙县郑德槐卖田契

乾隆三十九年九月歙县郑德甫卖田契

乾隆四十一年十二月歙县郑德槐卖地契

乾隆四十二年六月歙县郑元美卖地契

乾隆四十二年六月歙县郑永安卖田契

乾隆四十三年十一月歙县郑时诛卖田契

乾隆四十五年二月歙县郑德珋等卖田契

乾隆四十五年九月歙县郑志清等卖田契

乾隆四十六年十月歙县郑时潘等卖山场契

乾隆四十六年十月歙县郑德玉卖田契

乾隆四十七年六月歙县郑德槐卖田契

乾隆五十一年十二月歙县郑元管山场卖契

嘉庆三年九月歙县郑永惠山场卖契

嘉庆八年五月歙县郑立祝山场卖契

嘉庆十九年十一月歙县郑齐相支下卖田契

道光三年二月歙县郑永山阎场卖契

道光五年十月歙县郑体山场卖契

道光八年十二月歙县郑志峻卖田契

道光十年九月歙县郑淦宜卖田契

道光十二年十二月歙县郑立川卖田契

道光十三年十月歙县郑志穆卖田契

道光十三年十一月歙县郑立高卖田契

道光十七年三月歙县郑齐相支下郑志荣等卖田契

咸丰十一年十一月歙县郑光裕卖田契

同治四年十一月歙县郑立钊等卖地契

康熙六十一年正月歙县郑文先起割推单

乾隆五十八年三月歙县文肃祖祠割税推单

道光十二年二月歙县郑正衔地税推单

康熙六十一年正月歙县郑文先当田契

乾隆二年四月歙县郑时铨当田契

乾隆五十八年三月歙县文肃祖祠当山场契

咸丰七年九月歙县文肃祖祠分长郑永康当田契

同治元年五月歙县郑正起当山场契

同治四年歙县郑立炤当借钱契

民国十三年九月歙县郑德元当田契

道光十二年二月歙县郑正衔等出卖厝屋契

康熙六十一年正月歙县郑文吉出换竹园契

乾隆三十九年六月歙县郑德槐出顶田契

乾隆五十一年十二月歙县郑永管交山业契

嘉庆三年九月歙县郑永惠交山业契

嘉庆八年五月郑立祝等交山业契

雍正六年二月歙县郑彭令批田契

乾隆四十六年歙县郑丰遂等租地契

嘉庆三年九月歙县郑灿公祠支下批地契

乾隆三十二年正月歙县文肃祖祠族长郑元富关于土地神会股份分配议约

乾隆六十年五月歙县郑德志关于文肃祠山场收入分成的承议

同治四年八月歙县郑来喜领约

光绪二十一年十一月歙县郑正寿领约

康熙五十六年二月歙县郑元琨承租山场契

康熙六十一年正月歙县郑文吉承租田契

雍正九年正月歙县郑量广承租山场契

雍正十年五月歙县刘天锦承租田契

乾隆十三年十月歙县汤社进承租田契

乾隆十四年五月歙县郑文镶承租山场契

乾隆三十九年六月歙县江福升承租田契

乾隆三十九年九月歙县郑德甫承租田契

乾隆四十二年二月歙县郑承安承租田契

乾隆四十五年二月歙县郑见公承租田契

乾隆五十四年三月歙县许有训承租坟山契

乾隆六十年二月歙县郑永管租田契

嘉庆八年二月歙县郑永阊承租坟山契

嘉庆十一年八月歙县郑永□承租田契

嘉庆二十五年九月歙县江允公承租田契

道光十三年十一月歙县郑志烃承租田契

道光二十三年七月歙县杨树仪承租山场契

道光二十六年八月歙县郑百顺承租田契

咸丰八年八月歙县郑观有等承租山场契

咸丰八年十一月歙县郑观有承租山场契

咸丰十一年九月歙县江交财承租大小卖田契

同治元年十月歙县郑立富承租大小卖田契

同治七年八月歙县汤春玉王细起承租田契

民国三十年八月歙县郑继奎承租田契

雍正六年六月歙县文肃祖祠置香灯田批据

嘉庆二年四月歙县文肃祖祠置香灯田批据

嘉庆二年四月歙县郑大槐脱青苗田契

光绪四年秋月歙县文肃祠收租单

光绪十五年八月歙县文肃祠收租账

光绪十五年八月歙县文肃祠银钱支出账

歙县文肃祠收租账（未载年月）

第二类有关该祠宗族活动的文书：

雍正七年二月歙县郑时霖保存手卷领约

雍正十二年正月歙县僧静远领银限约

乾隆七年六月歙县郑德惠等看管文肃祠山业揽约

乾隆七年六月歙县文肃祠事务经理托约

乾隆五十七年四月歙县郑德惟等司事议据

嘉庆四年十一月歙县文肃祠借约

道光十八年十一月歙县文肃祠借约

咸丰二年三月歙县郑志清甘伏状

同治元年四月歙县郑天高投诉状

同治元年四月歙县郑志镛服据

同治五年四月歙县郑汪氏保约

同治十年秋月歙县文肃祠族长等委约

光绪十年二月歙县文肃祠社屋禁约

民国十三年九月歙县文肃祠革除支丁告白

歙县文肃祠革除支丁郑正来告白(未载年月)

歙县文肃祠革除支丁郑观富嫂户告白(未载年月)

歙县文肃祠为魃行盗葬祖坟投诉状(未载年月)

歙县文肃祠为盗葬祖坟投诉状(未载年月)

歙县文肃祠聚族众通知(未载年月)

歙县郑氏地保报灾单(未载年月)

从其中《道光二十三年七月歙县杨树仪承租山场契》和《乾隆七年三月歙县杨元武卖田契》等文书内容中可以查知,"文肃祖祠"即当时歙县北乡十都一图宋村郑氏之"文肃祖祠"。这批属于"文肃祖祠"的契约文书多达一百零九件,从《清康熙五十六年二月歙县郑元琨承租山场契》到《民国三十年八月歙县郑继奎承租田契》,历清康熙、雍正、乾隆、嘉庆、道光、咸丰、同治、光绪至民国,跨时222年。经分析归纳,从文书内容上看,属于徽州宗祠田地山场买卖、顶当、捐批文契、承租文约之类的有89份,属于"文肃祖祠"坟地诉讼、族产聚散、祠堂执法、宗族祠堂管理等反映该祠其他宗族活动实态的诉状、议据、文约、告白、禁约、批据的文书有20份,这些文书为我们全面了解宋村郑氏"文肃祖祠"管理运作,进而窥探徽州宗族宗祠活动实态,提供了不可多得的第一手珍贵原始资料。"文肃祖祠"历经岁月风霜有幸保留下来的这批原始资料,纸质、手写,大多完好无损。

徽州宗族祠堂对事关本族崇祖敬宗、追远报本大旨的宗谱、族谱一类宗族祠堂文献是特别用心的,宗族三十年不修谱,即为不孝,而修谱之役,徽州宗族祠堂一般是全力以赴,精心谋划,兴师动众,不亚于再造一座大祠堂。徽州宗谱、族谱记载了宗族祠堂活动的全部内容,它们和宗族祠堂互为表里,构成完整的徽州宗族社会历史。宗谱、族谱一类宗族祠堂文献资料是徽州宗族祠堂文化的内核。宋以来徽州人把修族谱提到"一家之有谱,如国之有史"的高度,都不惜工本资财,广修宗谱、家乘。在徽州几乎没有不修谱的宗族,这成为徽州地域社会的一大特色。许多大族旺姓,不仅有家谱、族支谱、宗谱,还有统宗谱。有的仅一个宗族的谱牒种类和修纂次数就十分惊人。像徽州汪氏宗族,支分派别,遍于中国和海外,人称"天下汪",其《汪氏统宗谱》和汪氏各种宗谱、支谱、家谱,遍见于一些大图书馆、博物馆和徽州学研究机构。徽州宗族谱牒,由于"歙以山谷为州也,其险阻四塞几类蜀之剑阁矣,而僻在一隅,用武者莫之顾,中世以来兵燹鲜经焉,以致故家旧牒多有存焉"[①]。目前上海图书馆收藏中国家谱族谱1200多种,其中徽州宗谱就占约1/3。黄山学院徽州文化研究资料中心,就收藏有徽州各类宗谱刻本、抄本300多种。这些徽州宗谱,有的简明概括,有的林林总总、鸿篇巨制,一部就有四五十卷,是徽州宗族社会最为详尽的历史记忆,是徽州宗族血脉的强力延续。它在时代深处的强力膊动,借徽州祠堂这一重要舞台,展开了徽州宗族社会的生动画面。

徽州方氏入徙徽州较早,和其他宗族一样,不仅东汉时就建立了宗族祠庙,歙县霞坑柳亭山"真应庙"渐成徽州方氏统宗祠,而在统宗祠统领下,其历史漫长持久,其纂修宗族谱牒的郑重用心,都很有代表性。

据《歙淳方氏会宗统谱》记载,早在1700多年前,西晋太康五年(285)正月,新安太守方藏就曾撰成《方氏家谱》;唐贞观六年(633)五月,任司徒的方氏族人方泽投也撰成了《方氏族志》;宋嘉佑八年(1063)方蒙作方氏《白云源谱》;建炎四年(1130)方愚作方氏《拓源谱》;明洪武间(1308—1398)方宁作方氏《马源罗田谱》;天顺八年(1464)方尚明作《方氏续谱》;成化四年(1469)方振洵等为方氏宗谱分派订讹,并呈官府准印;此后明至清康熙朝,徽州方氏各

---

① (清)方巨川:《歙淳方氏会宗统谱·联墅方氏源流序》,藏安徽师范大学图书馆。

支派《敦睦祠谱》《成性祠谱》《桂林支派谱》等不断纂修、增订、续修,其由歙县柳亭山"真应庙"统率下的方氏十二支派,经不断的族谱纂修、增辑,世系丝联绳贯,各有所据,构成了徽州"四角方"庞大而严密的宗族文字体系。

到清乾隆十八年(1754)二月,方氏族裔方善祖等在"真应庙"统宗祠"复集诸宗重加修纂,成乾隆徽州《歙淳方氏会宗统谱》"。当时参加宗统谱编纂班子的有70人,分总修、编次(相当于副总编)、校字、校对、协修和分修(分修各门派之内容)。在这70人的写作班子中,有功名的族人23个,占1/3。总修是环岩派黟侯五十九世孙善祖,国学生,授州同职加五品顶戴。编次之一是环岩派黟侯六十世孙大成,邑廪生。编次之二是环岩派黟侯六十世孙俛,郡廪生。校字14人,其中有邑庠生2人。校对21人中有国学生、郡学生4人。协修22人中有国学生、郡学生、邑增生9人。分修10人中有国学生候选布政司理问方振华等5人。无功名者也都是读书人,即族中斯文。这部徽州《方氏会宗统谱》,"惟以勅建柳亭山真应庙自宋以来每岁分袷之十二派汇而图之,其十二派分迁及向曾入庙会祭者,考其源流,悉合支派足征分别附录,无征者不载"。一是因为号称"四角方"的徽州方氏宗族"储公苗裔匪第蔓延于歙淳间者不可指数","如莆田、九江、鄞、滁、南湾、严、衢、婺、越、湖、常、池、宣城、皖江,派衍甚多",遍布海内各地,无法一一会宗;二是由于自宋以来,徽州方氏宗族十二支派"派别支分,各自为谱,统宗会元之法不举,故自储公以下未尝统辑成编"。所以就有了方善祖等发起的《歙淳方氏会宗统谱》之修纂。

这部《歙淳方氏会宗统谱》,从徽州方氏的姓源考、郡望、族属、迁徙情况到宗谱纂修历史、统宗世系,"真应庙"统率下的方氏十二支派世系,以及方氏宗族的文武科第、功臣、名士、墓志、世家、家传、节孝志等,用了20卷的篇幅作了全方位的记叙,统谱还对历来各种方氏宗谱纂修作了正误和考证,提出了存疑之点。"斯谱参前代各家旧牒,搜考不厌周详,昔遁曩讹悉以厘定,按时考事,事之差一字之误必稽于国史郡县志诸书及互参诸派族谱以订其是。"

很认真地将徽州方氏各支派"统而会之,宁详毋略,宁备毋阙"。① 该统宗谱,考证用的历史文献,有《国语》《史记》《汉书》等权威典籍44种。《歙淳方氏会宗统谱》共772页,修纂成书之后,不仅郑重地"报徽州府衙,由徽州府衙恩准给印牒刊于谱首,每谱一部赏准印钤印一颗",而且在成书之日,会同方氏宗族各支派在"真应庙"统宗祠祭告之后,发散给十二派及各支子姓收掌,并当众即毁其书版,以杜假冒。发放的每一部统谱还逐一编上字号,注明付某派某支收掌名,且上呈县衙钤印,仍合各派领谱诸名挨次总编字号于卷末,规定日后如有印信模糊、号内无名或虽有名而非的支收执者,就可判定"非系假伪即系私鬻",防伪措施可谓严格,都是为了维护宗族宗法的血脉纯正。为了使族众对族谱有高度的重视,方氏"真应庙"统宗祠特别规定:"虑有不肖子孙或奉守不慎而失之,或贪牟货利而鬻之,如此者,众申其罪,追出原谱,仍逐出祠。"②

为了维持宗族的血统纯正和宗法的威严,《歙淳方氏会宗统谱》在纂修时制定了严格的原则,那就是"防冒滥""非我族类,概摈弗录"。除不能证明是"真应祖庙"支派的概不收录之外,还规定"异姓承祧,无裨宗祊,徒紊宗脉者已削不录,盖我祖不歆非类,律例亦严"。"乱宗以后更有犯者,其支并削"即紊乱宗支的连这一支派也一并取消入统谱资格。

和徽州其他宗祠纂修族谱时一样,《歙淳方氏会宗统谱》也比较注意一个"实"字,要求尽量实事求是,也就是徽州大学者戴震关于修宗谱应反对"蒙冒滥承"的思想。方氏修谱者认为:"谱牒之盛,自魏晋始,时台省以门阀官人,故氏族最重,不独家自为谱,虽太史之掌亦有之。而品其郡望为先后,士大夫耻于族单,每攀援傅会,动相倚重,溯其先世盖自王侯贤圣也。夫自有天地以来生人众矣,岂独王侯圣贤之子弥布天下哉!物趋于所好,亦其势也。谱牒之作毋为其名,为其实而已,尊祖敬宗所以联其族,文武忠孝所以世其家,此

---

① (清)方弘静:《歙淳方氏会宗统谱·氏家谱序》,藏安徽师范大学图书馆。
② (清)方善祖:《歙淳方氏会宗统谱·会宗小启》,藏安徽师范大学图书馆。

其以实胜者也。"①《歙淳方氏会宗统谱》既不主张无根据地向"王侯贤圣"攀援附会,蒙冒倚重,又十分谨慎地记叙了方氏宗族的姓源和远祖的由来,认为"家谱之作,所以谱一族系一姓也,始受氏,详迁徙,俾后世知所由来。若先帝世系已属杳渺,议者谓可不必赘记;第前人既已悉载,传承永久,而开天辟地原有首先始生之一人,生生弗替以传于今,恐略而删之是昧其源而失其本矣,溯本穷源似不可忽,故仍其旧而特列弁诸首"。② 把方氏得姓的始祖炎帝之孙、榆罔之子方雷的"先帝世家"坚持列入统谱,并依史载,收入了方氏徽州始迁祖方储"方仙翁"的事略。虽然方氏族裔也有人对此"有疑":"五纪世远而独详其系属,列仙事诞而每载其始终",对于方雷的"先帝世家"和将方储描述成知过去未来、乘鹤出行的"仙人"有些疑惑,但该谱仍被认为自方储以下,徽州方氏宗族的支脉衍繁线索,基本上是明晰可信的。徽州大学者胡适最反对修纂族谱。大家都尽量往王室帝胄身上靠,都有高贵出身,胡以为这是一种需要摈弃的"源远流长的迷信"。这种观点,如果从反对无据攀援、蒙冒滥承的角度来说,有其一定的正确性。然而正如赵华富在一篇驳正文章中所说,纂修谱牒,追本溯源,中华民族俱系炎黄子孙,"而开天辟地原有首先始生之一人",寻所自来,似无可厚非。"谱系者人身之根本也,根本不明则颠倒无据"③。关键在于要尊重历史,言之有据,实事求是,不能胡乱攀援。《歙淳方氏会宗统谱》明确主张不随"物趋所好"的时俗,强调修谱"以实胜",在统会各支派世系时,"风流直溯乎千年,考核必严于一字","信必有征,疑必无质",逐一列出了本宗各支派修谱时采用史实的存疑之点,坚持"慎故精,精故详,详故实,实故可久,使家有乘而皆慎斯术也"④。因此,时人对"方氏家乘"评价"无冒认妄祖之诬,无牵合附会之失,宛然大家之矩度",觉得这样的纂修规矩是值得肯定的。

---

① (清)方善祖等:《歙淳方氏会宗统谱·凡例》,藏安徽师范大学图书馆。
② (清)方象璜桂:《林方氏谱序·歙淳方氏会宗统谱》,藏安徽师范大学图书馆。
③ (清)方善祖:《歙淳方氏会宗统谱·先帝世系》,藏安徽师范大学图书馆。
④ (清)陈北溪:转引自《歙淳方氏会宗统谱》,藏安徽师范大学图书馆。

徽州宗族纂修谱牒，虽也确有个别"冒认妄祖""牵合附会""蒙冒攀援"的情况，但大多在宗祠的严格管控下，以修国史的慎重态度来修族谱，因此许多徽州宗谱族谱作为该氏族的较为丰实和可靠的历史记忆，为我们留下了许多在正史、在府县志中不易找到的宝贵文献，让我们对这个宗族的历史发展有了一个真切的了解。这是一种徽州宗族文化生态的深层揭示。《歙淳方氏会宗统谱》，不仅比较准确地统会了徽州"真应庙"方储以下十二支派的繁衍发展、迁徙、活动情况，还对徽州方氏宗族、对国家、对徽州地域社会的贡献作了详尽的历史记录。它是一部涉及徽州方氏宗族社会方方面面的翔实历史地图。统谱中涉及的程元风、郑玉、方弘静、吴苑等历史人物，都是目前徽州学研究中被屡屡关注的重要人物。而统谱中关于隋末在汪华之后，方亮起兵据有睦州，保境安民，归顺唐朝后，李渊诏其持节歙、睦二州诸军事，"保据邑土、识达事机、蚤归朝化"的史实，是徽州文化中又一段重要历史资料。统谱中关于余坡支派方有常家族与方腊起兵经过的详实描述，使人们对历史上方腊起义的情况有了一个更真切、具体的了解。统谱中关于"方氏七贤"的记载让人了解了歙南"七贤里方村"的历史由来。

第二节　徽州宗族祠堂文献文书的价值

徽州宗族祠堂的文献文书，是徽州宗族宗法制度、徽州宗族社会政治经济状态的历史见证，是徽州宗族宗祠活动的实态记录，是研究我国封建血缘宗族宗法的珍稀资源，价值宝贵。

"穷乡村、富祠堂"之历史见证　徽州学研究者在徽州宗族研究中发现，明清时期徽州宗族在乡村之所以有强固的势力，是因为它们一般都有厚实的经济基础，许多徽州宗族祠堂都拥有大量的族田、房产、山场等固定的族产，不少祠堂族产丰厚，在农村经济中占大的优势，而一般族丁、村民常常只拥有不多的土地、山场。祠堂大量兼并和收揽族丁、村民的土地、山场几乎是常态。"穷乡村、富祠堂"，是徽州宗族社会的一个特点。直到20世纪50年代初"土改"时期，徽州农村几乎没有占有土地很多的大地主，而宗族祠堂则拥有大量族产，这是普遍现象。有一份徽州宗族祠堂土地占有情况的调查资料指出，20世纪上半叶，徽州宗族祠堂的祠田、祠地占全徽州耕地的60%以上。①

前述歙县宋村"文肃祠"留存下来的那些契约文书，89件之多的"文肃祠"宗祠田地山场买卖、顶当、捐批文契、承租文约，就比较集中地展示了当时徽州歙北农村宗族祠堂经济生活的实态，披露了徽州祠堂宗族在农村宗族经济生活中的地位、作用和特点。可帮助我们进一步了解古徽州农村宗族祠堂经济的一些特色。

宋村文肃祖祠89份有关土地山场买卖、典当、捐助、承租的契约文书中，从清雍正六年到同治四年的123年间，文肃祖祠就从村民手中35次买进山场、田地作为祠产。村民（除杨元武一户外，其余全是文肃祖祠支下的郑姓族众）向文肃祖祠出卖山场、田地，其原因有些是因"生活无措""缺少正用""急用""积欠数年，钱粮无措"（见《雍正六年歙县郑德麟卖山契》等）家庭贫困而不得不出卖赖以生存的命根子；也有些是因文肃祖祠需要"兴养树木以护水口"（见《乾隆二十年歙县郑德远卖山契》《乾隆二十一年歙县郑集五卖地契》《乾隆三十四年歙县郑量逵换地契》），"给文肃祠扦造义冢"（见《嘉庆三年歙县郑永惠卖山契》），带有强制征用性的土地交易。还有的是因宗族活动摊派而被迫卖地的，如嘉庆十九年，郑齐相因祖祠建造头门，仍该派费，只得"自愿"将自己两块田一亩一分二厘以30两银价卖给文肃祖祠，"以应派费"；咸丰十一年，郑光裕为应付文肃祖祠所邀"80千文会"，只得将己田两块二亩三分八厘"自愿"出当"给文肃祖祠"，"以付会项"；同治四年，郑满玉这一户"乏嗣无祧"，但祭祀祖宗需要开销，郑立钊等人即"合议"将郑满玉户一空地卖与文肃祖祠，置田业"以作先人祭费"；道光十七年三月，文肃祖祠族众郑齐相祠支下的郑志荣、郑志瑞、郑志善等人，因为承担"戏首"，缺少使费，只得"自愿"将

---

① 《皖南区党委农会1950年6月土改调查材料·祁门县莲花村公堂祠堂调查材料》，《皖南区党委》永久卷，藏安徽省档案馆。

7块田地(地税二亩五分三厘四毫一丝)以40千文地价出卖与文肃祖祠,作为维持"戏首"开销费用。

古徽州地处万山丛中,从来山多田少,"八山半水半分田,一分道路和庄园",本来就不多的一点田地,那是农民赖以生存的重要生产资料。文肃祖祠和古徽州许多宗族祠堂一样,以相对厚实的宗族资本,通过各种名目,大量兼并族众的山场、田地,又通过租佃方式把族众牢牢地置于自身的控制之下。乾隆四十五年二月,郑德瑯同弟弟因家境艰难,将田四块(田税二亩一分三厘一毫)以70两银价出卖与文肃祖祠,同时再承租文肃祖祠田,每年交租谷32斗;郑德甫于乾隆三十九年将自耕田(田税三分六厘八毫)以11两5钱银价卖与文肃祖祠,同时再承租文肃祖祠田,年交租谷10斗;郑永安于乾隆四十二年将自耕田(田税四分八毫)以15两银价出卖与文肃祖祠,同时再承租文肃祖祠田,年租谷13斗。郑德瑯、郑德甫、郑永安这些族众就是在这样的田产交易中,由自耕农沦为佃农。在敬宗睦族、血缘亲情温情脉脉的面纱后面,经济上是冷酷无情的剥削关系。在这里,只认银两和年租干谷多少斗,还必须"秋收肩至祠内过数,籽粒不得欠少,如有欠少租谷,随即起业,另租他人耕种"(见《民国三十年八月歙县郑继奎租田批》)。文肃祖祠支下的郑德槐,可能是因家庭重大变故,乾隆三十九年、四十一年、四十七年先后四次向文肃祖祠出顶和出卖山地4亩1分7厘9毫5丝,仅有的一点自耕田几乎全部归到文肃祖祠名下(见乾隆三十九年、四十一年、四十七年,歙县郑德槐顶田、卖田契)。文肃祖祠向族众和他姓村民出租田地、山场,其租谷也不轻。乾隆三十九年六月,江福升租文肃祖祠3亩3分5厘5毫,年租"硬谷110斗",每亩租谷为32斗7升;也有规定租田秋收后三七分成的(见《同治七年八月歙县汤春玉等租田批》)。在"文肃祠"33份出租山场田地的文书中,除8宗(江、杨、刘、许等)属外姓承租文契外,25宗是向本姓族众出租,且租谷要求基本上是三七分成。文肃祖祠的这部分土地田产交易文书,记录了"富祠堂,穷乡村"的演进过程,成为我们了解徽州宗族经济活动实态的又一生动个案。

前述绩溪北乡宅坦村明经胡氏龙井派宗祠"亲逊堂",是徽州大宗族祠堂。据其《亲逊堂收支总登》等资料所载,和桂枝书院一起,共有祠田、祠地 206 亩,祠堂有佃户本村 78 家,邻村 98 家,分布于绩溪、歙县 22 个村庄。其祠田每年收租在 8000 斤以上(如 1924 年共收租谷除开支 8358 斤,1943 年共收租谷 7981 斤,1944 年共收租谷 8210 斤)。

徽州方氏宗族歙县霞坑柳亭山"真应庙"统宗祠,有一份文书记载:"有田原额三百数十亩。"①

徽州宗族活动的实态记录　徽州宗族祠堂的原始资料文献,原真地记录下了当时宗族祠堂祭祖、议事、管理运作的情况。绩溪北乡宅坦村明经胡氏龙井派宗祠"亲逊堂"留存的光绪三十年《亲逊堂聚神谱》《亲逊堂奉先录》《亲逊堂迁主谱》《祠祭仪程簿》翔实具体地记录了当时"亲逊堂"总祠升主、迁祖、祭祖的实态。在徽州宗族祠堂研究中,人们对祠堂寝室神龛供奉祖先神主的规则有不少研究,哪些神主"永远不迁"、哪些神主"五世则迁",已从朱子《家礼》和不少徽州宗谱族谱中看到了论述,但具体神主"永远不迁""五世则迁"的实况记录,基本上没有见过。"亲逊堂"的这些簿册,就显得弥足珍贵。"亲逊堂"留存的清代乾隆以来使用的"统宗谱盖戳""对同""登录""上总祖宗牌位"等 16 枚印章实物资料,让人真切感受到徽州宗族祠堂对修谱、上主、祭祀的郑重、虔诚、缜密。在"亲逊堂"宗祠留存的资料文献中,还有"民国二十三年(1934)二月"后,该祠为支持抗日垫谷借款的几份文书票据,民国二十七年(1938)十月十六日的会议记录中有:"第二次破坏公路,由公众暂借款七十五元,应如何归还案。"破坏公路是为了阻止日寇进入徽州,其所需费用会议议决:"由亲逊祠拨付(而待联保清单拨付后)。"民国三十四年(1945)三月的祠务会议上讨论抗日军属的抚养问题:"为抚养胡乾健出征家属应如何处理案",决议:"每年秋收时本祠津贴四秤,此生直至该壮丁之母逝世为止。如该壮丁回家后,即行是否停止。"此外,我们还从该村保存的一些散件档案中看到祠堂在支持抗战中的积极作用。如《绩溪县自卫队捐》:"今收到第一甲胡

---

① 民国二十三年四月(歙县)方氏萃涣堂方启源等立合议妥协墨据。

亲逊祠给纳自卫队给养费三元整,用特临时收据为质。经手保长胡品常,民国三十一年三月三十日。"又如民国三十三年(1944)的借据:"兹因驻军主食领借到胡亲逊堂乾谷市秤二仟二佰五拾。待层峰发还时如数归偿。此据。具领人石井保保长胡学校,中华民国三十三年二月□日。"真实记录了国难当头时徽州宗族的作为。而那本厚厚的《民国三十四年(1945)六月平粜簿》,则真实记录了大灾之年"亲逊堂"宗祠向族众放谷平粜、救济百姓的实况。

前述歙县宋村文肃祖祠留存的文书,有20份也是关于该祠堂坟地诉讼、族产聚散、祠堂执法、宗族祠堂管理等内容的。这些文书比较原生态和生动地记录了当时歙北农村宗族宗祠活动的一些历史实态。

这些文书披露,为了维护宗族祠堂的权威,维持封建宗法的统治,通过祠堂加强对族众的控制,文肃祖祠在这200多年里至少有三次大的规整。

乾隆七年六月,文肃祖祠族众在祠内聚议,订立了一份托约,内称:今因本祠事物,原赖先人兼公经理利益有年,敦伦重教,颇称望族,近因人心不古,诚恐将来废"坠",于是六大郑氏支派集议,"复行整理",公推了几位司事"公同督理祠内一应大小事件",主要是"秉公调度香火、祠堂、社屋以及前后坟山、朝山水口二坝、上下河沿桃柳溪鱼,并各项租谷银利账目等项"。以便"按时催取,勿致荒芜",确保"祠内蒸赏攸久",并对"不肖支丁挠公废众者集同族众呈究不贷"(见《乾隆七年六月歙县文肃祠事物经理托约》)。那几个被公举为司事的郑氏支丁也同时写下了一纸托约,表示当"秉公经营"族产,托郑德珍等人组织巡哨,防止"盗砍柴薪毁伤桃柳、擅取溪鱼",郑德珍等也立下揽约,表示将看管好文肃祖祠朝山族产,山场柴薪收入则和祠里二八分成(《乾隆七年六月歙县郑德珍等揽约》)。这次规整,对文肃祖祠的族产管理作了具体的安排。

此次规整50年之后的乾隆五十七年四月,文肃祖祠族长又约聚伯玉、文肃两祠司事郑德惟等14人,立下合议据:"切恐办事各怀己见,佥事尔我恐负公委",商定"自承值遵办之后,协力同心,各无外见,如遇强梗不遵祠例,势必呈官究治,司事者不得推诿不前","庶几办公不负众望,如有怀私畏避借端推诿,即以废公议处,甘罚无辞"(见《乾隆五十七年四月歙县郑德惟等 14 人合议字》),再次强化了文肃祖祠管理者的责任。

离第一次规整 101 年之后,同治十年文肃祖祠做了第三次规整。经乾、嘉、道、咸、同几个朝代的更替,特别是咸同间太平天国战争给徽州造成的重创,徽州宗族祠堂的统治权威已是今非昔比。在这一年桂秋月,文肃祖祠族长郑志诚邀集公祠六位司事所立的"议约"中,就感慨地写道:"我祠前人定例祠规本末咸宜,近因乱后,人心不古,诸长年老,后辈无知,不遵约束,或恃强砧公,或污言等语,种种不端,以致砧坏祠规""司事尽退,经管无人"。"议约"认为:"若不重整规条,将来难免□废蒸尝,而坏村氛。"为维系宗祠对族众的控制,延续宗法统治,郑志诚们决定"申上例而整规模","合同举委"族下三支丁郑灶全等三人"司理一切公事,照祠规依上例秉公而行,必须和衷共济,遇事争先,不得互相推诿"。族长再次宣告:"如有不法支丁倘敢恃强不遵祠规或污言漫长",将"公同重究","轻则家法,重则鸣官"(见《同治十年桂秋月歙县郑志诚等议约》)。这次规整,是在咸同间太平天国战争后,重振宗族祠堂权威的努力。

徽州宗祠不仅对支下族众实行的有效掌控和统治,在族际纠纷中也发挥着重要作用。文肃祖祠曾因海公祖墓被许姓盗葬而打官司。关于这一盗案,现存有两份文书,一份是文肃祖祠向官府申诉祖坟被盗的投诉状,一份是为此事集齐族内支丁到坟地相议的"单传"。这类文书也再次生动地告诉人们,"风水之说,徽人尤重之,其平时构争结讼,强半为此",[1]"顾其讼也,非若武断者流,大都坟墓之争十居其七",[2]所言不虚。

从文肃祖祠现存文书中,我们还能发现徽州宗族还有较强的内部调节适应能力,能有效地维系宗法统治。《同治四年八月歙县郑来喜领约》记述了这样一件事情:文肃祖祠支下的齐相公祠支丁郑来喜、郑正寿、郑开基等在道光

---

[1] (清)赵吉士:《寄园寄所寄》卷一一,《獭史》清康熙刊本,第 246 页。
[2] 许承尧:《歙事闲谭·歙风俗礼教考》(下)第 18 册,合肥:黄山书社,2001 年,第 605 页。

十七年因被祖祠派管"戏首",资金难以措办,于是将齐相支祠内三块田地共2亩5分3厘4毫7丝立卖契出卖与文肃祖祠为业,得田价40千文之利息作为支祠"戏首"活动经费(见《道光十七年歙县郑齐相祠卖田契》)。"九年轮流戏首执付应用",但后来到年末竟透支田价本钱9000多,"兼加数年被贼入村",即太平天国战乱时期,该村也曾数次遭蹂躏,"各众事难以于前章程办理",宗祠活动秩序被打乱,连正常祠祀都已"难以措办"。为了维系宗族管理,使支祠活动能得正常,文肃祖祠将原先齐相公祠所卖之田让其"领回祠内",以便维持"每逢时节祭祀",以前支祠透支之田价也不再理算。这张"领约"就是领取文肃祖祠发还其卖田之契的凭证。

和徽州其他地方的宗祠一样,文肃祖祠之所以族产丰厚,很有基础,除上述大量买进山场、土地,大量出租以扩大财源之外,还不时得到族众的无偿捐助,文肃祖祠留存的这一类文书现有:《雍正六年歙县郑彭令批田契》《乾隆四十六年歙县郑丰遂同侄助地契》《嘉庆三年歙县郑灿公祠(支祠)批地契》等。这些族众或支祠,或把田无偿批与文肃祖祠,用来"砌横坝以作一村水口";或"因爪田山阖村水口屡被挖泥取石,有伤关荫庇",将"田助与祖祠,严禁毋许取石挖沙";或将山场批与祖祠"以为义冢并不取价"。

关于徽州宗族祠堂与徽州宗教的关系,历来为徽州学研究者所关注。但这一类原始文书留存极少,考析难度较大。许承尧《歙事闲谭》引《歙县风俗礼教考》云:"徽州不尚佛老之教,僧人道士惟用之以斋醮耳,无敬信崇奉之者。所居不过施汤茗之寮,奉香火之庙……"其实,在古徽州历史上,徽州宗族祠堂和徽州宗教,曾有过不少纠葛。像雍正年间,徽州胡氏宗族见"祠右古刹为一村香火,如雄殿山门将岌岌乎不可支",修葺古刹之事刻不容缓,于是即鸠工庀材,用两年时间,将古刹修葺一新,还出资供长明灯于内,使之香火不绝,钟鼓长鸣。该宗祠并建佛会,设租田每年轮派两人管理。[①]徽州许多世家巨族自宋元以来,还流行修建寺庵道观、委托僧道人等代为祭祀祖先的

---

① 《歙县胡氏佛会收支簿》,清雍正刊本,第156页。

风气。像婺源严田李氏宋元时就曾建立九观十三寺祭祀祖先,世承香火,奉祀不懈。其中仅"思显庵",就设置庙产 300 余亩、两房火佃供僧管解。① 淳歙方氏"真应庙"统宗祠亦长期设有僧庵代为祭祀,后还因庵僧之不端,有旷日持久的官司纠争。② 在郑氏文肃祖祠这批现存文书中,也比较珍贵地保存了宗族祠堂与徽州宗教的关系方面的文书,让我们比较真切地了解到徽州宗族祠堂与徽州宗教的一些实态。郑氏宗族其歙北始祖墓"左上律院中",先人曾建立墓祠"迪福楼"于其上,供奉两位先祖神主,"原有僧人幻瑞主持",请了和尚代为看管(见《雍正六年歙县郑文肃公祠批据》)。后来因僧人师徒相继去世,文肃祖祠在雍正六年邀集各支派商议,"转托灿野师之徒孙惟士住持",并决定"特置香灯田壹亩零壹厘玖毛","批与住持师领执,永作香灯之费,以尽追远之诚"(见《雍正六年歙县郑文肃祠批据》)。雍正十二年二月,文肃祖祠又拨银给僧人静远,"修整水口茶庵"(《见雍正十二年歙县僧静远限约》)。嘉庆二年四月,文肃祖祠族长郑德志、分长郑士贵等人再次向该祠所立之"紫金庵"批放租田,"以为永远伺奉香灯,恐公用微税培植庵基,听凭僧人耕种,其税载于紫金庵输粮"(见《嘉庆二年歙县文肃祠批据》)。其支丁富户郑大魁也将两块青田苗或"脱"或"批"给文肃祖祠属下的"紫金庵",让僧人耕种,"永为侍奉香火"。可知"紫金庵",实为郑氏文肃祖祠宗族所养的寺庙,而且有自己的庙产。从中也可以看出,郑氏宗族在当时是一个根基深厚的徽州大族。宋村文肃祖祠留存的这 20 份涉面较广的契约文书,十分难得地记录了该祠存续的真实历史过程以及这一宗族祠堂在宗族管理、调适宗族矛盾、统御族众、处理乡村各类关系等方面的实际情况,具有典型的徽州宗族祠堂历史实态的见证意义,是我们考察徽州宗族祠堂不可多得的原真性史料。

中华宗族宗法考察的珍稀资源 徽州宗族祠堂作为"徽州建筑三绝"之一,是徽州宗族社会的物化表征,是徽州宗族的神殿。徽州历史上曾有 6~8

---

① 《婺源严田李氏会编宗谱·李氏寺观记·记传》卷八,清光绪刊本,第 36 页。
② 《歙淳方氏会宗统谱》,清乾隆十八年刊本,第 24 页。

千座宗族祠堂,由于年代久远、自然损毁以及清代咸丰、同治年间太平天国战争,尤其是十年浩劫"破四旧"的清扫,作为"封建遗留"的徽州宗族祠堂,大量塌倒消失,现存的少量徽州宗族祠堂,也基本上只存砖木建筑的躯壳,至于那些反映徽州宗族祠堂历史和运作实态的各类原始文献资料、契约文书,更是已消亡殆尽,极难搜寻,早已被清除销毁,有的被付之一炬,有的被成捆成包丢进了造纸厂,化成了纸浆。近些年徽州学界特别注意有关徽州宗族祠堂契约文书资料的收集,像黄山学院徽州文化资料中心在徽州民间抢救性收集的10万多件徽州契约文书之中,就先后收藏了近300套徽州宗谱、族谱,部分有关徽州宗祠的土地交易、宗族祠堂祭祀、管理活动的文书,还很不容易收集到了几十份有关祠堂祭祖分胙的原始记录等,填补了此前祠堂文书的空白,丰富了徽州宗族祠堂文书的内容。绩溪北乡宅坦村明经胡氏龙井派宗祠"亲逊堂"现存1500卷之多的祠堂文书,歙县北乡宋村郑氏文肃祖祠109件契约文书等,在归户性徽州祠堂文书新发现中,就特别珍稀。

归户性徽州宗族祠堂文书的新发现极其不易。在古徽州绩溪宅坦古村落,由于其历史上胡氏宗族儒、官、商兴旺发达,历史文化底蕴丰厚,胡氏宗祠"亲逊堂"祠产丰饶,宗祠管理严格而完善,加上地处绩溪北乡僻远山区,有幸至今仍保留着胡氏宗祠"亲逊堂"的大批原始文献和契约文书,有1800多件(册),成为近年徽州学界人们热切关注的一个徽州文化学术富矿。绩溪宅坦胡氏宗祠"亲逊堂",仅该宗祠的族谱,就有明嘉靖三十五年(1556)的《胡氏宗谱》、清乾隆版《考川明经胡氏统宗谱》、民国版《明经胡氏龙井派宗谱》、《明经胡氏龙井西村宗谱》、普及本《族谱便览》等好几种现存。胡氏"亲逊堂"宗祠还完整地留存着《亲逊堂田亩编号草簿》《亲逊堂收支总登》《亲逊堂收支收租簿》《亲逊堂收租流水》《亲逊堂收支誊清簿》《亲逊堂祟谷簿》《亲逊堂民国三十一年—三十四年秋收大有》《亲逊堂器具簿》《亲逊堂聚神簿》《亲逊堂像牌簿》《亲逊堂殊荣簿》等记录胡氏"亲逊堂"宗祠活动实态的原始簿册文书,甚至还保存着"亲逊堂"聚神、丁口捐资收清的15枚原始印章实物。这些珍贵的归户性徽州宗族祠堂个案文书资料及实物,近些年来得到国内外徽州学专家学者的高度重视,他们把这些徽州宗祠原始文献作为解剖徽州宗族社会、探析中华封建社会历史的入口,纷纷实地调研,分析研究,已产生不少重要学术成果。①

---

① 唐力行:《千丁之族未尝散处:动乱与徽州宗族记忆系统的重建——以徽州绩溪宅坦村为个案的研究》载《史林》,2007年第2期。狄金华:《村落视野下的社会流动和社会分化》,载《中国社会学》,2010年第10期。贺雪峰、蔡蠡、任宏伟、戴圣芳、何巧云、卢毅等亦有相关论文。

第十章 徽州宗族祠堂保护利用

第一节 徽州宗族祠堂保护意义重大

徽州宗族祠堂是重要的文化遗产。

我国 2000 多年来的封建农耕社会,以血缘为纽带的封建宗法制度、宗族社会,是中华传统文化产生、兴盛的社会基础。宗祠、宗谱互为表里,承载了中华民族各姓氏血缘宗族发祥渊源、繁衍播迁、盛衰荣辱、传承世系、社会功业以及文化特色,是我国封建农耕社会宗族文化生态的集中表现。自明代嘉靖十五年(1526),明世宗朱厚熜批准礼部尚书夏言奏折,允许民间自建宗祠祖庙祭祖之后,民间百姓纷纷立祠祭祖,修建宗祠之风遍及全国。至清朝乾隆年间,仅江西省 78 个州县,民间各族姓修建的总祠就有 89 座,由一族独建的宗祠、支祠多达 8994 座,几乎每个村镇都有祠堂。[①] 而江苏常州府,史载民间即建有 1100 多座祠堂,常州武进地区有 1800 多座祠堂。[②] 据记载,浙江兰溪诸葛八卦村,一村就曾建有 45 座祠堂。而在古徽州府,地域仅万把平方公

---

① 李吉:《认知历史,传承文明·祠堂博览》,无锡祠堂文化研究会,2005 春之卷,第 7 页。
② 周逸敏、朱炳国:《常州祠堂概述·祠堂博览》,无锡祠堂文化研究会,2008 秋之卷,第 53 页。

里,人口最多时 100 多万,但由于是"程朱阙里",受朱熹《家礼》的影响特别深刻,加上中原入徙氏族对中华血缘宗法的强力传承,追根报本、怀祖感恩耿耿于怀,宋以来民间就已修祠崇祖,明清以降,得朝廷开禁,则更是大兴建祠之风,一府六县民间修建宗祠 6000~8000 座。据记载,徽州历史上仅程、汪两姓,其支祠就有数千座。① 歙县许村一村即建有统宗祠、宗祠、支祠、家庙等 39 座。像碧山、潜口、江村、古筑、西递、游山等一个古村就修建二三十座祠堂的徽州古村落就有十几处。徽州可能是在同等地域比较中历史上修造宗族祠堂最多的地方。大江南北、黄河两岸,农村到处有祠堂祭祀宗族先祖,最充分地展示着华夏血缘宗族文化的生动实态。这是中华民族封建宗法的独特文化现象,世所罕见。只是由于改朝换代的历史战乱,以及自然风雨的冲刷,许多地方当年宏大气派、庄严肃穆的古祠堂,绝大多数已陆续损毁消失,湮没在历史风烟之中。千百年来,古徽州地域和全国各地一样,宗族祠堂也在自然和人为的损毁中已大量消失。只是由于古徽州地域历史上所建的宗族祠堂太多,又处在丛山环峙的相对封闭地域,和同等地域比较起来,徽州留存下来的宗族祠堂也还是最多。

那些硕果仅存、侥幸保留下来的各类古祠堂,今天已成为人们认知中华封建宗法社会宗族生活实态的珍贵历史文物。在无锡市惠山古镇,明清以来仕宦、侨寓、经商于此的各强宗大族,竞相在惠山一带择址买地建祠,历史上曾建有各类祠堂 120 多座,至今仍完整保留的古祠堂 60 多座,这一古祠堂群,成为人们了解无锡宗族文化的活化石,这一古祠堂群的留存,已成为国内罕见的一大文化奇观。这些年,无锡市政府加大了这一古祠堂群的保护力度,投入 40 亿的财力,争取修复 118 座古祠堂。他们还成立了祠堂文化研究会,编辑了文化研究交流的《祠堂博览》刊物。他们认为,这是中华宗法农耕文明宗族社会的生动见证,是不可再生的重要历史文化资源。他们做了大量工作,正在争取将古祠堂群申报为世界文化遗产。

在古徽州,由于历史上较少战乱,又处在丛山环峙之中,相对封闭,现代

---

① 陈去病:《五石脂》,《国粹学报》。

化进程相对较慢,徽州宗族祠堂侥幸留存下来的数量,以小小地区而言,可能也是全国最多的。据不完全统计,现在古徽州域内现存各类古祠堂仍有731座之多。现在还保留完整的徽州宗族祠堂,像呈坎罗东舒祠、龙川胡氏宗祠、休宁溪口三槐堂、婺源汪口俞氏宗祠、郑村郑氏宗祠等,规模宏大,形制特别,建筑精美,三雕装饰宏丽;而黟县南屏古祠堂群、歙县里方古祠堂群、祁门桃源古祠堂群等,则是祠堂密集排列,汇集了特别丰富的宗族历史文化信息。总体来看,徽州古祠堂是徽州宗族社会的物化表征,它们和徽州宗谱一道,具体生动地承载着徽州宗族姓氏的血脉延续、播迁、繁衍、发展的历史。不仅对考察中国明清封建宗族社会有缩影和标本的价值,而且是徽派古建筑传统技艺留存的一个个杰作。徽州宗族祠堂是硕果仅存、不可多得的人类文化遗产。这么多徽州古祠堂的宝贵现存遍布徽州城乡,而且各具特色,总体上看,其历史文化价值和建筑艺术价值都极高。无锡惠山祠堂群,大多数是纪念历史名人的各种专祠,是宗族祠堂文化的一个重要方面。而徽州宗族祠堂绝大多数则是处在徽州乡村宗族中间的反映徽州血缘宗族活动的关键场所。其历史文化的见证价值、文化生态的考察价值,似乎比无锡惠山祠堂群更有全息基因意义,加强保护的必要性自不待言。

　　徽州宗族祠堂是儒教圣地的奇珍。

　　由于丛山环峙、高台城垒式的特殊地理环境,加上黄山、白岳、新安江山水秀丽,自晋以来,中原氏族大量入徙徽州,他们入徽以后,聚族而居,千百年来一直延续、承传着中华血缘宗法传统,"千年之冢,不动一抔;千丁之族,未尝散处;千载谱系,丝毫不紊;主仆之严,数十世不改",①一直保留着中华中原儒学文化的正统和正宗性。加上二程(程颐、程颢)和朱熹夫子祖籍徽州,程朱和徽州百姓之间强烈的双向乡土认同,集中华儒学之大成的"程朱理学"在徽州强力地普世化、民间化,深刻影响到徽州宗族社会生活的方方面面,千百年的儒学浸润和熏陶,儒学教条成为徽州人的核心价值理念,封建礼教成了徽州宗族社会的精神统治力量,理学规条成为徽州人们的日常行为准则,

---

① (清)赵吉士:《寄园寄所寄》(卷十一),清康熙刊本。

千百年来的"儒风独茂",使徽州之地成了世人瞩目的"儒教圣地"。而遍建于徽州古村落的各种徽州古祠堂,是徽州各宗族崇祖敬宗、凝聚族众、议事执法、励学娱人的公共场所,是徽州宗族的圣殿,在族众中神圣而至高无上,它和宗族的宗谱、族谱、家谱一道,完备地承载着徽州宗族的历史文化和文明的演进情况。徽州古祠堂是古徽州儒教圣地最重要的物化表征。这些徽州古祠堂,差不多都是该宗族举全族之财力,选最精之工匠,用最好之材料,精心着力建造。徽州古祠堂大多是五凤门楼,三进、五进,七开间、九开间,甚至十一开间。硕柱肥梁,高大恢宏,砖、木、石雕精美绝伦,材质稀珍高档。有的徽州古祠堂甚至仿紫禁城、仿孔庙规制;有的则聚集能工巧匠、民间建筑大师,耗尽心血,多年营构,细刻精雕,把古祠堂修成了美轮美奂、世所罕见的三雕艺术博物馆,表现了高超的建筑艺术,让人叹为观止。像绩溪龙川胡氏宗祠和婺源汪口俞氏宗祠的木雕艺术成为中华一绝;罗东舒祠和北岸吴氏宗祠的石雕艺术闻名内外;棠樾"清懿堂"和宏村汪氏宗祠的砖雕艺术精美绝伦。徽州古祠堂在徽州文化中,和徽州古民居、徽州古牌坊一道,被赞誉为徽州古村落的"建筑三绝"。而在这"三绝"之中,徽州古祠堂的文化蕴含,它在中国宗族社会中的标本价值,它身上历史文化信息的密集度和深厚度,都在古民居、古牌坊之上。徽州古祠堂,作为一种宗族文化的承载体,包括那些半烂半倒或仅存遗迹、遗址的古祠堂,每一个都是徽州儒教圣地的奇珍。我们绝不能认为有些古祠堂狭陋简朴或残破不堪、烂朽塌倒,就已经没有文化保护价值。也许正是那些残存的古祠堂构件,残留的古祠堂遗存,残剩的古祠堂遗迹,还正顽强地承载着徽州宗族社会一些最重要的历史信息和记忆,正艰难地见证着徽州宗族历史的辉煌。

徽州宗族祠堂是"乡愁"的有机载体。

徽州古祠堂和徽州古民居、古牌坊、古桥、古亭阁、古石板道、千年古水口等,有机构成徽州传统古村落整体。徽州古祠堂存在的历程,贯穿着徽州宗族社会人们家国观、公私观、义利观、荣辱观、自然观的孕育和形成,徽州古祠堂是徽州文化生态空间的重要组成部分。有什么样的故乡,就会走出什么样的人。要深刻了解从徽州传统古村落走出的朱熹、戴震、胡适、陶行知、黄宾虹、王茂荫等世界文化名人，必须走进徽州传统古村落，从他们的故乡深处去感悟和体认"乡愁"在他们身上的烙印。徽州宗族祠堂是徽人魂灵的栖息地。故乡是一个人心智、情感、人性和伦理观念形成的起点，是立人的基础。包括徽州宗族祠堂在内的徽州传统古村落的那些环境构成，是所有徽州历史人物品格形成的"乡愁"背景。学贯中西的大学者胡适，一生对"乡愁"念兹在兹。1935年，他给上庄胡氏宗祠支祠特别撰写了两幅楹联："俎豆馨香，跻跻跄跄，同庆此祖宗神灵所在/水源木本，子子孙孙，勿忘了艰难缔造之功"、"水秀山奇，这里应有孝子贤孙力田创业/羁人倦旅，何时重到清明冬至分胙联欢"。透过祠堂楹联我们可以看到徽州宗族祠堂在这些徽州历史人物心中的分量。

第二节　徽州宗族祠堂保护情势紧迫

徽州宗族祠堂作为徽州宗族文化主要的物态载体，它的兴衰存亡和社会政治制度的衍变紧密相关，也和宗族势力、宗族财力的消长历程紧密相关。随着时代的发展，自然力量的淘汰，徽州宗族祠堂的数量，明清以来从最高峰一直在逐渐减少。在大变革年代，消亡速度更快。

作为见证徽州宗族宗法繁盛的徽州宗族祠堂，基本上是砖木结构，经过千百年的雨雪风霜自然销蚀，特别是新旧更替、社会变迁，几乎都是屡毁屡建，屡建屡毁，变化很大。许多在徽州历史上很有名的宗族祠堂，经过岁月的自然消磨、"咸同战乱"和"十年浩劫"，已经仅剩下村民脑中的记忆。黟县在清同治（1862—1874）年间，县志记载域内有祠堂404座，到1985年普查，祠堂仅剩下111座。2010年时，就只有51座了，1985年至2010年，25年中就消失了60座，现存的一大半都没有了。婺源县历史上有2000多座祠堂，民国十四年（1925）县志载有祠堂614座，到2004年只有68座了。[①] 绩溪县民国三十六年（1947）县志载有祠堂340座，到1982年还剩160座。[②] 据课题组

---

① 陈爱中、毕新丁、毛新红:婺源徽州祠堂调查资料。
② 黄来生:绩溪徽州古祠堂调查资料。

2010年调研的不完全统计,目前徽州之域尚存宗族祠堂731座,其中包括严重残破即将塌倒的377座。

徽州宗族祠堂,是徽州宗族社会宗族活动的产物,随着时代变革,宗族制度统治地位的颠覆,徽州祠堂基本丧失了原有的功能,除那些被改作学校、商店、粮站、生产队会议室等用途的祠堂还得到一点维修之外,那些没有宗族管理,没有财力维修的徽州古祠堂,只能任其朽烂塌倒,自生自灭就是必然的了。而近些年来,随着徽州文化的声名远播,一些徽州的不肖子孙和无良的文物贩子,盯上了徽州古祠堂建筑的文物价值,倒卖、盗取徽州古祠堂和各类祠堂物件,发不义之财,有的打着"异地保护"的幌子,非法拆毁、倒腾古祠堂,疯狂偷盗古祠堂文物的事件常有发生。像大阜潘氏宗祠(省文保单位)里的雕花隔窗也都被偷盗。这是现存徽州古祠堂近年加速消亡的又一个原因。

而更为忧心的是,不少人对大量徽州古祠堂正在朽烂塌倒,已经熟视无睹,麻木,不再激动,基本不放在心上。大概是徽州宝贝太多,"审美疲劳",除了那些已获得各级文保"护身符"的古祠堂,尚有一点维修经费或尚有人开关、照看之外,那些未入"文保"、未列入"百村千幢"的大量徽州古祠堂,早已淡出人们的视线,目前正在逐日消亡。笔者曾在宏村镇领导引领下,到黟县屏山古村,就看到在"菩萨厅"舒氏祠堂两边,几座舒氏宗祠精美华丽的门楼虽然尚在,而内里却已是蒿草没膝、朽烂不堪。在歙县里方村,八座现存祠堂,其中钱氏祠堂规模宏大,但大梁霉烂,寝殿、享堂岌岌可危,随时有倒塌的危险。休宁闵口是清代有为名宦毕沅的家乡,其建于明代的毕氏祖祠现在也仅剩门框,从门口往里张望,烂柱残梁倒在断墙上,已是惨不忍睹。绩溪大庙汪村汪王殿遗址后的汪王祖祠,里面也是草长半人高,残梁烂柱狼藉一地,满目凄凉。

现在,还有的"开发商"在所谓"异地保护"中乱搬乱拆徽州古祠堂,随心所欲地对徽州古祠堂进行"改造"、开发,这是对徽州古祠堂的一种"建设性破坏"。如果我们再不重视对徽州古祠堂的保护,继续听任对徽州古祠堂的糟蹋和毁灭,眼睁睁地看着徽州古祠堂这一人类文化遗产在我们这一代人手中加速消失,我们将愧对先祖,有负后人!

图 10-1、10-2　有 600 多年历史的白果厅黟县南屏叶氏祠堂成了"老杨家染坊"。

图 10-3　祠堂享堂变"染坊"。　　　图 10-4　歙县里方祠堂寝殿被修成这样。

图 10-5　黟县"秀里"新"徽州古村落"。从黟县美溪乡赤岭村"异地拆迁"来的一个徽州宗族家庙修复后,内部被改造成了一个像教堂建筑风格的游泳池。

图 10-6　黟县"秀里"新"徽州古村落"。从黟县别的古村落"异地拆迁"来的"小周祠堂"复原重建后,被改成了摆满西式大沙发的会客厅。

图 10-7　祠堂寝殿改成教室。

图 10-8　歙县吴氏宗祠现在仍是杂货店。

图 10-9　歙县桂林杨村杨氏宗祠是农家杂物库。

图 10-10　祁门坑口陈氏宗祠寝殿成了队里粮仓。

徽州宗族祠堂的抢救性保护，鉴于其不可再生，鉴于其自身的文化见证价值，鉴于其在徽州文化生态整体保护中的特别位置，鉴于其加速消亡的紧迫情势，已经到了刻不容缓的时候。

第一，必须通过各种形式，使我们的当事者和各层面人士、广大百姓进一步提高对徽州宗族祠堂这一文化珍宝历史价值和意义的认识。徽州宗族祠堂并不是什么可以随意毁弃的封建垃圾，而是我们徽州先祖承传中华文明的建筑智慧的结晶。徽州宗族祠堂不仅在中华宗族文化史上有独具优胜的地位，而且是人们了解中国农耕文明宗族社会实态的最重要物化载体。徽州宗族祠堂在徽州文化中的地位，举足轻重；在徽州文化生态整体保护中，徽州宗族祠堂是一个特别重要的内容。我们身在宝山应识宝，要加强品牌意识。

第二，地方政府要尽快切实地搞清楚徽州域内徽州宗族祠堂的历史情况和现存状况,搞清楚现存各类祠堂保护的具体情况,在普查和对实际情况把握的基础上,思考徽州宗族祠堂的保护方略。

第三,我们紧迫地吁请地方政府尽快启动徽州宗族祠堂抢救专项保护工程。黄山市近年火热进行的"百村千幢"徽州古民居保护利用工程,虽也包括对一些古祠堂的保护利用项目,但是徽州宗族祠堂和徽州古民居相较,文化蕴含又有区别,我们不可以放弃对"百村千幢"之外某些徽州古民居的修复保护,更决不可以放弃对"文保"之外,规划之外那些岌岌可危的仅存的徽州宗族祠堂的抢救保护。尽管这种抢救保护,点多、面广、量大,需要巨资,限于人力财力,目前许多地方还无暇顾及,但决策思维却决不可以疏漏,其理由已如前述。现在黄山市正在开展的徽州古建筑保护工程,已将徽州宗族祠堂的抢救保护列入。徽州宗族祠堂的抢救保护的这一专项工程,迟谋划不如早谋划,否则将给徽州文化的承传和弘扬带来无法弥补的损失。

当年鲁迅先生和郑振铎先生商议抢救徽州版画、复活胡正言饾版印刷技术时,曾特别说:"这事我们得赶快做,否则,要来不及做,或轮不到我们做。"抢救性保护徽州宗族祠堂也是同样,值得我们特别关注。

第四,抢救性保护徽州宗族祠堂,要依靠徽州乡村广大百姓。民众是保护的主体力量,单靠政府的行政力量和财政力量,要抢救性保护徽州那么多当年先人耗费巨资艰辛建造起来的精美祠堂,杯水车薪,根本顾不过来。只有政府主导,善于调动社会各方面的力量,广开筹集资金渠道,依靠群众的积极性和智慧,发挥百姓的潜能,结合各宗亲会的寻根问祖,结合各乡村的文化旅游开发,结合农村社会公益建设,结合徽州文化各种特色民俗活动的复活,相信能最广泛地、最大限度地抢救性保护徽州古祠堂现存。这种抢救性保护,还应该是多层次的、多种形式的、多种方法的。可以是古祠堂的完整修复,也可以是宗族祠堂遗存现状的原貌保护,甚至是重要构件、牌匾、遗址的保护;可以是开发利用式的保护,也可以是封存、收藏式的保护。总之,只要重视起来,我们就能最大限度地在徽州大地上留住这些人类文化遗产,减少一些遗憾,弥补一点损失。原安徽省副省长、徽州的老领导魏心一先生,2010年以九十高龄两次回徽州考察徽州文化生态保护,都特别提到了要对徽州宗族祠堂重视保护,并且有创新性的思考和建议。魏老的敏锐关注,再一次启示我们:抢救性保护徽州宗族祠堂,刻不容缓!

第三节　徽州宗族祠堂保护方法探索

徽州宗族祠堂作为砖木结构的徽派古建筑,许多都是不可再生的徽州文化珍宝,需要多管齐下,用各种方法对它们实施有效的保护利用。

在利用中保护。这是在近年徽州文化生态保护区建设实践中得到证明的有效保护方法。徽州宗族祠堂建筑和徽州古民居建筑一样,也是需要有人活动其间,有人气,才能通风透气,不发霉,不朽烂。只有在风吹雨打、屋漏椽折时有人及时修理,才可延长寿命。1949年以后,许多徽州宗族祠堂没有人管理,成了堆杂物、柴禾的地方,只用不修,任其自然塌倒。有的徽州宗族祠堂像歙县大阜潘氏宗祠等,因其历史文物价值很高,留存相对完好,被列入各级文物保护单位,得到资金维修后,又因相关文物法所拘,不敢做什么用途,长年锁起来,不通气,过几年又霉烂了,又修,又锁,不是一种良性循环。因此,原安徽省副省长魏心一提出关于将徽州宗族祠堂还归民间,让民间百姓有权在利用中保护的建议,是一个高见。徽州宗族祠堂历来是徽州宗族百姓供奉先祖神位,崇祖敬宗,慎终追远,报本感恩的主要场所。崇祖敬宗,慎终追远,报本感恩,是中华民族数千年一以贯之的传统道德,不能再用极左思想加以打倒。公墓、殡仪馆都可以存在,百姓在宗族祠堂里供奉先祖牌位,张挂祖容,追思祖德,无可厚非。近年一些徽州乡村宗族百姓收回祠堂以后,积极捐资筹款维修保护,重新供上了先祖牌位,祭奠追思,祠堂得到较好保护。歙县许村的许氏"大邦伯"祠堂、"观察第"祠堂等作为"国保",在得到很好维修之后,村中族众在祠中排练民间民俗歌舞,举办村史展览。还有的祠堂百姓自发集资维修后,举行了隆重的挂祖容仪式,由族中长者宣讲许氏历代祖先爱国为民、崇文重教的业绩,使族中男女老幼都受到深刻的教育。许村的许氏"敦睦堂"祠堂,族众在许定波老人、许小牛老人带领下集资维修后,挂起祖容,成了族众纪念先祖的地方。许村的许氏"敦义堂"祠堂,族人小企业老板许建武带头捐10万元倡集资维修,现已整修一新,2014年7月12日还和浙江淳安县属无他村的同支族众一道,举行了隆重盛大的祭祖大典。他们这种对徽州宗族祠堂利用中的保护,既保住了徽州宗族祠堂的建筑,又复活了徽州宗族祠堂的主体功用,注意了徽州文化生态保护中徽州宗族宗法文化原生态的保护,成为世人了解徽州宗族宗法文化的活标本,符合徽州宗族祠堂利用中保护的原旨。

歙县白杨上祈的有些宗族祠堂经过维修后,成为村中老年活动中心,村中老人聚会、议事、娱乐的场所;歙县苏村等不少地方的宗族祠堂在当地政府关心支持下,经过维修后,作为让村民喜欢的"农家书屋",成了当地新农村建设的一个文化项目;祁门渚口倪氏宗祠"贞一堂",一直是倪氏族众聚会、议事、娱乐的主要场所,每年这里都有热闹的演戏曲艺活动。长年在"贞一堂"宗祠演出的当地品牌民俗歌舞"采茶舞",越来越吸引国内外游客。"贞一堂"宗祠在利用中得到了保护。徽州宗族祠堂本来除了祭祖之外,就是族众受教化、聚会、议事、娱乐的公共场所,以上这类多种利用中的保护,符合现实需要,比维修后锁着空置好得多。许多徽州宗族祠堂在维修后,今后可能是徽州乡村各类特色"非遗"项目复活展示的一个重要地方。

政府主导,社会参与。 徽州宗族祠堂现存数量多,经数百年风雨摧残,不少已残破不堪,其维修保护,和徽州古民居一样,需要巨额的保护资金,这类保护资金,全靠政府投入不可能、不实际。要汇聚资金保护现存的七百多个徽州宗族祠堂,只能是政府主导,社会参与。在政府的引领掌控下,发动社会各种力量,以各种方式参与徽州宗族祠堂的保护。前些年美国友人安思远先生等海外朋友和国际有关遗产保护基金会,先后集资几十万美元,对徽州区呈坎罗东舒祠、歙县郑村郑氏宗祠进行了维修保护。我们称赏和倡扬这种珍视人类文化遗产的善举。这些年不少事业有成的企业老板，纷纷关注徽州之域文化产业项目建设，或收购，或租赁。一些徽州宗族祠堂破解了保护资金的难题，经维修后，或成为重要的徽州文化旅游景点，或成为新旅游业态试点。不少徽州乡村，像歙县许村、昌溪、里方，祁门桃源、渚口等地，族众百姓自发起来，捐资维修宗族祠堂，保护祖宗留下的遗产积极性很高。政府应鼓励社会力量参与徽州宗族祠堂的维修保护，应分别情况，帮助支持，适时制定有关法规政策，在市场运作中加以规范引导。

当下，社会力量参与，投入资金对徽州古民居、古祠堂修复保护，已是必然趋势。对社会力量参与保护，一方面我们要热情欢迎，做好服务，帮助解决难题；另一方面要帮助他们把握保护本旨，既保住徽州古建的筋骨肉，更守住其精气神，不使徽州古建失去文根，断魂失魄。黟县碧山一位北京人盘下徽州古祠堂修复后，将其享堂改成了一个现代书店，二楼则成了一个酒吧，业态是开发了，古祠堂的宗族历史记忆却难以重见了。黟县龙川一老板拿下一个徽州古祠堂修复后，祠堂变成了古家具展示馆，更是和徽州文化生态保护不沾边了。

建立祠堂保护八防（防火、防盗、防潮、防霉、防蛀、防蚁等）长效机制。和徽州古民居保护需"八防"一样，徽州宗族祠堂的保护，尤其需要有防火、防盗、防潮、防霉、防蛀、防蚁等长效机制。对这些徽州文化遗产，要有专人看管，要有保护制度，要有追责。2013年12月29日，据说是因为"电线老化，造成短路"，一把火，把宏丽美奂的"国保"祁门坑口陈氏宗祠"会源堂"烧了个精光，连雕琢精美的石柱墩都烧烤爆裂了，徽州文化遗产遭到不可挽回的重大损失。2015年12月19日下午，祁门县芦溪乡奇口村的省重点"文保"唐大司

徒郑公祠"一本堂"又遭火灾，烧得一塌糊涂。① 这些年，徽州宗族祠堂这类

---

① "会源堂"是祁门竹源村的陈氏分祠，始建于明万历十五年（1587），享堂为民国十一年（1922）重建。

前戏台、后祠堂是该祠的一大特色，是国家级重点文物保护单位。"会源堂"由戏台、享堂、寝室三部分组成，总面积600平方米，戏台坐南朝北，面积97.44平方米，观戏楼及天井206.56平方米。前台为演出区，两侧厢房供乐队伴奏。戏台正中央顶部有穹形藻井，建造科学，起到美化与扬声之功效。"会源堂"戏台底座皆空，台面以木柱支撑，上铺台板，为固定式，俗称"万年台"。戏台后壁即祠堂南墙不设大门，是该祠一大特点，此种设计徽派建筑中并不多见。据说这种设计为了方便百姓看戏，人从祠堂侧门出入，不影响演出。另一风水学说法是开门见河不宜。戏台前面明间为演出区，两侧各有一间厢室，为乐队伴奏之处。台前设有石雕栏板，两侧有楼梯与看台相连。戏台正中央顶部设有穹形藻井，梁架结构为硬山搁檩式，额枋、月梁、斜撑、雀替等雕饰各种浮雕图案及立体木雕，整个戏台雕梁彩宇，装饰别具一格。戏台梁架结构为穿斗式和硬山搁檩式，各种雕饰遍布戏台及观戏楼正立面，整个戏台雕梁画栋，装饰性极强。两侧观戏楼前檐柱为方形石柱，柱台上设有菱形斗拱。天井下以青石板铺地，十分整齐。戏台两侧楹联云："芝山月土歌声澈，竹经风生舞佩摇。"中间台柱联曰："几段渔樵如溯嵊溪调风哕，一声霹雳曲来琴穴动蛟飞。"戏台两侧廊式看ં前檐柱为方形石柱，柱台上设有菱形斗拱。檐枋、柱台、斜撑均雕有精美纹饰和人物饰件。戏台墙面和板壁上各地戏班的信手题壁，上自清咸丰三年（1853），下至1986年，以清同治、光怀宁绪年间最盛，皖赣两省的彩庆班、长春班、德庆班、四喜班、喜庆班、同乐班、景德镇采茶戏团、休宁县黄梅戏剧团等均曾来此演出。丰富的历史信息是研究地方戏剧史的珍贵资料。电影《大转折》、电视剧《一江春水向东流》都曾在此取景拍摄。

祠前的"放生池"碑是一块禁捕鱼碑，曾有诗赞："七水源流到竹溪，深潭光映似玻璃。金梭玉尺临渊羡，不许渔翁把钓跻。"记载了古人注重生态保护的史实。

"会源堂"建筑恢宏，气势非凡，祠堂木柱皆两人合抱，石础刻有古朴纹饰。堂内天井开阔，与一般祠堂的天井不同，严格地说这并非是真正的天井，它不设排水沟，青一色石板铺地，两侧走廊路面由鹅卵石铺筑，十分规整。相传当年由典叔所承建，典叔是村中有名的工匠，当时坑口村民为考验他，限其三日完工，号称三天工程。如此浩大的工程岂能三天建成？明摆着是强人所难。典叔无奈，心生一计，找来木工天福、石工天寿、砖工天生，四人叮叮咚咚地干了起来。三日眨眼便过，族人责问，典叔便说："有天福、天寿、天生这三个'天'，岂不是三天工程？"族人无言，便由他从容建造。这种传说足见坑口人超凡的智慧和惊人的毅力。

祁门县芦溪乡奇口村的省重点文保"唐大司徒郑公祠""一本堂"是祁门西南乡郑氏的七门总祠。始建于唐代，原为家庙，毁于元代，重建于明代正德年间，大修于民国，分为门楼、仪门、享堂、寝堂四进。内部梁坊、斜撑、雀替等部位雕刻有精美的各类人物花鸟图案。"一本堂"总面积1533平方米，名列祁门榜首。2012年2月28日，"一本堂"被黄山市人民政府公布为第四批市级重点文物保护单位。同年12月26日，又被安徽省人民政府公布为第七批省级重点文物保护单位。这次大火引起的损失惨重。祠堂的后进全部烧毁，中进大部分梁架烧毁，中进前的两边廊庑和前进侥幸得以保存。

"公产",是不良文物贩子、文物窃贼光顾最多的地方,徽州宗族祠堂精美绝伦的各类建筑构件,被大量撬挖偷盗、转卖外地,祠堂残壁断柱,惨不忍睹。歙县大阜潘氏宗祠厢房里几十块祠堂大匾被偷盗一空,婺源菊径村祠堂里皇帝御笔题匾"黄阁调元"亦被偷盗,至今未能破案。绩溪湖里大徽商胡雪岩的祖祠,五凤楼霉朽塌倒一半,另一半也摇摇欲坠,不知哪一天会轰然倒尽。无数事例都警示我们:保护徽州文化遗产要做实、做细、做到位,如果只做表面文章,徒留后患。

图 10-11　祁门坑口陈氏宗祠"会源堂"戏台。"会源堂"是国家重点保护文物。

图 10-12　"会源堂"戏台包厢建造精美。

图 10-13　"会源堂"戏台倒爬狮

图 10-14 "会源堂"戏台藻井

图 10-15 "会源堂"戏台木雕

图 10-16 "会源堂"戏台前厅院

图 10-17 "会源堂"享堂大厅

图 10-18　会源堂被焚毁的现场

图 10-19　会源堂被焚毁的现场

图 10-20　会源堂被焚毁的现场

图 10-21　会源堂被火灾烧爆的石礅

制止"异地拆建"破坏。 在物态文化遗产保护中,《文物法》坚持原地保护原则,也允许对实在无法在原地保护的物态文化遗产在严格的程序下"异地保护"。徽州物态文化遗产古民居、古祠堂之类,30年前有所谓"潜口模式",一大批徽州古民居、古祠堂被从徽州各地山村移栽到徽州区潜口紫霞山麓。从单个文物角度,这些徽州古民居、古祠堂得到了保护。但从徽州生态文化保护角度看,这种模式也对有些徽州古村落的原始文化生态造成了伤害。特别是近些年"异地保护"的滥觞和异化,一些开发商、文物掮客打着"异地保护"的旗号,大肆"异地拆建"徽州宗族祠堂,他们看中的是徽州宗族祠堂和里面三雕构件的商业利用价值,有的野蛮拆卸,有的肢解倒卖,对徽州宗族祠堂这些徽州文化遗产造成致命的毁坏。前述徽州区芭塘胡氏宗祠"六房厅"在"异地拆迁"中濒临毁灭的经过,就是这种"异地拆建""保护"破坏典型的例子。这些年来六七十幢徽州宗族祠堂在"异地保护"的幌子下,流出徽州,或孤立他乡,或身首异处,断根失魂。"异地拆建"的破坏必须制止。

黟县秀里从黟县乡间搬来的宗族祠堂被改作欧式游泳池之类"保护",屯溪区"黎阳故邸"从祁门新安搬来的宗族祠堂梁柱匾额乱凑一类"保护",和异地"保护"之真义已相去太远。总之,对徽州宗族祠堂的"异地拆建",需慎之又慎,"异地拆建"的破坏不可继续。

培训古建保护专业队伍。徽州宗族祠堂大多是徽派古建筑的杰作,代表了徽派古建木结构营造传统技艺(名列世界级"非遗"名录)的水平。要修旧如旧地原样保护徽州宗族祠堂建筑,其徽州古建维修保护的专业技术人才已是饥渴性奇缺。歙县里方村是徽州不多的"宗族祠堂博物馆"之一,该村历史上钱、胡等宗族先后建有14座祠堂,经历几百年的历史风霜后,虽已毁6座,但至今还留存了七座半,仍是名副其实的徽州宗族祠堂群。村民保护祠堂的积极性很高,组织了古祠堂群保护委员会,自发踊跃捐资筹集民间资金约12.7万元,投入民间义务劳力1150工,对古祠堂群进行维修,但由于缺少徽派古建专业技术匠师,缺少徽派古建专业技术指导,有的宗族祠堂在维修中被随意改造,修理粗糙,其祠堂寝殿竟是瓶形阶梯门,模样滑稽。徽州宗族祠堂一类徽州古建筑的"八防"专业技术人才,徽州宗族祠堂一类徽州古建筑的现代化监管专业技术人才等,也都需要系统培训,要作为徽州文化生态保护区建设的战略工程来做。

图 10-22 歙县瀹头村村民踊跃捐资修建吴氏宗祠。

图 10-23 歙县石潭村民踊跃捐资修建吴氏宗祠"春晖堂"。

第十章　徽州宗族祠堂保护利用

图 10-24　课题组和当地领导、村民探讨祠堂保护办法。

图 10-25　修复中的歙县卖花渔村洪氏宗祠

图 10-26　修复中的唐模许氏宗祠"继善堂"

图 10-27　屯溪南溪南"上吴大祠堂"只剩遗存的两只精美石狮睡在油菜地里。

图 10-28　歙县里方村在柴火堆中艰难生存的钱氏古祠堂。

图 10-29　歙县里方村即将倒塌的钱氏古祠堂。　图 10-30　歙县梓里黄村鲍氏宗祠面临塌倒。

图 10-31　歙县梓里黄村鲍氏宗祠面临塌倒。　图 10-32　歙县卖花渔村洪氏宗祠塌倒后成了一堆烂木头。

图 10-33　歙县桂林杨村杨氏宗祠面临塌倒。　图 10-34　歙县里方村即将倒塌的钱氏古祠堂。

第十章　徽州宗族祠堂保护利用

图 10-35　歙县里方村即将倒塌的钱氏古祠堂。　图 10-36　祁门桃源陈氏宗祠"飨保堂"即将倒塌。

图 10-37　绩溪仁里胡雪岩祖祠"胡氏家庙"五凤楼已朽毁。　图 10-38　歙县坑口瀹坑祠堂已倒塌。

图 10-39　绩溪仁里胡雪岩祖祠"胡氏家庙"破烂的寝殿。　图 10-40　绩溪仁里胡雪岩祖祠"胡氏家庙"破烂的仪门。

图 10-41　修复中的歙县韶坑徐氏宗祠。

图 10-42　黟县柯村柯氏宗祠"敦仁堂"历史上曾是柯村暴动的集会地。

图 10-43　歙县白杨修复后的祠堂成了老年活动中心。

图 10-44　祁门渚口村民在倪氏宗祠"贞一堂"举办婚宴。

图 10-45　歙县叶村百姓在洪氏宗祠前举行文艺活动。

图 10-46　歙县竹铺村民在洪氏宗祠休闲娱乐。

参考文献

[1] (淳熙)新安志.清康熙四十六年(1707年)刊本.

[2] (弘治)徽州府志.天一阁藏明代方志选刊.上海:上海古籍书店,1982.

[3] (嘉靖)徽州府志.明嘉靖四十五年(1566年)刊本.

[4] (康熙)徽州府志.清康熙三十八年(1699年)刊本.

[5] (民国)歙县志.民国铅印本.

[6] (民国)许承尧.歙事闲谭.合肥:黄山书社,2001.

[7] (明)汪道昆.太函集.明万历十九年(1591年)金陵刊本.

[8] 叶显恩.明清徽州农村社会与佃仆制.合肥:安徽人民出版社,1983.

[9] 叶显恩.徽州和珠江三角洲宗法制度比较研究.中国经济研究,1996(4).

[10] 常建华.明代徽州宗祠的特点.南开学报(社会科学版),2003(5).

[11] 唐力行.徽州宗族社会.合肥:安徽人民出版社,2005.

[12] 赵华富.徽州宗族研究.合肥:安徽大学出版社,2004.

[13] 赵华富.徽州宗族论集.北京:人民出版社,2011.

[14] (清)方善祖等.歙淳方氏会宗统谱.清乾隆十八年(1753年)木刻版.

[15] 孙永林.徽商大典.上海:上海书店出版社,2013.

[16] 程必定、汪建设等主编.徽州五千村.合肥:黄山书社,2004.

[17] 卞利. 明清徽州社会研究. 合肥:安徽大学出版社,2004.

[18] 胡中生. 宋以来徽州宗族的扩张及其影响. 安大史学,2007(2).

[19] [韩]朴元熇. 明清徽州宗族史研究. 北京:中国社会科学出版社,2009.

[20] 张小平. 徽州古祠堂. 沈阳:辽宁人民出版社,2002.

[21] 歙县文物局编. 歙县文物志. 1989.

[22] 舒育玲. 徽州楹联通览. 合肥:黄山书社,2013.

[23] 郑建新. 解读徽州祠堂:徽州祠堂的历史和建筑. 北京:当代中国出版社,2009.

[24] 李吉. 认知历史传承文明. 祠堂博览. 无锡祠堂文化研究会,2005 春之卷.

[25] 周逸敏、朱炳国. 常州祠堂概述. 见:祠堂博览. 无锡祠堂文化研究会,2008.

[26] 陈去病. 五石脂. 国粹学报.

[27] (清)赵吉士. 寄园寄所寄. 清康熙刊本.

[28] 陈爱中、毕新丁、毛新红. 婺源徽州祠堂调查资料.

[29] 黄来生. 绩溪徽州古祠堂调查资料.

[30] 鲍雷. 歙县徽州古祠堂调查资料.

[31] 汪晓东. 徽州区徽州古祠堂调查资料.

[32] 汪顺生. 休宁徽州古祠堂调查资料.

[33] 胡海平. 祁门徽州古祠堂调查资料.

[34] 方春. 黟县徽州古祠堂调查资料.

[35] 卿希泰道. 教文化在中华传统文化中的地位及其现代价值. 社会科学研究,2001(2).

[36] 谷向阳主编. 中国楹联大典——联法. 长春:吉林教育出版社,1994.

[37] 夏雨凉. 六祖大师法宝坛经直释. 禅道网 http://chandao.com/ 2008-6-13.

后　记

　　2009年,在国家教育部首批人文社科重点研究基地安徽大学徽学研究中心卞利主任等人的鼓励支持下,我们参与了教育部人文社科重点研究基地重大项目的全国竞标,经过激烈竞争、严格审评,我们投标的教育部人文社科重点研究基地重大项目《徽州宗族祠堂的调查研究及保护对策》荣幸中标。2009年12月18日,《徽州宗族祠堂的调查研究及保护对策》重大科研项目由国家教育部发文正式立项。根据项目实施要求,我们进一步充实了项目科研团队,制定科研计划,立即在安大徽学研究中心和黄山学院科研处的直接指导下,开始项目实施。我们依托地利优势,用了近三年时间,对徽州一府六县域内徽州宗族祠堂的历史和现状进行了全面深入的调研查访。其间徽州绩溪的黄来生、徽州婺源的毕新丁和陈爱中、徽州歙县的鲍雷,以及汪晓东、汪顺生、胡海平、方春等人,为徽州宗族祠堂第一手文献资料的搜集寻查付出了辛勤的劳动。在谋划组织的多次徽州宗族祠堂专题调研活动中,或由国家文化部专家、学院领导亲自带队,或由资深徽学专家亲临指导,又得到本土学人和当地各方的热心支持,使得项目的调研阶段推进顺利,为分析研究、形成学术成果奠定了基础。

　　在项目科研团队全体成员和学术顾问们的共同努力下,经过四年半的调研运作,我们项目科研团队先后撰成16篇论文、6篇调研报告,其中有两篇论文在国家重点期刊发表,并完成《徽州宗族祠堂调查与研究》专著(28.9万字,图片162张)、《徽州宗族祠堂图录》(图片750张)最终成果,于2014年6月30日按期报送申请结项。经过国家教育部专家的严格审评,2015年8月5日《徽州宗族祠堂的调查研究及保护对策》重大科研项目顺利结项。此一重大科研项目实施历时五年多,不仅让我们对徽州文化的这一特定领域有了一个新的了解,而且让我们得到了重要的学术训练。

《徽州宗族祠堂调查与研究》是此一重大科研项目结项的最终成果之一。其中第三章第二节"徽州宗族专祠中的女祠"由毕民智撰稿;第六章第一节"徽州宗族祠堂的建筑风格"、第二节"徽州宗族祠堂的建筑规制"由陈安生撰稿;第六章第三节"徽州宗祠的建筑装饰艺术"由汪顺飞撰稿;第七章"徽州宗族祠堂祠规祠训"由毛新红撰稿;第八章"徽州宗族祠堂牌匾楹联"由郄延红撰稿。长期研究徽州宗族社会的资深徽学专家上海师范大学唐力行教授在百忙中专为本著写了序言。北京师范大学出版集团安徽大学出版社将本书作为《徽学文库》丛书之一出版。我们谨向所有支持帮助本项目实施的同道和朋友们表示感谢。

方利山

2016年5月